西方課程思潮研究

李臣之　郭曉明
和學新　張家軍　著

五南圖書出版公司 印行

西方課程思潮研究的饗宴

　　課程思潮研究是課程研究的根基，課程研究是課程改革與發展的重心，是教育發展的保障，也是學校教育目標落實的關鍵。沒有課程思潮的研究，就沒有良好的課程改革與發展。

　　相關的文獻（如Raths, 1963; Reid, 1978; Short, 1991等）指出，課程研究是以提升瞭解，進而控制課程的學術活動；課程研究是一個可以爲學校課程的本質與發展，提供眞知灼見的研究領域；課程研究是教育研究的類別之一，是高度學術訓練的心智活動。由此可見，課程思潮的研究，相對於課程研究，具有更重要且關鍵的地位。課程思潮的研究，主要議題圍繞在於課程的基本概念、重要理論、課程發展、課程評鑑等，基礎理論與思潮方面的瞭解與分析，進而引領課程研究的發展趨勢與方向。

　　深圳大學師範學院李臣之副院長等人所著《西方課程思潮研究》一書，對於課程思潮的研究有相當深入的剖析，透過對於「學科中心課程思潮」、「活動中心課程思潮」、「兒童中心課程思潮」、「社會中心課程思潮」、「技術本位課程思潮」、「理解本位課程思潮」課程思潮的發展議題，進行系統性與系列性的介紹，並且透過基本立論、中心思潮、發展階段、基本主張、影響啓示等方方面面的分析與評論，提供課程研究的方針，並提出課程研究者的見解與評論。

　　透過本書的閱讀，有助於課程與教學研究同行，有系統、有組織的瞭解課程思潮研究的議題與發展，並進而掌握課程研究的趨勢，深入瞭解課程研究與課程思潮發展的梗概。個人有幸在十年前的學術場合中，認識本書的主要作者，深圳大學李臣之教授，一位對於課程研究情有獨鍾，且

積極投入西方課程研究思潮研究中的學者，透過和李教授多次的會談與交流，對於李教授的學術涵養與學術研究執著，感到相當的佩服。李教授多年來的學術研究，始終圍繞在課程方面的研究，並且發表多篇具有影響力的學術論文，對中國大陸的課程研究發展，具有相當的影響力。

　　個人透過多次的邀請，終於取得李教授的首肯，願意將本書透過五南圖書出版公司，在臺灣發行繁體中文版，分享給臺灣課程教學界好友，期盼本書的出版，提供課程研究一個新的里程、新的思維，為課程研究開展一個新的分享與交流途徑。

國立臺南大學教育學系教授

林進材，2017年1月

推薦序二

收到臣之博士寄來的這部書稿《西方課程思潮研究》，我感到格外驚喜，十分欣慰。課程思潮研究，是一項基礎性很強的理論研究工作。課程流派觀點紛繁複雜，課程思潮嬗變脈絡交錯，而在這個領域參與的人員和面世的成果並不多，要展開研究，就必須尋求、建構一種清晰的思路和框架。但是，在挑戰面前，臣之和他的團隊堅持下來了，擺在面前的著作就是見證。

本書有兩大特點：歷史與邏輯結合；理論與實踐結合。

其一，本書不是孤立的、靜止的研究課程思潮，而是盡可能從歷史與邏輯相結合的角度研究課程思潮。作者圍繞課程理論研究和課程變革實踐似乎始終難以回避的三大範疇：學科—活動；人—社會；技術—理解，提出了三個維度六大類課程思潮，即學科（知識）中心課程思潮、活動中心課程思潮、兒童中心課程思潮、社會中心課程思潮、技術（效率）本位課程思潮和理解本位課程思潮，建構了課程思潮研究的三維立體結構。

其二，本書不是機械引進和照搬國外課程理論，而是將課程思潮及其相關課程理論置於廣闊的社會脈絡之下，力圖從理論與實踐相結合的角度闡述問題。作者運用歷史、比較、辯證的方法，系統地梳理了各類課程思潮產生的社會基礎、歷史文化背景、思想理論淵源、主要特徵、基本主張，在此基礎上，既評價了它的歷史影響和現實啟示，又指出了它的時代局限和問題。

全書「結語」以「多元平衡」收尾，分析了上述六大課程思潮三大脈絡關係，提出了作者的核心觀點即課程思潮的「多元平衡」觀，也就是說，三大脈絡課程思潮既有對立的一面，又有互補的一面，可以而且應該求得平衡。這種「執其兩端取其中」的辯證觀點是極其重要的。當然，平衡論不等於平均論。而且，平衡是動態的、發展的、相對的，而不是靜止

的、固定的、絕對的。我們既要講兩點論，又要講重點論；不同時期、不同地方必然也必須有不同的重點，這是不言而喻的。能否把握好、如何把握好不同的重點，正是衡量理論工作者、行政工作者和實踐工作者的思想水準、政策水準和改革水準的一把尺。也正是基於這種認識，作者主張變革課程研究和課程改革的思維方式，從「對立」走向「對話」，實現互補新生。

應該說，本書是對二十世紀以來西方課程思潮的一次全面、系統的歷史性反思與發展性思考，呈現出理論透析的力度和關照實踐的情懷。

與這個領域的其他著作和譯著不同，本書超越「流派」及一般「理論」研究，從「思潮」角度梳理課程理論發展脈絡與知識，這種可貴的探索，對中國大陸「課程思想」、「課程科學」和「課程研究方法」具有創新的啟示。

本書超越傳統課程流派研究三「中心」，提出三大範疇六大類課程思潮研究框架；分析了三大範疇課程思潮的脈絡及其內部的對立轉化共存的關係，反思非此即彼的課程研究思維模式，主張對話的課程研究思維方式；剖析課程思潮多元平衡、對話互補的發展方向，具有重要的學術價值。同時，這種系統梳理、邏輯透視、辯證反思、整體關聯的做法既是一種獨闢蹊徑的嘗試，也是一種值得提倡的研究取向，有助於課程實踐正確處理好學科與活動、兒童與社會，以及課程開發與課程理解三者之間的和諧關係。

「課程」有著悠久的過去，但是「課程研究」卻只有短暫的歷史，需要更多的有識之士不斷探索。我衷心希望也深信臣之博士及其團隊，會一以貫之，持之以恆，鍥而不捨，孜孜不倦，奉獻出更多更好的成果，與大家分享。

呂達，2016年6月

（本序作者係中國大陸教育部課程教材研究所研究員，博士生導師，中國教育學會原教育學分會理事長兼課程專業委員會理事長）

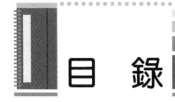

目　錄

導　論

第一章　學科中心課程思潮

導　論

　　迄今爲止，關於「課程思潮」的系統分析與梳理仍然有很大的發展空間。

　　以「課程思潮」爲關鍵詞的學術期刊論文並不多見，而以「課程思潮」爲研究主題的專著或教材也難以尋覓。與「課程思潮」相關的研究有「教育思潮」、「教育思想」、「課程流派」和「課程改革」研究。其中，中外教育思想和教育思潮研究成果比較豐富，諸如：九州出版社《西方教育思想史》（臺灣），山西人民出版社《西方教育思想史》，華東師範大學出版社《西方教育思想的軌跡——國際教育思潮縱覽》，人民教育出版社《當今世界教育思潮》、《現代外國教育思潮研究》、《中國近代教育思想史》和《中國當代教育思想史》，福建教育出版社《近代中國教育思想史》和《西洋教育思想史》，等等。不少學術論文從不同側面或主題研究教育思想或教育思潮，少量論文涉及課程思潮。「課程流派」和「課程改革」研究最爲系統的成果當是山東教育出版社出版的《課程流派研究》、北京師範大學出版社《世界課程改革趨勢研究》（上、中、下卷）以及陝西人民教育出版社《國外課程改革透視》，等等。此外，一些中外教育史研究成果中也有部分涉及教育思想、教育思潮研究，一些課程論著中也有部分涉及課程流派研究。教育思想研究成果在相關研究中占主流地位，大都按時間順序對教育思想、教育思潮或流派進行梳理，重點介紹教育思想、流派或思潮的主要觀點、局限，以及對中國大陸教育理論與實踐的影響。

　　與課程思潮研究相對接近的當是「教育思潮」，課程改革研究成果中也會涉及到教育思潮、課程思潮對課程變革的實際影響。畢淑芝和王義高主編的《當今世界教育思潮》，將教育思潮分爲宏觀和微觀兩大類型，介紹了教育的經濟主義思潮、教育的科技取向思潮、教育的個性化思潮、

終身學習思潮、全民教育思潮、「被壓迫者教育學」思潮、女童教育思潮。該研究思路清晰，教育思潮主次關係明確，對教育思潮的評價也較為全面，並適當分析了其對於中國大陸教育教學的影響。該研究所考察範圍「只限於宏觀教育思潮研究（畢淑芝、王義高，1999，第1頁）」，對於涉及具體的教育活動或教學過程微觀的教育思潮並沒有探討，為教育思潮或課程思潮研究留下了不少空間，也同時留下了一絲遺憾。黃志成主編《西方教育思想的軌跡──國際教育思潮縱覽》，「主要探究二十世紀西方教育思想的發展軌跡，縱覽國際教育思潮的發展走勢分析各種主要思潮產生的因由，追蹤最新國際教育思潮，引發我國教育改革的思路，促進教育研究和發展的進一步深入（黃志成，2008，第2頁）。」畢淑芝、王義高主編的《現代外國教育思潮研究》，以時間為線索，以大量第一手資料為基礎，分析了進步主義教育、國際理解教育、後現代主義教育、女性主義教育、後殖民主義教育、批判教育學理論、建構主義教育等教育思潮的時代背景、發展歷程、主要內容、理論特徵、代表人物以及所產生的影響，並對其做出相應的評價，對理解西方教育思潮、促進中國大陸教育改革具有一定的理論價值和現實意義。

「課程流派」研究與課程思潮最為接近。陳俠著《課程論》第四講將國外課程理論流派概括為十類，分別對人文主義的課程理論、泛智主義的課程理論、感覺主義的課程理論、自然主義的課程理論、主知主義的課程理論、功利主義的課程理論、實用主義的課程理論、要素主義的課程理論、結構主義的課程理論和發展主義的課程理論進行了回顧與說明。儘管出版時間較早，不能囊括全部的課程流派，也是當時研究課程流派最為權威的成果。單丁著《課程流派》就美國、英國和德國課程理論分別從理論基礎、具體主張、價值等方面進行了考察。尤其值得注意的是，該研究從課程哲學角度對美國經驗自然主義課程典範、要素主義課程典範、結構主義課程典範、人本主義課程典範、主導課程典範、實踐的課程典範、概念重建主義課程典範和後現代主義課程典範進行了深入剖析，是迄今為止課程流派研究不可多得的研究成果。廖哲勛、田慧生主編《課程新論》專章論述了課程流派，提出課程研製必須堅持多元的、立體的系統觀，將培育

「社會人」作爲課程研製的重心。值得注意的是，一些關於課程改革或課程變革的研究成果，如鍾啓泉主編《國外課程改革透視》、白月橋著《課程變革概論》等，雖然沒有論及課程思潮，但也能夠幫助我們從不同層面發現課程思潮與課程改革蛛絲馬跡的聯繫。

此外，陸有銓著《躁動的百年──二十世紀的教育歷程》，介紹了二十世紀各種教育思潮的產生、傳播和影響，宏篇巨著，資料詳實。周谷平著《近代西方教育理論在中國的傳播》，介紹了日美教育思潮及馬克思主義教育理論在中國的傳播與發展，歷史脈絡清晰。還有文獻探討某具體教育思潮或流派，如肖巍《西方的女性主義教育思潮》、張琨《被壓迫者教育學思潮及其現實意義》、張樂天《終身教育思潮及其對我們的啓示》、馬開劍《泰勒原理在後現代語境中的解構與重塑》。也有少量論文分析教育思潮的趨勢和相互關係，如張華《從課程開發到課程理解》、喻春蘭《從泰勒原理到概念重構：課程範式已經轉化》、楊漢麟／李賢智《當代西方教育思潮的主要特徵與發展趨勢》、鍾啓泉《課程發展的回歸現象與非線性模式──檢視課程思潮的一種視角》，值得我們系統分析課程思潮時借鑑。

由於以上研究各自重心不同、對研究對象的界定不同，使得研究內容範圍、研究邏輯框架也有很大不同。譬如由於「思潮」的界定有所不同，研究分類標準多樣，有的研究甚至沒有嚴格的邏輯追求。又譬如有的研究沒有將「歷史性影響」作爲重心，有的將哲學基礎作爲研究重點。不過這些研究在整體上涉及面比較寬廣，時間跨度也比較大，研究的視覺和方法各有特點，對於我們系統深入地研究課程思潮有參考價值。

每一種哲學流派、教育思潮或教育思想，在談到教育問題時，總會涉及到課程，只是有的影響很大，有的則曇花一現，沒有對課程理論與實踐產生多大影響。事物總是發展變化的，隨著社會進一步發展，課程總需要發展，這就需要有好的先進思想去引領。與此同時，在課程研究與變革歷史進程中，觀點紛呈的各種課程流派與思潮總是以不同的方式存在著，它們影響著課程研究的進程，改變著課程變革的方向，也留給人們彼此「對立」或「反動」的印象，剪不斷，理還亂，這些思潮有哪些主張？彼此之

間有哪些聯繫？對教育理論與實踐產生了哪些影響？有哪些啟示？課程研究與課程變革如何合理看待和把握已經存在的各種思潮？這些問題仍然有探究的價值；相反的如果忽視這些存在，也將進一步影響到未來的課程理論建設和課程實踐變革的深度推行。

進入二十一世紀，中國大陸啟動了一場規模宏大的基礎教育新一輪課程改革，有稱之為一場影響深遠的課程整體革命，也有稱之為一場轟轟烈烈的運動，無論從何種角度看待這次課程改革，都可以理解為深化素質教育的里程碑事件，是新的社會變革進程中必然發生的教育變革，有著劃時代的意義。如何讓這次改革成功地深入地推進下去？這就需要從課程研究成果中吸取營養，需要結合中國教育實際，合理運用課程研究成果，以解決課程改革過程中出現的新問題，甚至吸收課程研究與變革歷史上合理的看待和分析課程問題的思維方式，總結中國大陸課程改革的經驗與教訓，形成具有中國特點的課程理論。因此，課程思潮對於中國大陸課程研究與課程變革實踐的意義，實在有挖掘之必要。

然而，課程思潮研究確實存在不少困難。課程流派觀點紛呈，思潮概念理解不一致，思潮嬗變脈絡不清，課程思潮研究難在尋求一種比較清晰的思路，透過這個思路尋繹，能夠將各種思潮「串」起來，整體把握，系統剖析。

因此，課程思潮研究面臨的首要問題是，明確界定「思潮」。要研究課程思潮，必須界定課程思潮，區分課程思潮與課程流派，明瞭課程思潮的特點，對課程思潮進行合理的分類。

在現有相關教育思潮、社會思潮研究文獻裡，一般都有對思潮的看法，並按照這個「看法」去剖析相應的各類思潮。在《辭海》裡，思潮被界定為某一時期內反映階級和階層的利益和要求的思想傾向；湧現出來的思想感情，如思潮起伏（夏征農，1989）。一般詞典也保持這種觀點，強調某一時期內有較大影響的思想傾向。而一些學術研究則在這種基本理解的基礎上有了一定的發展。諸如：「思潮」，顧名思義，即指思想、理論之潮，並且是處於動態中的思想、理論之潮（畢淑芝、王義高，1999）。所謂中國近代思潮，主要是指從鴉片戰爭以來到新中國成立這一百多年間

的思想文化或思想潮流（丁守和，2003）。

　　社會思潮既具有理論形態，又具有心理形態。理論形態以一定的學說爲主體，表現爲概念體系，用理性征服人心。心理形態則以一定的信念爲主體，表現爲不系統、不定型的觀念衝動，用情感激動人心，用非理性的戲法性影響人們。任何社會思潮都是理論形態和心理形態的統一（邢賁思、李曉斌，2003）。一種社會思潮，必須得到相當程度的社會承認，在社會的一定範圍內傳播，並在相當程度上爲社會個體所接受，轉化爲個體的思想、情緒、意願、興趣和需要等，這就是社會思潮的社會共鳴性（邢賁思、李曉斌，2003）。思潮，即思想潮流。較系統的、影響大的、流傳廣的思想，就有可能成爲思潮（黃志成，2008）。

　　此外，也有研究者在自己的研究文本描述中往往用「放入括弧（）」模糊使用理論與思潮，如「作爲現代課程理論（思潮），60～70年代出現兩個極端，學問中心與學生中心（鍾啓泉，1993）」。

　　從這些描述不難看出，思想、理論是思潮的構成元素，同時，作爲思潮，必要有相當大的影響力。

　　思潮與流派也有著密切關係。有研究者明確指出思潮高於流派，如「當代西方思潮包括經濟思潮、政治思潮、社會歷史思潮、哲學思潮和西方馬克思主義思潮等等，在每一思潮中，又學說各異，流派紛呈（邢賁思、李曉斌，2003）。」「思潮在層次上比流派高，在規模上比流派大，在衝擊力上比流派強。……教育思潮自然高於、大於、強於教育流派（畢淑芝、王義高，1999，第1頁）。」有研究者不是非常明確區分思潮與流派的不同，如曹孚1963年6月17日在吉林師範大學報告時提出，「流派與思潮不同，流派是理論的系統化。教育思潮，其範圍是廣泛的。如有些人是哲學家，但在他們的哲學著作中卻拖上一個教育『尾巴』；有些人是教育學家，但在他們的教育著作中卻帶上一頂哲學的帽子；還有一些人，既非哲學家也非教育學家，但是他們偶爾發表的一些關於教育方面的主張，卻發生了相當影響。……這些還不能稱爲屬於那個流派，但他們卻作爲一種教育思潮而存在（瞿葆奎等，1989，第426頁）。」從曹孚先生的報告中至少可以發現，但凡稱爲教育思潮，需要強調「教育主張」和「相當影

響」。綜合起來看，流派是思潮的發展，主張是思潮的內核，影響是思潮的標誌。

至此我們可以發現，作為思潮，主要指思想潮流或思想傾向，但要引起社會共鳴、形成重要主張、有相當影響。同時，重要主張並非憑空產生，需要一定的理論基礎。根據這樣的分析和認識，可以將課程思潮理解為：

某一時期內有明確理論基礎和基本主張的，較為系統、影響較大、流傳較廣、社會共鳴強的課程思想潮流或傾向。

對課程思潮的概念有了基本認識之後，最為重要的是確立新的系統的課程思潮研究框架。

在已有教育思潮研究文獻中，楊漢麟、李賢智從哲學研究取向，將教育思潮分為科學主義思潮（包括行為主義教育思潮、實用主義教育思潮、科學教育思潮等）和人本主義思潮（全民教育思潮、終身教育思潮、人本主義教育思潮、多元文化教育思潮、後現代教育思潮等）；從心理學角度，分為外鑠論（要素主義教育思潮、永恆主義教育思潮、改造主義教育思潮、結構主義教育思潮、新行為主義教育思潮等）和內發論（存在主義教育思潮、人本主義教育思潮、教育的個性化思潮等）；從社會學研究取向，分為社會本位教育思潮（經濟主義思潮、教育的科技取向思潮、全民教育思潮、改造主義教育思潮、教育的國際化思潮等）和個人本位教育思潮（後現代主義思潮、人本主義教育思潮、教育的個性化思潮、全納教育思潮、多元文化教育思潮等）（楊漢麟、李賢智，2009）。該研究顯示了學科研究分類取向，對課程思潮研究分類有一定啟示。

散見於課程流派、課程史、課程改革、課程社會學、課程哲學等研究領域的相關研究文獻為課程思潮研究思路的尋找提供了一些有益啟示。從歷時性維度審視，課程理論研究總體上行走在科學主義和人文主義兩大主線上，游移在課程理論與課程實踐之間，具體表現為從課程開發到課程理解的系列理論的發展。從共時性維度審視，主要聚焦兒童（學習者）、社會、知識（學科）、自然四個向度，形成綜合交錯的課程哲學和課程主張。如泰勒就是從科學主義立場，研究課程開發的基本原理，集中處理兒

童、社會和學科三要素的平衡。而盧梭則主要考慮兒童與自然的合一，也有學者認爲盧梭在社會、兒童、學科和自然，尤其是自然方面的合一做狹隘的探索；而杜威則基於實驗主義（實用主義）立場，致力於兒童、社會和學科的平衡，較少觸及自然要素。科學主義與人文主義立場、理論與實踐的旨趣也隨著時代發展的需要產生交融，致使一些研究的立場發生轉向。

　　在課程研究過程中，人們基於不同的視覺和方法，對課程理論做出不同的劃分。美國加利福尼亞大學麥克尼爾（J. D. McNeil）和英國倫敦大學霍爾姆斯（B. Holmes）從課程哲學角度將世界課程理論各自劃分爲四類：人本主義課程理論、社會改造主義課程理論、工藝學課程理論和學術性學科課程理論（McNeil, J. D., 1985），要素主義課程理論、百科全書主義課程理論、綜合技術主義課程理論和實用主義課程理論（Holmes, B. & Mclean, M., 1989）。美國伊利諾大學的舒伯特（W. H. Schubert）從課程研究領域內部劃分出三類課程探究的典範，即課程的主導典範（the dominant curriculum paradigm）、課程的實踐典範（paradigm of practical inquiry）和課程的批判典範（paradigm of critical praxis）（Schubert, W. H., 1986）。米勒（Miller）提出六種課程取向，即行爲的、學科的、社會的、認知過程的、人本主義的、非個人的（Lewy, A., 1991）。這些劃分顯示出人們課程研究方法的追求，也體現出對教育哲學與課程主張之間關係的不同看法。張華教授在其博士論文中，立足「體驗課程」的創建梳理了浪漫自然主義經驗課程典範、經驗自然主義經驗課程典範和當代人本主義經驗課程典範，後來與同事一道，採用比較研究的視角，從課程理論與課程實踐的關係出發，將二十世紀世界各國課程理論流派分爲四類，即常規性課程理論、描述性課程理論、實踐性課程理論、純粹性課程理論，這四種理論內在地遵循哈伯瑪斯（J. Habermas）在《知識與人類興趣》一書中提出的三種興趣（技術興趣、實踐興趣、解放興趣）劃分的邏輯（單丁，1998）。同時，張華教授強調，研究課程理論應該把每一流派獨特的課程哲學與其具體課程主張系統地結合起來（單丁，1998），對我們尋找課程思潮分類框架的思路也很有啓示。

　　美國西雅圖太平洋大學國際課程研究中心主任埃利斯（Arthur K. El-lis）教授基於自身基礎教育實踐體驗，關注課程理論在實踐中的真實存在的範例，將課程理論分為知識中心、社會中心和學習者中心。這與中國大陸學者陳俠先生在研究課程流派過程中，將課程流派集中分為三種類型很相似，其中每一類課程流派包括相應的課程理論。這兩種劃分方法有一定的「群眾」基礎，容易被課程實踐所理解和接受。課程思潮與課程流派難以完全分割開來，它是各種課程流派的匯聚，形成一種影響甚大的「潮流」，因此，課程思潮也內在地包含著這三類。

　　查有梁研究員在《教育建模》一書提出系統的教育建模分類框架，採用四分法，研究教育林林總總的教育教學模式（查有梁，2002）。循著此種思路，我們發現在學科中心、兒童中心、社會中心基礎上，需要增加活動中心課程思潮。原因之一，活動中心課程思潮客觀存在，並對二十世紀課程改革產生了深遠影響。原因之二，學科課程與活動課程共同形成了課程的主要類型。原因之三，對人的發展產生影響的既有學科知識，也有實踐活動，既有人文關懷，也有社會建構。原因之四，處理好知（know-ing）與知識（knowledge）、知與行的關係，一直也是教育的關鍵。遵循這種邏輯，可以確定課程思潮四種基本分類，內在地體現出課程研究基本要素之間的關係，見下圖1。

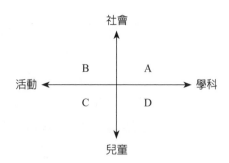

圖1　課程研究基本要素之間的關係

　　具體到課程實踐領域，不同時期不同國家的教育改革處於不同歷史和文化背景，對課程思潮的選擇和張揚並非僅僅單向度地追求學科中心或活

動中心，社會中心或兒童中心，而是有著不同側重，某一時期偏向某一中心課程思潮，兼容其餘思潮，體現出A、B、C、D及其之間相互組合的不同的形態。如對應到不同國家的政治體制，有的集權制國家，其課程偏重學科和社會中心課程，而有的分權制國家則側重兒童和活動中心課程，但並非完全排斥別的課程思潮。

另一方面，我們明顯地發現，側重技術（效率）的技術本位課程思潮與注重概念重建的理解本位課程思潮，共同形成課程理論發展的縱向脈絡，二十世紀以來影響巨大，兩類思潮在處理兒童、社會、知識、活動四類課程要素存在著較大差異。無論是技術本位還是理解本位課程思潮，都需要思考和處理好兒童、社會、知識和活動這四個核心課程要素。

呂達研究員在研究中國近代課程發展時告誡我們（呂達，1994），要從整體上分析課程改革的歷史規律，並提出了對課程改革的有益啓示。這樣的研究思路值得借鑑，啓示我們：不能孤立的、靜止的研究課程思潮，盡可能地歷史地、整體地、現實地看待課程思潮。

已有這些相關研究、相關思路表明，無論從課程理論與實踐的關係，還是從不同的研究方法和視角，課程理論研究似乎始終難以回避三大課程範疇，即學科—活動；人—社會；技術—理解，為此，可以嘗試提出三個維度六大類課程思潮，形成課程思潮研究的三維立體結構（見下圖2）。

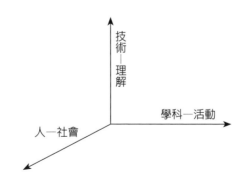

圖2　課程思潮研究分類

「人─社會」維：內在地反映著課程研究與實踐的根本目的（發展社會與發展人），表現爲兒童中心課程思潮和社會中心課程思潮，前者主張課程因爲人的存在而存在，課程變革立足兒童發展，後者強調課程變革爲社會服務。

「學科─活動」維：內在地反映著通過什麼途徑發展社會和發展人，體現爲學科中心課程思潮與活動中心課程思潮，前者重知識（knowl-edge），後者重知（knowing）、體驗、活動、行動，強調「知」的過程。活動課程實踐的開展離不開自然、生活和經驗這些要素，因此，活動中心課程思潮強調與自然、生活和經驗的聯繫。

「技術─理解」維：內在地反映著怎樣實現，顯現爲技術本位課程思潮和理解本位課程思潮，前者致力於發現一種普適性的課程開發邏輯程序，以提高課程開發效率，後者則強調從多角度解釋課程的意義。

六類課程思潮在本書中獨自成爲章。分別闡釋課程思潮生成的社會背景、歷史文化基礎、理論基礎、重要主張／特徵、主要問題／局限、重要影響和啓示，注重歷史與邏輯的結合，能夠比較全面地把握和比較深入地剖析課程思潮，同時堅持理論聯繫實際的原則，站在不同時期教育改革現實角度客觀地看待各類課程思潮對教育變革的實際價值。本書結語以「多元平衡」，回應研究課程思潮的基本目的，小結課程思潮嬗變的規律，反思課程思潮研究對當下課程研究與實踐的啓示。

課程思潮，在課程和哲學的交叉點上。基於不同哲學見解和思想的課程觀零零碎碎，有的觀點沒有見諸實踐，而有的觀點則在實踐中影響很大，在課程研究與實踐領域長時期占據主導地位。而有的課程思潮在某一時期地位顯赫，而在另一時期卻沉寂沒落。同時，課程觀也可能來源於課程實踐，並不一定從哲學中演繹。因此，我們選擇課程思潮所包括的課程思想或主張、流派或理論，就注重在哲學思想或者在實踐中的影響，凡是影響大、流傳廣、輻射力強的課程思想、理論和思潮，均納入研究範圍。

每一種研究框架背後都有一定的邏輯、方法或範式，都有其合理性與不足。課程思潮研究框架的建立，並不能解決課程研究中的許多問題。眞正能夠指導未來課程思潮研究的，將「在不同的從事科學的方式中做出選

擇，而在這種情況下這種選擇必然是要取決於未來的前景，而不是過去的成就。……做出這種選擇，只能基於信念（托馬斯・庫恩，金吾倫、胡新和譯，2003，第141-143頁）。」

第一章

學科中心課程思潮

在課程發展的整個歷史進程中，學科課程一直占據著主導地位。自二十世紀以來，伴隨著教育實踐的日益發展，課程理論也獲得了長足的發展和進步，而其中學科課程理論發展得最為完善，不少課程理論都是在與學科課程理論的對抗中衍生、發展、壯大起來的，有的課程理論或思潮至今也只能說是初見雛形。在學科中心課程思潮中，最有影響的當數要素主義課程思潮、永恆主義課程思潮和結構主義課程思潮，它們在課程理論和課程實踐中都產生了很大影響。探討課程思潮的發展流變過程及其規律，當首先分析和考察學科課程理論的發展演變。

第一節
學科中心課程理論形態的確立——要素主義課程

要素主義（essentialism）是當代西方教育哲學流派中經久不衰的一個流派。要素主義注重維護社會文化遺產的主張深深地印刻在其課程理論中，即要素主義課程，它針對二十世紀30年代美國由於進步主義教育造成的教育教學弊端而產生，受50年代蘇聯人造地球衛星上天的衝擊而復興，70年代針對美國教育現實狀況和60年代課程改革的不滿而再度興起（和學新，2001a）。

一、共同的、不變的文化要素——要素主義課程的思想基礎

(一)以觀念論或實在論為哲學依據

觀念論和實在論是兩種不同的哲學流派。在本體論方面，觀念論主張精神是事物的本源，世界是按預定規律運行的。在認識論方面，觀念論極端誇大精神的作用，把主觀與客觀、認識和實踐相割裂，認為單憑經驗不能獲得知識，只有憑藉理性才能獲得普遍的永恆的知識。在價值論方面，觀念論主張服從宇宙的法則就是善，而惡源於人的低級的內驅力和享樂主義。而在實在論看來，客觀世界、客觀事物的本質是不依賴於人們的意志而獨立存在的實在。真理是外在於人而存在的，真理是發現的，所觀察到

的事實與觀念相一致就是眞理。實在論認爲價值是客觀的，服從自然的法則。人適應環境則善，人脫離環境則惡，適應這個價值，是永遠不變的。

　　觀念論與實在論雖爲不同的哲學流派，卻有極爲「重要」的共同特點。第一，承認有不可侵犯的客觀世界的「實在」（包括唯心的實在和唯物的實在），它具有不容置疑的先驗規律和秩序。第二，主張人們必須服從於包圍自己的客觀世界的秩序和規律（陸有銓，1993）。所以說，觀念論與實在論具有內在的一致性，這種內在的一致性使得持兩種哲學觀的要素主義者有共同的課程主張。

　　信奉觀念論的要素主義者一般主張「給予心靈以優先的性質」，強調形式教育，注重對學生心智的訓練，嚴格要求學業標準；強調教師對學生的示範作用。課程方面主張以「觀念爲中心」，注重諸如歷史、文學等人文學科以及觀念的吸收和把握，尤其注重所謂文化遺產、文化要素在課程中的地位。崇尚實在論的要素主義者則注重學生的感覺經驗服從自然的法則，在課程方面強調諸如數學、科學等學科，注重事實、知識的掌握，要求教師鼓勵學生發現眞理，鼓勵學生提出新的見解、新的觀點。

(二) 保守的社會觀

　　要素主義者認爲社會乃是一種契約，它不能用人的善意或惡意來加以解釋。社會不僅表現了現在活著的人之間的合作，而且還代表了已死的一代和未來一代之間的合作。正是由於社會，人才能守紀律。人必須忠誠於社會，尊重傳統，並仇恨那些離經叛道者。個人應服從社會，但也不能忽視個人對社會的責任。權力和責任是不可分離的。自由主義過分強調個人的權力，而忽略了個人的責任，這會引起年輕人思想混亂。要素主義認爲，現代教育的失敗就在於沒有向年輕人灌輸責任的意識，因而造成了學生的騷亂、青少年犯罪等。要克服這種現象，就必須讓年輕人學習過去和傳統的東西，以此來控制青年學生的感情和狂想。青年人必須通過社會才能得到改造和拯救。

(三) 「符合說」知識觀

　　要素主義者認爲知識就是思想和觀察到的事實相符合。知識的獲得乃

是一個過程。在這個過程中，人要用自己的智慧對一些零星的片斷的事實加以反省思考。這樣才能對世界的真正本質及目的有較好的理解。這種獲得知識的方法基本上是一個理性的過程，而且人類的理性可以使人把從經驗中獲得的一些材料整理成知識。從根本上說，認識的過程乃是聯繫從事認識的人和有待認識的外部世界的橋樑。教育就是傳授真理、傳授知識的藝術。教師傳授的必須是真理。在他們看來，西方資產階級的文化遺產都是實實在在的事實和原則，都是真理。學校應成為傳授「文化遺產」的機構，要通過教育使這些遺產在新生的一代中再生出來。

二、傳遞共同的文化遺產──要素主義課程思潮的具體主張

㈠課程目標：傳授文化遺產和進行理智、道德訓練

要素主義的課程目標有兩個方面：宏觀方面，就是傳遞人類文化遺產的要素；微觀方面，就是實施個人理智和道德的訓練。巴格萊曾論述道：「如果要使教育成為一種穩定的力量，這就意味著學校必須要發揮那種實際上的訓練的作用。教材、教法以及作為一種社會組織之學校的生活必須要在下列方面加以典範化和理想化，這些方面是：合作，愉快，對於職位和職守的忠誠，勇氣，對於挫折的不屈不撓，對於人們發現要做以及能夠做的工作的進取性的努力，對朋友、家庭以及自己負有責任的人的忠誠，不弄虛作假以及願意正視現實，清晰而可靠的思考（陸有銓，1993，第115-116頁）。」他所指的就是道德方面的訓練和智慧方面的訓練。這兩大方面訓練的目的在於使社會環境有穩定的、確定的價值，不出現混亂。

㈡課程內容：選擇共同的、不變的文化要素

1. 課程內容標準

要素主義在其課程目標的指導下，在課程內容的選擇、課程設置上主張以「共同的、不變的文化要素」為基本的原則。「全部課程……是人類與世界的相互作用之結果，是社會的成果已成為社會遺產的東西（崔相錄，1989，第153頁）。」學校要教「精神宇宙的永恆價值與我們所要繼承的真理」，或者，「明確而穩定的價值與知識，即現存事實與原理」。

布拉梅爾德認為要素主義的課程是「世界的縮影」，是「以民主的文化中共同和最低限度的知識、技能、態度為基礎的豐富而連續的課程（王坤慶，2000，第242頁）。」要素主義者認為，在文化遺產中存在的永恆不變的要素是「知識的基本核心」。教育的任務就在於使這種「文化要素」在每一個新生代中再現出來。這就需要精心的選擇，把共同的文化要素抽取出來組織成教材來向學生傳授。這些共同的文化要素組成教材的核心，它包括人類全部歷史中累積起來的關於世界及人本身的科學知識、人類自己創造的藝術與思想成果，以及已經在社會發展過程中確立起來的從「樹頂動物」到「文化人」之間的道德、倫理原則，等等。

2. 課程內容選擇原則

基於要素主義者的課程標準，他們要求課程內容選擇要堅持以下三個原則：

第一，課程內容必須有利於國家和民族。巴格萊認為課程設置必須考慮到「要素主義論壇的第一要素」，就是「保衛並強化美國民主的理想」。

第二，課程內容要具有長期目標。要素主義認為，種族經驗之所以比個人經驗重要，就在於前者吸收和囊括了千百人應付自己周圍環境的經驗，經受了長久時間的歷史考驗，具有永久的價值，它對於個人一生的生活是大有裨益的。因此，學校要有穩定的課程。具有理智訓練作用的基礎學科，以及諸如讀、寫、算等基本技能的掌握，都是具有長期目標的課程。

第三，課程內容要包含價值標準。要素主義把課程內容的共同要素分為四個方面：第一，學習習慣和基本技能；第二，知識，包括觀念、概念、涵義、事實、原理、理論假說；第三，理想或情感化的準則；第四，態度，包括理論觀點、頓悟、興趣、忠誠等。通過各門學科來傳授知識，還意味著建立一套連貫與系統的課程體系，應學習哪些知識，建立何種學科，都不是偶然的，要依據實際需求。

3. 課程內容的組織與編排

要素主義者認為，為達到傳授共同的文化要素的目的，應該恢復各門

學科在教育過程中的地位，並按照嚴格的系統編寫教材。他們認爲，學校的課程應該給學生提供分化了的、有組織的經驗，即知識。如果給學生提供未經分化的經驗，學生勢必要自己對它們加以分化和組織，這將妨礙教育的效能。因此，要給學生提供分化了的有組織的經驗之最有效能和最有效率的方法就是學科課程，這種課程能充分發揮智力訓練的作用。

(三)課程實施：接受教學

1. 教師是教育宇宙的中心，學生要服從教師的指導

要素主義者認爲，教師是理智的模範，是有文化遺產學識的模範，是傳統社會價值標準的模範。教師應該反映社會過去和現在最好的東西。教育的主動權操在教師手中。只有教師才能把人類的歷史遺產、民族文化的共同要素及成年人的世界介紹和引導給兒童，兒童單靠自己是不能理解他必須學習的一切的。兒童的智慧、能力的發展也要靠教師來引發、教導才行。「學生的心靈是一種盛器，學校儘量多地往那裡灌注傳統和客觀世界的組織起來的內容（崔相錄，1989，第161-162頁）。」教師在教育中處於核心地位，學生要服從教師的指導。兒童只有在成年人的指導和控制下，才能充分發展自己的潛能。要素主義者之所以強調教師的核心地位，是因爲他們認爲教師即知識和眞理的占有者，教師掌握著學科的邏輯體系，瞭解教育過程，能夠而且必須發揮在教育中的主動權。教師和學生是權威和服從的關係。

2.教學即心智的訓練

在教學方法方面，要素主義者注重心智的訓練。心智的訓練和教學兩者是不能分離的，「嚴格的智慧訓練有賴於優良的教學」。心智訓練乃是對兒童具有積極意義的、有效的智慧、情感方面的陶冶。只有經過心智訓練的人，才能對他自己的生活進行理性的思考並做出有理性的決定和行動；只有經過心智訓練的人，才能夠理智地分析環境而不是簡單地適應環境。因此，要素主義者要求學生要刻苦學習，要強迫自己專心致志，嚴格要求學業標準，教學中不排除灌輸，教師要機智地運用獎勵和懲罰的手段，以創設良好的學習環境。

3. 教學過程是兒童「接受」、「默認」教師所灌輸的社會文化遺產的過程

要素主義者認為教學是教師的注入式過程，是兒童接受知識和社會文化遺產的過程，因而他們繼承了赫爾巴特的知識教學過程，經過改造，得到廣泛普及的是「莫里森制」。莫里森把諸學科大體上分為五種類型：科學型、欣賞型、語言型、實科型、純練習型。他把科學型學科的教學過程大體上分為五個階段。第一，探索：考察過去的經驗，分析現有的水準，再把這些結果與要講授的新經驗聯繫起來，以喚起學習的動機。第二，提示：教師向學生傳授新教材。第三，類比：蒐集各種學習材料，在教師的指導下進行個別或分組學習，學習中把新教材和舊教材加以比較。第四，組織化：通過整理所有材料，得出一段知識。第五，複述：學生通過口述、討論、寫報告書等方法，表達所學結果。莫里森還提出了「掌握知識的公式」。他認為講授一個單元有如下六個程序：預備考試、教學、結果考試、教學方法的適應、再教學、再考試。經過這些程序，所有學生都可以掌握知識。

㈣ 課程評鑑：高標準，嚴要求

要素主義者認為進步主義是一種「軟弱」的教育理論，其「軟弱」的一個表現，就在於對學生缺乏嚴格的要求，缺乏嚴格的學業標準，要素主義指出這種做法是危害性極大的。「許多學校系統完全放棄了作為學生升級之條件的嚴格的學習成績標準，讓全體學生『按時間表準時通過』……過去在中年級裡有一些『留級生』，現在都代之以一些缺乏基本訓練並且知識上有缺陷的『跳級生』（劉要悟、李定仁，1989，第20頁）。」這樣，一方面它不能造就社會需要的合作人才，形成教育的浪費，造成美國在高科技領域裡缺乏與其他國家抗衡的力量。另一方面，缺乏嚴格的學業標準不僅「對於學習者和民主集體都是嚴格的不公道」，而且它不僅威脅著學校，也威脅著自由本身。

三、要素主義課程簡要評析

美國當代著名教育理論家范斯科德等指出：「作爲美國教育中占統治地位的教育哲學，要素主義具有經久流行和頗受歡迎的性質……（理查德・D.・范斯科德等，北京師範大學外國教育研究所譯，1984，第53頁）」，要素主義哲學對美國乃至世界教育產生了長時期的影響。「即使今天的課程實踐，所體現的主要還是一種要素主義精神，如果我們的課程實踐還體現某種精神的話（單丁，1998，第106頁）。」

要素主義課程之所以能產生如此廣泛的影響，蓋有以下幾個方面的原因。

首先，從課程理論的發展來看，二十世紀以前，只有課程思想，課程理論還處於孕育之中。1918年博比特出版《課程》，1924年查特斯出版《課程建設》，集中闡述了他們的課程思想和課程研究及編製方法，這表示了課程論作爲一門學科而誕生。十九世紀90年代以前，美國學校課程受西歐古典學術主義的影響，把形式訓練或「心智訓練」說作爲課程設置的基本指導思想。但是十八世紀末期的美國社會，工業化水準已經達到很高的程度，資本主義經濟的進一步發展，需要培養一大批有實用知識和技能的管理人才和勞動力。這一客觀要求與傳統的形式主義課程思想發生了尖銳的矛盾，以杜威爲首的進步主義教育者認爲人類的知識、經驗和智慧都是在各個發展階段的社會活動中形成和發展起來的，兒童要獲得這些知識、經驗和智慧也必須從事相應的社會活動，光在課堂上單憑讀書是無法達到這個目的的。這就形成了以杜威哲學爲依據的活動課程或經驗課程思想及其課程實踐。但這種課程思想及其實踐在二十世紀30年代直至50年代、70年代都給美國造成了教育質量的下降，而博比特、查特斯的課程思想的著眼點是成人的社會行爲，以成人的典型活動爲依據爲兒童編製課程內容，以便爲他們進入社會做準備。這種思想在一定程度上是與要素主義者相通的，更爲重要的是，要素主義者的思想與政府決策者首先是促進社會政治、經濟的發展的思想是一致的。因此，要素主義課程是在繼承了「形式訓練」課程思想，批判了進步主義的經驗課程思想，結合了美國社

會現實和教育現實需要的基礎上產生的，它的發展是對學術性課程思想的一種理論昇華。它被廣泛接受是以深刻的內在課程規律爲依據的。

其次，課程在傳遞社會文化的同時，不可避免地傳遞著傳統的價值準則和統治集團需要的價值準則，這是課程的一個基本特徵。要素主義課程強調並突出了課程的這一職能，並主張由傳統價值準則體現者——教師來具體履行這一職能，強調教師是教育宇宙的中心，學生要服從教師，因此，要素主義課程受到了美國統治集團的青睞。

另外，要素主義課程突出了學校教育傳遞社會文化知識的特點，這是符合教育的規律的，也是學科課程至今仍在學校教育中占主導地位的重要原因。

第二節
學科中心課程思潮的推波助瀾——永恆主義課程

在二十世紀30年代，當要素主義課程對進步主義課程大加抨擊之時，還有一種課程思想與之遙相呼應，對學科課程思潮的發展起了推波助瀾的作用（和學新，2009），這就是永恆主義課程。

永恆主義（perennialism）代表人物有美國的赫欽斯（Robert M. Hutchins）、阿德勒（Mortimer J. Adler），法國的阿蘭（Alain）和英國的利文斯通（Richard Livingstone）等人。永恆主義認爲，要使學生具有支配自己行動的原則，就不能只向他們傳授一些實用的知識和技能，還應該給他們更多的教育。需要改革在歐美各國占統治地位的進步主義教育，重新設計一種「更高的教育」，加強對學生理性的培養，向學生灌輸資產階級需要的「永恆的信仰」，以改善人的本性，挽救混亂不堪的資本主義世界。

一、永恆的、實在的真理：永恆主義課程的思想基礎

㈠永恆的絕對的實在觀

永恆主義者認爲，存在一種永恆的絕對的實在，這個實在在任何時

間、任何地點都是同一的。人是理性的生物，人的本性與物質環境都是永恆的。因此，使本性適應環境也是永恆的，在個別與一般關係上，個別具體事物的存在和發展變化是不真實的，只有一般、抽象的東西才是真實可靠、永恆存在的。它是事物的本質。赫欽斯指出，儘管人類文明源遠流長，大千世界變幻萬端，但在整個人類文明發展中，總是隱隱約約隱藏著主宰和支配人類歷史進步的內在邏輯和永恆法則，即在人類歷史不斷前進的長河中，存在著一種永恆不變的客觀實體。他把這種獨立存在的實在歸結爲人類同一的人性或共同的理性。

（二）不變的永恆的人性觀

永恆主義者認爲，人性無論何時何地都是不變的、永恆的。在赫欽斯看來，從本質上而言，人是一種理性的、道德的及精神的存在。人類區別於動物的最大特徵在於人類具有理性。理性是人類共同的本性，這種共同的本性存在於任何歷史時期、歷史空間和任何社會形態過程中，貫穿在整個人類歷史發展過程中，人類的文明史在極大程度上就是理性探索客觀奧祕，尋求征服自然，逐步完善自身的歷史。它是永恆不變的客觀存在。正是持這種人性觀，永恆主義者提出人要接受理智和道德的訓練，即教育，要精心設計教育方案。而且由於人類是不變的，對教育的需要是不變的，所需要的教育也是不變的。不管人生活在二世紀還是二十世紀，不管他生活在美洲還是非洲，概莫能外。阿德勒指出：「如果人是理性的動物，全部歷史時代中，其本性都是永恆不變的話，那麼不管處在什麼文化和時代，每一種健全的教育方案都必須具有某些永恆不變的特點（陳友松，1982，第65頁）。」

（三）「復古」的社會觀

永恆主義者認爲宇宙中的一切運動、變化是具有方向性的，一切運動和變化受到永恆的原則控制。要使人眞正成爲一個人，要消除社會中的混亂現象，使人生活得美滿幸福，就必須理解這些永恆的原則，以獲得一種統一的文化、統一的思想。在永恆主義者看來，古希臘是人類的黃金時代。在那個時代，人與自然、人與社會以及人與人的關係完美和諧。人們

知道人的價值並且尊重人，知道如何教育自己的孩子，知道教育是使人過真正的人的生活的手段。在他們看來，人性是不變的，控制宇宙的永恆法則也是獨立於時間和空間的，所以適合古希臘人的教育同樣也適合二十世紀的美國人。永恆主義者認為，當代美國教育、社會領域出現的許多問題，科學文化難辭其咎。科學固然可以確定事實，給人以力量，但是科學本身並不能告訴人們發展、變化的目標，它無法發現生活的真理。科學主義造成了社會崩潰的危險。拯救危機的最有效的辦法就是恢復西方的偉大傳統，至少要在實際上恢復古代的那種穩定的，以哲學而不是科學為定向的社會（陸有銓，1993）。

二、設置「永恆學科」課程，促進學生理智的發展——永恆主義課程的具體主張

㈠課程目標：培養學生的理智

永恆主義者認為教育的性質是不變的，教育的基本原理是永恆的，教育的目的就是培養「有理性」的公民去參加未來的社會生活。赫欽斯指出：「所謂改善人，意味著他們理性、道德和精神諸力量的最充分的發展。一切人都有這些力量，一切人都應最充分地發展這些力量（王承緒、趙祥麟，2001，第224頁）。」這也就是他們的課程目標。永恆主義者認為人性是永恆的，人和宇宙都是理智的產物，因此他們把學校看作培養人的理性的社會機構，把培養人的理智看作教育的最高目的。他們認為教育是人類的一種活動，是人類許多活動的一個方面。對教育目的的理解，應該針對教育這種特殊的人類活動的過程。教育應當力求使學生去為未來生活做準備，能夠適應真實的由永恆真理組成的世界。

㈡課程內容：「課程應當由永恆學科組成」

永恆主義者認為「永恆學科」是訓練理智的最好方法。赫欽斯指出：「課程應當主要地由永恆學科組成。我們提倡永恆學科，因為這些學科抽繹出我們人性的共同要素，因為它們使人與人聯繫起來，因為它們使我們和人們曾經想過的最美好的事物聯繫起來，因為它們對於任何進一步的研

究和對於世界的任何理解是首要的（王承緒、趙祥麟，2001，第211-212頁）。」永恆主義者主張的所謂的「永恆學科」主要是歷代偉大哲學家、思想家和偉大著作，尤其是古代偉大人物的著作。永恆主義提出的永恆學科大體可以分為三類：理智訓練的內容、理智訓練的方法、進行理智訓練的工具。就理智訓練的內容來說，永恆學科有哲學、文學、歷史；就理智訓練的方法來說，永恆的學科有數學、科學、藝術；就理智訓練的工具或技能而言，主要是指讀寫算的知識技能，此外要掌握本國語即英語，還要掌握古典的語言，主要是拉丁語和希臘語。

從這樣一個指導思想出發，永恆主義者提出了一套學校課程計畫。

在大學課程方面，就是把「名著」作為課程和教材。赫欽斯指出：「一個從來沒有讀過西方世界裡任何偉大的書的人，怎能稱得上是受過教育的呢？（王承緒、趙祥麟，2001，第212頁）」永恆主義者之所以選定這些書作為學習內容，是因為這些書歷經若干世紀，獲得了經典性。經典著作乃是在每一個時代都具有當代性的書籍。例如，蘇格拉底對話提出的那些問題，對於今天來說就是同柏拉圖寫這些問題的時候同樣緊迫。「如果我們讀一讀牛頓的《原理》，我們會看到一個偉大的天才在行動（王承緒、趙祥麟，2001，第212頁）。」永恆主義者認為，名著課程和教材具有多方面的優越性：第一，它是實現教育目的的最好途徑；第二，名著的定向都是概念的、理論的，從任何意義上講，它都不是技術的，應用的；第三，讀書本身就是一種很好的理智的訓練；第四，不讀這些名著，就不能理解當代世界（陸有銓，1993）。

在高等教育名著課程和教材的統攝之下，初等教育和中等教育的教學內容和課程，在一定的意義上是為名著課程和教材的學習做好準備。在小學課程方面，主要是進行讀、寫、算的基本訓練，養成道德習慣，熟記古典著作中的個別部分。中等教育的課程主要是人文學科，如哲學、語言、歷史、藝術、數學、自然科學等。利文斯通主張學習希臘文、拉丁文、邏輯學、修辭學、文學、數學等，為學習名著打下基礎。

1985年，已83歲高齡的阿德勒仍然未改初衷，為「國家在危機當中」的美國的教育改革提了個「派地亞建議」（瞿葆奎，1990，第661-662

頁）。在這個建議中他為美國的初等和中等共12年的基礎教育提出了一個「合理的學程」。他的學程包括三種學習方式以及與之對應的三種目標和課程。

第一種方式的目的是掌握有條理的知識，與之對應的有下列三類學科：(1)語言、文學和藝術；(2)數學和自然科學；(3)歷史、地理和社會習俗研究。

第二種方式的目的是發展智力技能，與之對應的操作活動有聽說讀寫、計算、問題解決、觀察、測量、預測、練習批判性的判斷。

第三種方式的目的是加強對觀念和價值觀念的理解，與此相對應的是對書籍（不是教科書）和其他藝術作品的討論，參加藝術活動，如音樂、戲劇和觀賞藝術。

除此之外，還要求有三種輔助性的因素：(1) 12年的體育；(2) 6年或8年的家事技巧和手工訓練，如烹調、縫紉、木工、機械維修和打字等；(3) 1年或2年的對職業領域的一般介紹。

㈢課程實施：理智的訓練

1. 教師透過教學促進學生自我的積極活動

永恆主義者認為，教學是一種有目的、有計畫地培養學生理智的活動，教學不能一味地遷就學生的願望和興趣。學生應有責任感和義務感，要服從學校教師的管教，在教師指導幫助下積極主動學習。他們認為「永恆課程」並不像一般人想像的那樣難教難學，只要教師努力教，學生努力學，教學方法得當，學生是可以通過學習這些永恆課程達到發展智力和形成良好個性的目的的。

在永恆主義者看來，教和學乃是一種合作的藝術。學者的自我活動雖然別人無法代替，但並不是說不需要任何幫助，無論赫欽斯、阿德勒，還是馬里坦，都認為教師的幫助是必要的，只有教學的技能、技巧與人的自然傾向相合作並形成良好習慣或美德，才能說是人教育自己。教師的作用主要表現在同人的自然發展過程相合作，而這種合作的作用可以也僅僅是「幫助」、「促進」人的發展，無所謂教師中心還是學生中心。

教師幫助學生，但教師對學生要有眞正的權威。馬里坦指出：「在教育工作中，成年人不必以長者的家長作風或者專橫態度強迫兒童，以便把他們自己的形象銘刻在兒童身上，像銘刻在黏土上一樣。但是，這一事業要求於他們的首先是愛，然後才是權威——我意思是眞正的權威，不是專橫的權力——教學中理智的權威，和被人尊敬和傾聽的道德的權威（王承緒、趙祥麟，2001，第319頁）。」

2. 教學就是讀書和對話、交流、研討

幾乎所有的永恆主義者都強調讀書。因爲讀書就是同傑出知識分子、「名著」作者交流，是同他們進行思想交流的最好方法。讀書更重要的還在於它具有理智訓練的價值。永恆主義者主張要引導學生反覆閱讀古典名著的有關章節，熟記有關段落。教師應激勵和引導學生像古代偉人那樣去思考，體會偉人的內心活動，通過自己的努力得出正確的結論，並使他們在學習古代偉人著作的過程中使自己的身心受到潛移默化的影響。

永恆主義者極力推崇蘇格拉底的問答法。他們認爲透過「交流」、「對話」、「辯論」可以探索永恆的眞理，可以發展人性，實現理智訓練的目的。赫欽斯認爲學生首先要閱讀指定教材，然後再對此進行課堂討論。教師不過多地進行教學或解釋，只提出問題，引導學生討論。他說：「批語、討論、發問、辯論——這些是人類眞正的教學法（滕大春，1993，第391頁）。」

3. 教學需要必要的處罰

在永恆主義者看來，雖然說人有理性的潛能，但只有少數人才能使之昇華爲現實，而大多數凡庸的人都做不到。在人性問題上，永恆主義者堅持「性惡論」。所以，不僅在品德問題上，而且在學習問題上，永恆主義者都承認教育懲罰的必要性，進而把懲罰看作對教育、學習的一種刺激（崔相錄，1989）。

三、永恆主義課程簡要評析

永恆主義課程是在批判、評擊實用主義課程的背景下產生的，同時它又有其古老的歷史淵源和哲學依據，它深刻地反映了美國當時社會發展對

學校課程變革的需要，也反映了課程發展變革中的一些客觀規律。

　　第一，永恆主義者以其不變的真理觀、人性觀、道德觀深刻地闡明了其課程依據。從根本上說，這是一種錯誤的哲學依據。真理、人性、道德從來都是與社會發展的要求相適應的，都是相對的，從來沒有絕對的、不變的永恆真理、人性和道德。永恆主義者之所以採取這種態度，根本上是想維護資本主義的道德、人性，是為維持資本主義的社會秩序。雖有缺點，但它主張課程的設置及其內容有相對的連續性，主張學習古典名著，要注重人文精神的培養，吸收古典文化中的有用成分為維持社會穩定服務則是可取的。

　　第二，永恆主義課程強調對學生理智的培養和訓練，發展學生的能力，這反映了課程發展的規律。雖然其目的在於通過增強人的理智教育能力，使人們能夠按照統治階級要求的理性去生活和控制天性的衝動和叛逆，但在客觀上，這是符合課程的內在規律的。教育是培養人的事業和活動，在於使人從不知到知，從接受教育到能自我教育、自我發展。人要能自我教育、自我發展，就必須有判斷、推理等理智能力。而作為學校教育內容的課程首先就要負有這種責任。永恆主義者所倡導的「發展智力應該是教育的最高的工作重點」、「用理智美德的培養所組成的教育是最有用的教育」等都是課程建設值得借鑑的。

　　第三，永恆主義課程提出一套從大學到中小學的完整的課程方案。永恆主義思想家們設計了貫穿於從初等教育到高等教育的「永恆學科」體系，這種一體化的課程設計思想是值得我們吸取的。在當今的課程設計中，往往割裂各個學段，每個學段單獨設計，甚至在各學段都共同開設的課程也無連續性，這顯然是不利於學生的整體完善發展的，無論是某一方面能力的整體發展，還是各方面能力的整體發展。

　　第四，永恆主義課程注重人文學科，忽視實用學科。永恆主義者強調從古典名著中學習吸收精神力量、陶冶思想品德和情操，這是可取的，但他們誇大了古典名著的作用，也忽視了現代科學技術在現代社會發展中的作用。試想，如果學生一味學習古人的著作，如何超越古人，如何推陳出新；如果學生一味學習古典名著，科學技術又如何發展，又如何適應科技

發達的社會，如何創造更加幸福的生活。可見永恆主義課程只是一種局部的課程思想，局限於人的精神、道德的陶冶，雖有可取之處，但缺陷也是明顯的。

第五，永恆主義課程強調教師對學生的主導作用，強調學生的讀書和研討。教師的作用在於對學生進行理智訓練，在於與學生的合作，促進學生的發展。讀書和研討是大多數永恆主義者都強調的，通過讀書和研討，才能加深對古典名著的理解，才能促進學生與古代偉人的對話與交流，才能避免知識、道德觀念的灌輸，這些在今天看來也是可取的。

總之，永恆主義課程更確切地可以說是一種人文學科課程論，它的理論來源、課程目標、課程內容、課程實施都是與人文學科相適應的。在學科課程思想的發展歷史中，尤其是在二十世紀30年代，它在反對和抵制進步實用主義活動課程思想中是具有重要影響的一種課程思想，但與要素主義課程相比，它似乎領域狹窄了一些，僅注意到了人文學科課程的相關領域，因此，在整個學科課程的發展中，它只是產生了推波助瀾的作用。

第三節
學科中心課程思潮的現代化──結構主義課程

二十世紀50年代，由於「冷戰」時代的開始，東西方兩大陣營的競爭主要表現在了科學技術方面。1957年，蘇聯發射了第一顆人造地球衛星，美國受到了極大震動。美國一些學者認為美國科技落後於蘇聯的主要原因在於美國科技教育的落後，根本在於進步主義教育造成了美國教育質量的下降。在這種背景下，以布魯納為代表的學科結構主義課程應運而生。如果說要素主義課程著力於學科課程論的形成，那麼結構主義課程則在現代科技發展的背景下使學科課程理論得到進一步的理論昇華，集中地表現在學科課程理論的現代化、科學化（和學新，2001b）。

一、科學教育與結構主義──結構主義課程的思想來源

(一)科學教育──結構主義課程的催生素

對科學教育的重視，正是結構主義課程產生的時代催生素。1959年9月，美國全國科學院在麻薩諸塞州伍茲霍爾召開了中小學數理學科的教育改革會議，約35位科學家、心理學家、教育學家出席會議，共商改革大計。在充分討論的基礎上，會議主席布魯納作了題爲《教育過程》的總結報告。該報告確立了「學科結構運動」的理論基礎與行動綱領。伍茲霍爾會議以後，在政府和社會各界的支持下，美國舉國上下掀起了規模浩大的課程改革運動，許多學科專家以《教育過程》一書的思想爲指導，編製了一系列新課程，如物理、化學、生物、數學等。

(二)結構主義──結構主義課程的哲學來源

布魯納在其《教育過程》1977年版的序言中，開誠布公地表示自己的課程論指導思想是來自於結構主義者皮亞傑、喬姆斯基、李維史陀的思想。他採用結構主義的概念、方法、模式闡述其知識觀、研究認識過程。他指出：「他們三人對我的思想有意義深遠的影響……我在理性上深深捲入前二人所從事的工作，且隱然是第三人的鑑賞者（邵瑞珍，1989，第4頁）。」結構主義課程的其他代表如施瓦布、費尼克斯等，也都深受結構主義哲學的影響。

歸納起來，結構主義主要有四種基本觀點：

第一，強調「整體」和「關係」。結構主義者都把結構看作「現象中各部分或元素之間的關係的組合，都分或要素只能在由這種關係的組合而構成的整體中獲得它的意義」。

第二，將認識結構化（模式化）。認爲人的認識是以一種先天的模子作爲標準來處理自己的文化，形成自己的社會生活，這種「模子」逐漸在人們頭腦中固定下來，形成一種結構。

第三，在研究方法上強調分解與化合。分解就是將研究對象分成各個基本組成部分或單元，化合則是按一定規則、秩序重新對各組成部分、單元進行組合，從關係的總體中顯現對象的本質。分是手段，合才是目的，

合的方式是「編配」。

第四，注重探究事物結構的層次。結構主義者將事物的結構分爲表層結構和深層結構，強調認識事物的深層結構，因爲這種結構支配並決定著現象的性質和變化，這從某種程度上說，就是主張要認識事物的本質。正如李維史陀所說：「結構是社會與文化現象的本質，是穩定的決定社會生活與文化現象的模式。」因此，要通過結構去認識社會生活和文化。

二、結構課程──結構主義課程的具體主張

㈠課程目標：追求智力的卓越

《教育過程》開宗明義指出，之所以要重新強調「教育的質量和智力目標」，就是因爲不如此就會對國家安全造成「長期」的危機。布魯納明確指出，教育就是追求卓越性，要發展人的心智能力與感受性。布魯納重視學生智力的發展，還在課程實施中對智力的發展規定了具體的任務（田本娜，1994）。第一，要激發學生良好的學習動機，發展學生運用思維解答問題的信心。在布魯納看來，知識的獲得是一種積極的過程。學習者要通過將新獲得的訊息納入已有的認知結構的聯結過程，不斷地去構造新知。因此，他強調的動機和信心，實際就是學生將自己視爲知識獲得過程中的一個積極的參加者的願望。第二，培養學生觀察與想像客觀事物和完成象徵式操作的各種技能，鼓勵學生發現他們自己的假設的價值和改進的可能性，幫助他們認識實際和各種假設的意義。第三，要使學生養成「自我推進」的能力，充分發揮學生的主動作用，允許學生自己運用問題研究的方式，直接處理以往透過傳授來掌握的教學內容，促進學生認識的發展。第四，「發展理智上的忠誠」。這種忠誠是指學生們熱切希望運用某門學科的儀器和材料，去檢查和糾正他們解決問題的辦法、思想和見解。總之，就是要幫助學生提高對知識的掌握、轉換和遷移的能力，使學生獲得最好的智力發展。

㈡課程內容：反映學科的基本結構

布魯納主張：「不論我們選教什麼學科，務必使學生理解該學科的

基本結構（邵瑞珍，1989，第27頁）。」他認為每一門學科中都存在著某些「廣泛和強有力適應性的觀念」，這些觀念形成著學科的結構體系，它們不僅能解釋這門學科中某些特定的客觀事物，而且能規律地反映出這門學科中一般的客觀事物。學生一旦獲得這種觀念，就能夠理解事物是如何相互關聯的，能夠不斷地擴大和加深知識。作為要學習的結構的實例，他列舉了生物學上的「慣性」、「連續性」；數學上的交換律、分配律、結合律；語言學上的句型、句式。他還指出：「掌握某一學術領域的基本觀念，不但包括掌握一般原理，而且還包括對待學習和調查研究、對待推測和預感、對待獨立解決問題的可能性的態度（邵瑞珍，1989，第33頁）。」可見，他所指的學科的基本結構指一學科的一般原理和概念，以及相應的學習和探究該學科的基本態度。

施瓦布對「學科結構」概念作了相當深入的探討。他認為「學科結構」概念有三重涵義。要弄清這三重涵義，就要回答三組互相區別又相聯繫的問題。第一組問題是「學科的組織問題」，要回答知識體系包括哪些學科，它們有著怎樣的互相關係。這實際上是對知識加以分類的問題。在課程論中回答這一問題有助於確定課程的內容範圍，以及各門學科之間的關係，也就是在學校課程中包括哪些學科，以怎樣的順序組織這些學科。第二組問題是「學科的法則問題」，要回答的是每個學科的證明規則是什麼，怎樣應用這些規則？解決了這組問題也就確定了每一門學科的具體內容和教學順序。第三組問題是「學科結構的實質問題」，實際上是要弄清一門學科的基本要領或基本假設是什麼。弄清了這個問題，也就弄清了一門學科的基礎知識和選擇教學內容的基本標準。這三組問題實際上所表徵的分別是學科結構的三種不同涵義，即學科間的組織結構、學科間的句法結構、學科的實質結構。這樣施瓦布為研究課程的宏觀結構和微觀結構提出了一個基本框架。

費尼克斯提出了與施瓦布相似的學科結構論。他認為任何一門學科的結構都由兩部分組成。第一部分可以稱為學科的實質結構，指一門學科的「關鍵概念」或「代表性觀念」。這是學科的本質、核心，是學科的縮影。通過學科的「代表性觀念」可以貫徹教育的三個原則，即簡化原則、

經濟原則、生長原則。第二部分可以稱爲學科的句法結構，指一門學科的研究方法。費尼克斯認爲，通過掌握學科的探究方法可以產生「世界可知的信念」，從而消除「犬儒主義」對世界的「破壞性的懷疑」。學科的探究方法可以整合知識體系，從而克服知識的「片斷化」。掌握學科的研究方法還可以解決現代知識的「過量」問題，克服知識的「短暫性」。因爲方法表徵了學問的內在邏輯，具有相對穩定性（單丁，1998）。

由上可見，布魯納、施瓦布、費尼克斯雖然在具體闡述上有所不同，但大體上表達了相同的觀點，對學科的基本結構及其內涵有較爲一致的認識。

(三)課程編排：螺旋式組織

布魯納主張採取「螺旋式」組織。他指出，課程編排「爲兒童而犧牲成人同爲成人犧牲兒童都是錯誤的」，認爲課程編排既要符合兒童認知發展的特點，又要使教材能進行適當的轉化，以利於尋找適合兒童並促進兒童智慧生長的教學策略。他提出了課程編寫的原則：一是把學科普遍的和強有力的觀念態度作爲課程的中心；二是將教材分解爲不同水準使之與不同學生的接受能力結合起來。這兩者的實質就是解決課程內容選擇的核心是什麼，以及課程內容的科學組織問題，才能與學生的認知結構相統一的問題。

布魯納認爲，螺旋式組織課程內容，一方面要保證「直線式」組織課程的優點，另一方面又要繼承圓周式由同心圓一波又一波拓寬的心理組織方式。他提出了螺旋式課程編排的三個具體要求：符合兒童認知發展特點；教材能適當地加以轉換；採用適合於促進兒童智慧成長的教學方式。螺旋式編排是倒三角形的螺旋狀結構，保留了直線式組織，一階段比一階段高升、深入和分化的邏輯順序，也融會了圓周式擴散、加寬的心理組織。從理論上說，如果其他條件完全相同，那麼，「螺旋式」編排一定優於「直線式」和「圓周式」。螺旋式課程的內容包括兩方面（單丁，1998）。一方面是學科的基本原理及概念要螺旋式組織。布魯納指出：「教授科學概念，即使是小學水平，也不必奴性地跟隨兒童認知發展的自

然過程。向兒童提供挑戰性的但是合適的機會使發展步步向前，也可以引導智力發展（邵瑞珍，1989，第46頁）。」將學科的基本原理和要領以智育上正確的方式盡可能早地教授，並在以後各年級中使之拓展再拓展。一方面是學習與探究態度的螺旋式組織。「應估量什麼樣的態度或啟發的方法最具普遍性和最有用；應該作一番努力，把初步的態度和啟發的方法傳授給兒童，這種態度和啟發的方法隨著他們在學校的成長，可能進一步提高（邵瑞珍，1998，第38頁）。」這就是說，在將學科的基本原理作螺旋式組織的同時，也要把相應的態度作同樣的組織，使兒童以一個科學工作者的態度從事學習與探究。

(四)課程實施：發現學習和探究教學

布魯納認為：「我們教一門學科，並不是希望學生成為該科目的一個小型圖書館，而是要他們參與獲得知識的過程。學習是一種過程，而不是結果（吳文侃，1990，第196頁）。」因此，他主張應該採用發現學習法讓學生自己去發現基本結構。他說：「親自發現的實踐，可使人按照一種促使訊息更迅速地用於解決問題的方式去獲得訊息（吳文侃，1990，第196頁）。」「學會如何學習」本身比「學會什麼」更重要。在他看來，發現學習就是用自己的頭腦親自獲得知識的一切方式。它不局限於人類未知世界的發現，更為重要的是在校兒童能憑自己的力量對人類文化知識「再發現」，他認為，發現學習就是把現象重新組織或轉換，使人能夠超越現象進行再組合，進而獲得新的領悟，包括尋找正確結構和意義。

結構主義課程論者強調發現學習與探究教學是與其知識論緊密相聯的。在結構主義課程論者看來，知識並非像邏輯實證主義所主張的那樣是外部客觀實在的反映或模擬，知識並非是價值中立的。恰恰相反，知識是人們基本經驗中的材料創造出來的，目的是使經驗中的材料具有意義和結構。知識是賦予經驗中的規律或事物的理智的模式，並不具有客觀實在性。本質上，科學知識是一種不斷發現、不斷探究的過程。

所謂探究教學，就是為兒童提供真實的問題情境，讓兒童透過探究事物、現象和觀點而自主地獲得知識並形成探究技能和探究態度的過程。施

瓦布主張，探究教學中，要讓兒童親自體驗到不同學科句法結構的特點和
差異，親自體驗到學科實質結構的可修正性和多樣性。在學生體驗學科結
構、科學知識的靈活性的同時，形成探究的靈活性。

㈤課程評鑑：指導課程編製和教學的教育智慧

布魯納對課程評鑑作了較爲完整的論述，他認爲「評鑑，最好被看
作一種教育智慧，它是指導課程建設和教學的（邵瑞珍，1989，第255
頁）。」他指出，根據一定教育理論編製的課程效果如何，要通過評鑑的
訊息回饋，來有效地控制和更新。因此，他提出了課程設計與教學的七條
評鑑標準（吳文侃，1990）：

1. 評鑑可以看作指導課程編製和教學的教育智慧。課程與教學對兒
   童智力開發愈早，其作用就愈大。有效地評價不僅要提供修正的
   訊息，而且還要提供如何編製課程、進行教學的建議。切實可行
   的計畫就是蒐集有用的訊息作爲課程的指南。
2. 有效的評鑑必須與教學相結合，才能評鑑兒童對某一特定的教學
   過程的反應。
3. 只有由學者、專家、課程的編製者、教師、評鑑者和學生共同組
   成的評議團或小組進行評鑑，才能充分發揮評價的作用。
4. 從某種意義上講，評鑑是向不適合現代教學實際情況的傳統教育
   措施提出質疑。
5. 評鑑者必須經常設計作爲探討和發展一般性智力技能的手段的教
   學。
6. 必須考慮教師的教和學生的學，才能評價一門課程。因爲教學過
   程是隨著教材和學習者的具體情況而變化的。
7. 課程評鑑要取得成效，必須納入教學理論，人的學習和發展是教
   學理論的中心，就事論事地評鑑學生與教師的某些具體活動，那
   就無助於作爲培養人的教育目標。

三、結構主義課程簡要評析

總體來說結構主義課程的基本特點就是「學問化」、「專門化」、「結構化」（鍾啓泉，1989，第114-122頁）。所謂學問化就是「學習的方法」或「認識的方法」，即要把科學家們在確立新的概念並構築概念的過程和方法作爲課程的內容。所謂專門化，就是突出物理、化學、生物學和地理學、歷史和經濟學等，而不主張社會科或理科等。結構主義課程論者還主張把英語分解爲文學、作文、文法等學科等。所謂結構化，就是指強調某一門學科的基本概念、基本法則及其概念的構造方法。

與要素主義、永恆主義課程相比，結構主義課程在課程目標、課程編製、課程實施、課程評鑑等方面都打上了現代科學發展及現代社會對課程要求的烙印，可以說結構主義課程是學科中心課程發展到現代的代表，是學科中心課程思潮的現代化和科學化，無論是在理論依據、課程目標、課程實施、課程編製等方面都體現出了現代化、科學化的特徵。它無論是對於學生智力的開發，還是系統知識的掌握，抑或是形成學生良好的知識結構，教會學生學習，培養學生學習的積極性、主動性等都是值得借鑑的。

第四節
學科中心課程思潮的主要特徵與問題

一、學科中心課程思潮的特徵

雖然要素主義、永恆主義和結構主義三種課程理論在社會背景、理論依據、具體主張上存在著差異，但就其實質而言，都是主張學科課程的，如果撇開其具體內容、具體主張，可以看到它們所具有的共同特徵（和學新，2002）。

㈠ 強調知識的系統傳授

無論是要素主義者、永恆主義者，還是結構主義論者，都主張課程要發揮知識傳遞的價值。要素主義者認爲只有知識才能保證人們成爲能夠掌

握自己與環境的秩序的「理性的主人」，並發現自己的目標和達到這個目標的手段，從而能夠完善自己。布拉梅爾德指出，要素主義的課程是「以民主的文化中共同和最低的知識、技能、態度爲基礎的豐富而連續的課程（崔相錄，1989，第152頁）。」要素主義者特別重視種族經驗和社會文化遺產，永恆主義者主張設置「永恆的學科」。所謂永恆的學科，就是歷代偉大哲學家、思想家的偉大著作，它們適用於知識的每個部門。他們提出了從小學到大學的一整套學校課程計畫，目的就是爲了讓學生掌握完整系統的古典文化知識，從而成爲具有「理性精神」的人，能夠維護現存社會的穩定。結構主義者與要素主義者和永恆主義者相比，在系統知識的掌握上更是有過之而無不及。他們強調掌握學科的基本結構、基本概念、基本原理，目的就是爲了使學生獲得遷移能力，能夠更好地學習和掌握知識。

㈡ 強調以知識的學科邏輯體系來組織編排課程

學科中心課程主張按學科的邏輯順序來組織課程內容，強調把課程內容的重點放在邏輯的分段和順序上，強調學科固有的邏輯順序的排列。因爲，學科體系是客觀事物的發展和內在聯繫的反映。通過學習科學的體系，可以使學生瞭解自然界和人類社會的發展過程。況且每門學科各部分內容之間都有其內在的邏輯關係，某一部分內容總是既以另一部分內容爲基礎，同時又作爲其他部分的基礎。一門學科本身就是一個概念體系。按照學科的知識體系來編排課程內容，有利於學生掌握系統完整的學科知識、概念和原理，有利於對學生進行智力的訓練，有利於培養學生的「理性精神」，有利於學生的逐步發展和提高。要素主義者主張應按照嚴格的邏輯系統編寫教材，學校課程應該給學生提供分化了的、有組織的知識系統，這樣最經濟、最實用、最有效能。永恆主義者所提出的一整套學校課程計畫，直接地反映出其課程編製思想是以知識的邏輯系統來進行的。他們在小學開設讀、寫、算及古典著作中的個別部分，在中等教育階段讓學生學習一些古典語言、文法、修辭和部分名著，在大學階段就是系統地學習古典名著。結構主義者雖然主張學科的知識結構要有效地促進學生認知結構不斷地由低到高發展，主張教材的心理順序與邏輯順序並非格格不

入，可以通過「轉換」手段，使其相互溝通，他們所謂的「轉換」手段就是他們所提出的「發現學習和探究教學」，是在教學過程中實現二者的轉換；但在課程編排上，更強調的是學科的結構，主張按照學科的基本結構選擇和編排課程內容，強調課程內容的學術性和抽象性的知識系統。

㈢強調課程目標是理智訓練和智力發展

學科中心課程思潮提出的課程目標表面上看來是以學生發展為取向的，而實質上，仍然是以社會需要為價值取向的。它們是要通過對學生的理智訓練和發展智力，使學生成為社會穩定所需要的能理智生活和控制天性衝動的理智人、理性人，和促進社會科技發展與世界爭霸的精英。要素主義者提出課程目標就是實現個人理智和道德的訓練。永恆主義者提出課程目標就是培養學生的理智，使學生成為「有理性」的公民去參加未來的社會生活。結構主義者提出課程目標要追求智力的卓越，就是培養具有高水準的科研人員和技術人員，就是培養最能幹的優秀人才。所以說，學科中心課程思潮目標的精神實質上是一致的，儘管在具體內容和方式上各不相同。

㈣把知識劃分成不同的價值等級

在學科中心課程論者的心目中，知識是分等級的，他們在課程內容選擇上是有價值取捨的。比如要素主義者認為，小學階段學習的要素是：閱讀、說話、寫作、拼音和算術、歷史、地理、自然科學與生物科學、外語；次一等的要素是美術、音樂和體育。中學階段的要素有數學（代數、幾何、三角、微積分）、物理、化學和地質學；次一等的要素是美術、音樂和體育，還有職業科目和業餘愛好的科目；等等。要素主義者的這種課程價值等級思想影響是廣泛而深刻的，比如中國大陸學校教育中曾把體、音、美稱作小三門，甚至擠占它們的開設時間，就是一種具體反映。永恆主義者則「厭惡現代世界上的許多東西，諸如工業革命的成果、科學革命、價值標準的世俗化以及技術革命和電子革命」，堅持主張過去的東西是卓越的，採取復古主義態度，重視人文學科，忽視實用學科。而結構主義者則偏重數理化和外語。總之，在學科中心課程論的視界裡，知識並不

是平等的，對人的發展的重要性程度也是不一樣的，在課程編製時，是應區別對待的。

二、學科中心課程思潮的問題

(一) 思維方式的簡單化

無論是要素主義、永恆主義，還是結構主義，雖然它們都強調要通過學生知識的系統掌握，發展學生的智力和理性能力，成為社會的精英，但它們把知識掌握與學生發展之間的關係簡單化了。文化知識的掌握，人類種族經驗的傳遞只是人發展的基礎，知識對人的理智和道德發展具有重要作用，但並不起決定性作用，人的發展是多種因素相互作用的結果。知識與發展之間並不是一對一的因果關係，人的發展除了繼承人類種族的文化遺產，還必須有自身的社會實踐，發展方向還必須與社會現實要求相適應，還要符合自身的生理、心理特點，等等。忽視這些因素的影響，希冀通過簡單的知識授受，使所有學生都成為道德高尚、智力超常的社會精英顯然是不現實的，也是不可能成功的。

(二) 強調知識的專門化，忽視知識的關聯性和綜合性

從整體上來看，學科中心課程思潮強調學生掌握系統的學科專門知識，主張以學科的知識系統邏輯來編排課程內容和設置課程，這樣學生雖然易於掌握知識的系統性，向深度發展，成為某一學科的專家，但這種課程編排割裂了學科之間的聯繫。而世界本身是一個整體，知識本身是綜合性的，各門學科知識之間是互相聯繫的。學科知識的產生和形成是由於人們認識能力的局限造成的。人們解決問題不是只需要一種知識，而是需要多種知識綜合運用。學生只掌握專門的知識，顯然是不利於其整體能力、整體素質的發展，也不利於其整體地認識世界。再者，當今社會科學、技術、文化飛速發展，學科統整、融合、滲透勢不可擋，單純的學科中心課程是無法適應人類知識授受和發展的需要。

(三) 強調知識的抽象化，忽視知識的生活化、實用化

由於學科中心課程片面強調知識的「永恆」的「不變的價值」，強

調知識「要素」的重要性，強調學科知識的基本結構、基本概念、基本原理，這樣就必然會導致學生只掌握抽象化了概念、原理、規則，而遠離豐富多彩的社會生活和學生現實需求。而知識從本源來講，源於生活，源於實踐。脫離了學生的生活和現實，一方面學生對學習的知識不知有何作用，就會失去學習的興趣；另一方面，學生不會用所學知識分析解決現實問題。這種忽視知識生活化、實用化的做法也不會得到社會的歡迎，換言之，這樣培養出來的人才是無法適應社會的。

㈣ **強調知識授受，忽視師生對知識意義的理解和創造，易加重師生負擔**

由於學科中心課程思潮對知識系統和人類文化遺產的偏愛，不自覺地就會強調學生對知識的死記硬背，強調學業標準，強調教師對學生學習的主導作用。又由於學科中心課程思潮強調知識的永恆性，強調知識對發展理性、智力的價值，又會不由自主地忽視學生、教師對知識的再理解、再加工，忽視師生對知識意義的發展和創造。這些都會使師生失去對教和學的快樂體驗，使師生產生對抗，加重學生負擔，導致師生關係緊張。進一步而言，培養出來的人只能是社會馴服的臣民，而不可能是有個性和創造性的現代公民。

㈤ **強調專家對課程編製的控制，忽視師生、家長和社區的課程開發作用**

學科中心課程思潮是從屬於科學主義的工具理性價值觀的，這種價值觀認為對學生的知識傳授必須是廣泛的、普遍的真理，而這種廣泛的普遍真理掌握在少數知識精英和專家手裡，這樣，課程的編製主宰權在專家手裡，要由專家和學者來編製教材，教師、學生都是教材的執行者、掌握者和學習者，家長和社區是沒有權力介入課程編製的，自然教材編製也不會考慮到教師、學生、家長和社區的價值需求的。而事實上，學校、教師、學生、家長、社區都是具有豐富個性的具體需求者，都有自己的主體能動性和價值需求，在課程實踐中也絕不能被忽視，忽視了他們的價值需求和主體能動性，課程目標就難以達到，教學質量就難以保證。

㈥強調知識的等級性，忽視知識的完整性

由於學科中心課程思潮的歷史局限，不同時期的倡導者們或者重視人文學科，或者重視自然學科，人為地把知識分為三六九等。而實際上，知識是不分等級的，它們都是人的素質整體完善發展不可缺少的，缺少了某一方面的知識，人的發展都將可能是片面的。另一方面，社會對人才的需求也是多方面、多層次的，知識對不同層次的人才也是具有不同價值的。課程應是多元化的，而不是單一化的。只有這樣才能滿足社會多方面的需求。

第五節
學科中心課程思潮的主要影響與啟示

學科中心課程是古老而又傳統的，在學校教育實踐中，它一直是學校最基本最主要的課程。古希臘羅馬學校的「七藝」、中國古代學校的「四書」、「五經」都是典型的學科中心課程。隨著時代的發展和進步，隨著知識體系的拓展和擴充，學校作為培養人的活動場所，它必須把社會對人的發展所要求的知識內容不斷地列入到課程內容中。如何把它們系統地組織編排，如何進行內容的選擇，隨著教育實踐的日益發達和豐富，課程實踐領域開始了經驗的總結，同時它也需要理論的指導。進入二十世紀以來，這種要求更為迫切，理論的探求也成為了一種自覺的活動。在理論與實踐的相互作用下，課程理論領域也就產生了；在不同的哲學觀、價值觀指導下，適應不同社會發展背景的要求，也就必然形成不同的課程思潮。以要素主義、永恆主義、結構主義課程理論形態出現的課程思潮，正是對自古以來就占主導地位的學科中心課程的理論總結和發展。作為代表社會或國家發展利益的學科中心課程思潮在其發展流變的過程中，無論是對於課程理論的發展還是對課程實踐的改革，都產生了很深的影響，也對課程理論與實踐的今後發展具有一些積極的啟示。

一、學科中心課程思潮的影響

(一)對學科課程理論自身發展的影響

　　就學科課程理論的發展而言，要素主義首先使學科課程認識理論形態化，形成了獨特的關於課程的理論體系。如果說要素主義側重於自然學科課程的理論認識，那麼永恆主義則偏於人文社會學科課程的編製及認識。它們共同確立了學科課程理論的現代構架，爲學科課程理論的發展奠定了基礎。二十世紀50年代，在結構主義思潮影響下，學科課程理論發展爲結構主義課程思潮。以布魯納爲代表的一批課程專家在認知心理學的支持下，使學科課程理論發展到了極致，體現出現代性、科學性的特徵。古典學科課程理論到要素主義、永恆主義課程思潮到結構主義課程理論，關於學科課程的理論認識愈來愈深刻，愈來愈全面，也愈來愈科學。古典學科課程理論建立在直覺認識、百科全書、統覺心理學等基礎上，要素主義、永恆主義課程思潮從理論上說還是唯心主義的，而結構主義課程則有了科學的心理學依據。古典學科課程理論在課程編製思路上還比較模糊，要素主義、永恆主義則在課程目標、課題實施、課程評鑑等方面都有了自己的體系，而結構主義則更上了一層樓，在課程目標、課程實施、課程評鑑等方面都更爲細緻、全面。在這一發展過程中雖然有時代變遷和科學技術發展等因素的影響和促進作用，但學科課程理論自身發展過程中對自身缺陷與不足的克服方面的作用也是不可忽視的。比如，要素主義在課程目標上是要傳遞文化遺產和進行理智、道德訓練，而結構主義則要追求智力的卓越，要「借助個人超越自身的社會世界的文化方式，去開闢哪怕是些微的新局面，創造出自身的文化來（鍾啓泉，1989，第110頁）。」在課程實施中，要素主義要求學生服從教師的指導，要「接受」和「默認」社會文化遺產；而結構主義則要求學生運用探究和發現的方法，讓學生用自己的頭腦親自獲得知識的一切方式，教師要幫助學生學會探索解決問題的方略，要讓學生成爲「自主而自動的思想家」。而在課程評鑑方面，要素主義要求高標準嚴要求，結構主義課程則提出了課程設計與評鑑的七條標準，涉及到了課程和教學的多個細微方面。可見在兩者的具體課程主張方

面已發生了很大的變化和發展。

　　學科中心課程思潮對學科課程理論自身發展的影響還表現在對課程編製模式的影響上。其突出表現是布魯納的結構主義課程論對課程編製過程模式的影響。布魯納提出了掌握學科的基本結構，為學生的學習做好準備，採用螺旋式課程組織。這些理論主張深深地影響了英國課程論學者史點豪思，他在布魯納理論的指導下提出了課程編製的過程模式。史點豪思還主張課堂教學要採用討論法，這樣能夠促進知識的個別化，提高學生的思維能力。

　　㈡對其他課程思潮的影響

　　學科中心課程思潮在整個二十世紀發展歷程中，並不是一帆風順的。除了自身發展的邏輯外，它還與其他課程思潮爭奇鬥豔，共同譜寫了課程理論發展演變的交響曲。

　　進步主義課程思潮是在批判改造康門紐斯、赫爾巴特的古典學科課程理論中形成發展起來的，要素主義、永恆主義則是在與進步主義課程思潮的爭辯對抗中壯大的，其中以要素主義為顯赫。美國二十世紀上半葉課程理論的發展態勢基本上是以進步主義與要素主義之間的對峙為特徵的，這兩種課程思潮奠定了美國課程理論發展的基礎，其基本精神在以後的理論流派中被不斷複製和再生出來（單丁，1998）。社會改造主義課程吸收了要素主義的積極因素，克服了進步主義重適應輕改造、重現在輕未來，重過程輕結果的缺陷，著眼於未來，創造一種新的社會秩序。人本主義課程思潮是二十世紀60年代末70年代初作為對結構主義課程思潮的反動而誕生。而且有趣的是，結構主義的課程思潮的幾個主要代表如布魯納、費尼克斯、福謝依等後來又都成為人本主義課程思潮的重要代表。實踐課程思潮的代表則是結構主義課程的二號旗手施瓦布。施瓦布在結構主義課程受挫後，一改初衷，認為課程開發不應由學科專家獨自包攬，而應當由校長、教師、學生、課程專家、心理學家、社區代表等組成課程小組，採用「集體審議的程序」進行課程開發，倡導行動研究和校本課程。而二十世紀80年代中後期以來在美國逐漸興盛起來的後現代主義課程思想，也與學科中心課程思潮有著千絲萬縷的聯繫。後現代主義課程思潮有兩種類型：

一種是批判性的後現代主義課程觀，這種課程觀用後結構主義或結構主義的觀點對結構主義課程思潮、泰勒目標模式、實踐課程思潮進行了全面批判或解構，揭示了這些課程思潮之間的關係，認為課程是「一項立法工程」；另一種是建設性的後現代主義課程觀，這種課程觀吸收了進步主義課程思潮、結構主義課程思潮、實踐課程思潮等積極因素，運用羅蒂、格里芬等人的建設性的後現代哲學思維方式，對課程領域進行了重建。可見學科中心課程思潮對課程理論的發展產生了重大的影響。

㈢對課程實踐的影響

儘管在整個二十世紀，課程流派叢生，各種課程思潮爭奇鬥豔，但在對課程實踐的影響上，學科中心課程思潮是占據主導地位的。正如有學者指出的那樣，在二十世紀以來的世界範圍內的課程改革中，人們逐漸形成了這樣的理性認識：學科課程是課程理論和實踐的核心，既是課程理論和實踐諸多問題的生發點，也是課程改革的立足點（黃黎明、靳玉樂，2007）。課程改革研究的著名學者富蘭和龐弗雷特指出，課程改革的實施涉及多方面的變化，首要的關注維度就是學科內容和教材（Fullan, M. & Pomfret, A., 1977）。同時，由於課程實踐是十分複雜的。課程實踐不僅受到課程思潮的影響，還要受到培養目標、辦學模式、課程歷史等因素的制約。因此，分析課程思潮對課程實踐的影響應持謹慎態度，不能把課程實踐的變革簡單地歸於課程思潮單方面的作用。

學科中心課程思潮幾起幾落，它在美國的表現更為明顯和突出。永恆主義課程思潮儘管其注重人文理性及文化遺產，很大程度上澄明了課程的教育學本體價值及其功能，但由於其保守的人性觀和哲學觀，特別是對現代科技對社會發展的衝擊及推動作用置若罔聞，它對課程實踐的影響並不大。二十世紀30年代的要素主義課程思潮與60年代的結構主義課程思潮在學術思想的繼承上及其對自然科學、學術理性的統一認識，使得學科中心課程思潮對課程實踐的影響主要表現為這二者的影響，而尤以結構主義課程思潮的影響為重。

1959年9月，美國科學院召開伍茲霍爾會議，布魯納作了題為《教育過程》的總結報告。這一報告確立了「學科結構運動」的理論基礎與行動

綱領，並從理論上解決了存在於學科專家和教育專家之間的持久爭論。此次會議以後，「學科結構運動」在全美範圍內蓬勃開展（單丁，1998）。在60年代，「學科中心」課程動向是世界性動向（鍾啓泉，1989）。其代表性課程有PSSC物理、BSCS生物、SMSG數學、CBA和CHEMS化學等（鍾啓泉，1993）。

PSSC物理以物理基本概念、原理、定律、法則之間的邏輯關係統一成一個整體的系統，力求從人類智力探究活動觀點出發，闡述現代物理學的概念體系以及獲得這一概念體系的探究過程。整個PSSC物理教材由四個基本要素構成，它們是「時間、空間、物質」、「光和波」、「力學」、「電磁學和原子結構」，並相應地把教材劃分成四個部分，這四個部分以各自標題爲中心，相應構成四個單元結構，但四個單元結構不是彼此獨立的，而是具有內在的聯繫性。

ESCP地球科學將地球科學看作「自然科學的全部領域中普遍存在的原理的連續體」，以「變化的普遍性」、「自然界中的能量流轉」、「對環境變化的適應性」、「自然界的質量與能量的守恆」、「時間與空間中的地球體系」，「現在是瞭解過去的關鍵」爲線索，將地球科學的全部領域用地球圈層這個概念來統一，從而成爲一門具有結構性的學科。

BSCS生物分藍皮版（分子生物學）、綠皮版（生態生物學）、黃皮版（介乎兩者之間的細胞生物學）三種教科書。它們可以任意組合「實驗項目」、「問題探究」、「專題研究」而加以應用，重點在探究上，主張生物教學要立足於掌握知識的過程與培養科學的態度。教材中穿插有62項具體的「探究」項目，實現探究目標的教學方法將基本概念和探究過程有機地結合在一起，書中還安排了不同水準層次的探究項目，以適應不同認知水準的學生學習。如「觀察生命」、「一種動物及一種植物的相互關係」、「植物的多樣性——葉」、「含鹽量在水生生物中的作用」、「氣孔與光合作用」、「動物消化酶的作用」、「心臟的工作」、「雞的胚胎」，等等。

CBA化學以化學的基本概念——化學鍵爲中心，邏輯地加以組織，並使學習過程能夠活躍學生的思維。它要求學生把握化學鍵的三種典型方

式——離子鍵、共價鍵、金屬鍵，使用原子的電子雲模型，並據以推論化學鍵的產生，從能量的觀點統一地解釋化學現象。1959年CBA課程由17名化學工作者編就，第一期試用教材有9所學校800名學生參加實驗，到1962年就有1萬名學生參加實驗。CBA化學全書共分5大部分18章，並且配有45個實驗（分三個類）。CBA的重點是概念，使學生通過學習，掌握和揭示化學中概念與事實的相互聯繫和作用。

CHEMS化學和CBA幾乎含有相同的內容，只是編排上不同，全書共分25章，它試圖使學生通過實驗室工作看到科學是如何進步的，通過積極參與科學活動，使學生成為一名科學家。CHEMS化學的編寫成員大都為全美知名的教師和卓越的化學家。1960～1961年在23所高級中學和1所初級學院使用，學生大約有1,300名，到1962～1963年，已有560所高中（遍及40個州），4.5萬名學生參加實驗。

歸納起來，這些課程的特點在於注重圍繞基本概念、原理組建課程，以形成「結構化」的知識體系；注重探究過程的學習，培養科學研究的能力。可見它們是以結構主義課程思潮為理論基礎的。學科中心課程思想指導的課程實踐雖然順應了科技發展的趨勢，但過於強調知識的邏輯，強調學術性，造成了學生負擔過重、壓力大、教材難，強調專業性、忽視生活性，實施中並未取得預期效果。儘管在以後的美國課程改革實踐中反反覆覆，但學科結構主義的基本思想已融入了課程實踐中。

當美國二十世紀50～60年代課程實踐深受學科中心主義課程思潮影響之際，蘇聯的課程實踐也大體如此。強調課程的學術性、理論性水準，加大學習難度。1966年11月10日蘇共中央和蘇聯部長會議發布的《關於進一步改進中等普通教育學校工作的措施的決議》，提出了改革的基本原則，包括：(1)教學內容要符合科學、技術和文化發展的要求；(2)一至十年級，科學基礎知識學習要有銜接性，從四年級開始系統地講授知識；(3)要刪除教學大綱和教科書中過於煩瑣和次要的材料，克服學生負擔過重的現象。在新的教學計畫和教學大綱中，數學中公式、方程式、百分數、正負數、坐標、曲線圖、函數的概念（四至五年級教授）的學習比過去提前了一年至一年半，七年級的幾何包括了向量的概念和向量代數的因素，八

年級學習向量坐標，九至十年級學習解析基礎。要求學生不僅掌握具體的，而且要掌握一般的數學思想、方法和概念。物理大綱不僅提高了物理學程的理論水準，而且加強了它的世界觀方向性和綜合技術的目的性，十分重視物理實驗和實習作業。蘇聯60年代的課程的特點就是實現課程目標的現代化，課程內容現代化，教材編製和管理的精緻化。雖然這次改革取得的成就是令人矚目的，但內容過多、過深，過於抽象，忽視與實際的聯繫和理論應用的意義。

　　學科中心課程思潮對中國大陸的課程實踐也有影響。二十世紀70年代中後期，隨著改革開放，學科結構課程理論等思潮不斷傳入中國國內。1978年，「文化大革命」後的第一次大的課程改革可以說很大程度上接受了學科中心課程思想的影響。這一次課程改革，把「文化大革命」的「三機一泵，三酸二鹼式」教材改成以學科基礎知識為主的學科中心式教材，強調教學中注重「雙基」培養，但這次改革重理論輕技能，重學術輕應用。它的結果與美國、蘇聯的改革結果有異曲同工之處。所以，在90年代後期，隨著中國大陸社會巨大轉型的發展，隨著實施素質教育作為教育政策的施行和推進，對以往過於重視學科知識傳授的課程目標、課程設計、課程實施、課程管理及課程評鑑開始了反思，並引發了新的課程改革政策的制定，這就是在課程六大目標方面實現轉變，建立新的基礎教育課程體系。進入新世紀，隨著新一輪基礎教育課程改革的不斷推進，中國大陸學者也在結合課程改革的實際深入思考學科課程的合理性及其變革問題。針對在中國大陸當前的課程實踐中，一些教育工作者以一種非批判的態度，漠視學科課程的存在，忽略甚至放棄了對學科課程的深化研究的傾向，有學者指出，應在理性批判中，理解學科課程的歷史性和現實性，積極面對學科課程的問題，如：課程知識與兒童心理、社會文化的適切，學科領域與課程結構的調整，課程內容的選擇、組織和呈現等基本問題，應通過研究來提升學科課程的品質，從而切實、有效地推進課程改革（黃黎明、靳玉樂，2007）。

　　課程思潮的發展對課程實踐的影響是十分複雜的，課程實踐的變革也不只是僅受到某一種課程思潮的影響，只能從課程實踐的變革中尋找到某

種課程思潮的蛛絲馬跡。分析學科中心課程思潮對課程實踐的影響只能從宏觀與微觀相結合的原則中大體窺探到其作用，如果要條分縷析地一一做出判斷可能是不大切合實際的，尤其當分析學科中心課程思潮對美國以外國家課程改革的影響作用時就更是如此了。

二、學科中心課程思潮的啟示

(一)課程理論或實踐要有深厚的理論基礎

課程理論或思潮並不是孤立存在著的主觀思想，任何一種課程思潮的出現既是對客觀的課程實踐要求的反映，也是時代思想的反映。要素主義課程、永恆主義課程都是基於進步主義教育的不足而產生的，結構主義基於科學教育的實踐需求而奔走。這種課程思潮影響巨大，雖然表面看起來是對實踐需求的反映，但更深處在於深厚理性的思考。要素主義課程以觀念論、實在論為哲學依據，主張惡的人性觀、保守的社會觀和符合論的知識觀；永恆主義持永恆的絕對的實在觀，主張不變的永恆的人性觀、復古的社會觀；結構主義課程則以結構主義的概念、方法來解釋其知識觀和認識論。要素主義課程、永恆主義課程的理論基礎雖然不甚科學，但其深厚的理論淵源以及強調知識的系統傳授使其大為增色。結構主義課程的理論依據則更為現代和科學，它利用現代心理學的認識成果，積極開展課程改革，因而產生巨大影響。中國大陸開展的新一輪基礎教育課程改革，很大程度上是基於對現實課程現狀的不滿，在理論依據上借鑑了後現代課程理論、多元智能理論等西方課程思想，但在其理論的針對性上思考和研究不是很充分，人們對其理解和把握也還存在不足和誤區（和學新、張丹丹，2011）。學科中心課程思潮的發展歷程啟示我們，課程改革必須有深厚的理性思考，不能僅憑對現實的反思就匆匆行事。

(二)傳遞人類文化知識是學校教育的基本功能，是課程目標不可忽視的要素之一

無論是要素主義課程、永恆主義課程，還是結構主義課程，它們都主張學生學習文化知識。要素主義、永恆主義強調學習共同的、不變的永

恆的文化要素，結構主義強調學習現代科學知識的基本概念、基本原理、基本結構。無論是文化要素，還是現代科學知識的基本概念、基本原理、基本結構，掌握了這些，就可以形成遷移能力，就可以促進文化知識的傳遞、理智的訓練和智力的開發。從實質上，這是對學校教育基本功能是傳遞人類長期累積的文化遺產的認可。要素主義課程、永恆主義課程、結構主義課程產生的時代背景雖有不同，對文化知識具體所指內容不同，但面臨的問題都是學校教育忽視了文化知識的系統學習，不能適應社會對人才質量的要求。學校教育培養人是透過學生對文化知識的學習和掌握來實現的，離開了系統文化知識的學習，學生的成長和發展將無所依託。雖然掌握知識的多少與能力尤其是創造能力之間沒有必然的聯繫，但系統的知識畢竟是能力發展與提高的必要基礎。很難想像一個沒有知識的人會持續地對社會發展產生影響，會具有持久的創造力。在學校教育的課程目標乃至課程設計中，不能忽視文化知識的學習。在中國大陸新一輪基礎教育課程改革中，強調了對學生創新精神和實踐能力的培養，在具體教學方式上突出了自主學習、合作學習和探究學習的重要性，在實踐中有人認為這意味著不再重視文化知識的傳遞了。這是一種錯誤的理解。實際上，學校教育傳遞文化知識是可以採用多種教學方式的，以往的不足主要在於教學方式的單一，「教師講、學生聽」，死記硬背，壓抑了學生學習的積極性和創造性。新課程改革突出自主學習、合作學習和探究學習的重要性，這絲毫不意味著對文化知識的忽視，而是要通過新的教學方式既達到學生對文化知識的系統學習和把握，又實現對學生創新精神和實踐能力的培養。大量歷史事實表明，任何忽視知識的做法都是不足取的，如果這樣做了，總會回過頭來重新強調知識的作用的（王策三，2004）。

(三)課程內容的選擇、組織與實施要考慮知識的性質

課程的核心問題是知識的選擇與組織。不同課程思潮爭論的焦點最終會集中在課程內容的選擇和組織方面，而這與它們在知識的性質上的不同認識密切相關。學科中心課程思潮雖有共同的一些特徵，如強調知識的系統傳授、強調以知識的學科邏輯體系組織編排課程，但具體主張還是有

區別的。要素主義課程主張課程內容選擇要以共同的、不變的文化要素爲基本原則，課程內容要利於國家和民族、要具有長期目標、要包含價值標準，課程內容的組織編排要按照嚴格的知識系統進行。永恆主義課程側重人文學科課程，主張課程要由永恆學科組成，提出了大中小學一整套課程計畫。結構主義課程主張課程內容要反映學科的基本結構，課程編排方面要採用螺旋式組織。由此，我們可以看到，課程內容如何選擇和組織是由知識的性質決定的。知識的性質涉及到知識的類型、來源、價值、生成機制、主客體關係等多個方面，不同的認識反映在課程方面就會產生不同的課程主張（余文森，2010）。如果不考慮知識的性質，一味按照固定的程式來安排，不會取得預定效果。學科中心課程思潮內部各自的主張已反映出這是一條規律。在與其他課程思潮的比較中，我們也會得出這種結論的。

　　課程的實施同樣與知識的性質密切關聯。由於要素主義的符合知識觀，它在課程實施上主張接受教學，認爲教學就是知識、技能、價值的傳授，教師是教育宇宙的中心，學生要服從教師的指導；教學過程是兒童「接受」、「默認」教師灌輸社會遺產的過程。永恆主義者認爲，教師既不是給學生提供知識的源泉，也不是文化遺產的傳遞者，教師只能幫助兒童運用他自己的自然的學習潛力；他們認爲教學就是讀書、對話、交流和研討。結構主義者認爲，知識並非像邏輯實證主義所主張的那樣是外部客觀實在的反映，知識也不是價值中立的。知識是人們從基本經驗的材料中創造出來的，目的是使經驗中的材料具有意義和結構。知識不能單從經驗中得出，知識也不具有客觀實在性。科學知識本質上是一種不斷發現、不斷探究的過程。因而，結構主義主張發現學習和探究教學，主張讓學生用自己的頭腦親自獲得知識，讓學生通過探究事物、現象和觀點自主地獲得知識並形成探究技能和態度。對知識性質的不同認識，導致了在具體教學方式方法上的不同主張。這也是對課程規律的一種反映。

活動中心課程思潮

在基於人性論的兒童中心課程思潮的驅動下，重視活動、實踐、行動、經驗和生活的課程理論與實踐得以生存和發展。進步教育運動大力倡導兒童活動，形成反對學科課程的浪漫主義（或極端的）活動中心課程思潮。杜威為活動中心課程提供了系統的理論基礎，以活動經驗課程為主體，發展成為實驗主義活動中心課程思潮。隨著社會的進一步發展，相關理論的不斷產生，統整形態的活動中心課程思潮得以產生。活動中心課程思潮的發展，進一步深化了兒童中心課程思潮，使活動中心課程思潮與兒童中心課程思潮相互促進，相得益彰。

第一節
浪漫主義活動中心課程思潮

浪漫主義活動中心課程思潮，也可以視為極端的活動中心課程，與平衡或折衷的活動中心課程思潮有聯繫，也有明顯區別。它提出了一系列企圖解決學科課程弊端的「對立性」策略，平衡的活動中心課程思潮則希望通過活動經驗課程，在過程中調和由學科課程帶來的一系列矛盾，統合性活動課程思潮則寄希望於與學科課程和諧共處。

一、浪漫主義活動中心課程思潮的思想基礎

十九世紀末二十世紀初，歐美國家開始了實現工業化的進程，原來占統治地位的傳統教育思想、理論和方法滿足不了新時代的新要求。歐美興起了「新教育運動」和「進步教育運動」，進步教育家和新教育家針對以赫爾巴特為代表的傳統學科課程的弊端提出了活動課程論。活動課程論是以進步教育家新的活動觀、知識觀、教育觀、活動教育思想及課外活動課程化理論為前提的。

㈠「人文主義」的活動觀
古希臘哲學家亞里士多德最早提出博雅教育（liberial education），主張任由思想向善發展的教育，這種教育是自由人所享受的以自由發展理性

為目標。人文主義者把亞里士多德的博雅教育思想推向了新的高度，他們倡導解放人性，把謀求個人發展的自由視為教育的宗旨，並開辦學校，撰寫著作，鼓吹和實踐人文主義的活動觀。義大利人文主義教育家維多利諾（Vittorino da Feltre）建立的「快樂學校」設置三種課程，其中之一就是關於騎士制度的，由當時最好的騎士風度、人品、體育訓練、比賽、騎術和跑步組成。法國傑出的人文主義作家拉伯雷（François Rabelais）在其諷刺小說《巨人傳》中抨擊了中世紀的教育實踐，主張通過活動進行教育。蒙田（Michel Eyquem de Montaigne）在其著作《隨筆集》中「論兒童教育」一章裡勸告教師不要反覆重複課文，而要讓學生自己考證課文，允許學生自己品味課文中的事物，自行辨別和選擇。蒙田認為，「應讓學生就近去看看新奇和少有的東西、漂亮的房子、壯麗的噴泉、傑出的人物、古代的戰場等（瞿葆奎，1988c，第439頁）」，他主張讓學生通過親身體驗來學習，「派遣去漫遊的書呆子，勝過關在書齋裡的書呆子」這兩行詩句，就是蒙田的教育格言。維多利諾、拉伯雷和蒙田的這些思想和具體做法，為以盧梭為代表的近代浪漫自然主義教育思潮迅速萌芽形成了肥沃的土壤，也為活動中心課程思潮的產生提供了直接經驗和思想來源。

(二)自然主義教育觀

　　盧梭從啟蒙主義者那裡得到了自由主義教育思想，形成了其自然主義知識觀，主張有用的知識是與人的生活息息相關的知識，強調知識的實用價值。他（李平漚譯，2001，第214頁）說：「問題不在於他學到什麼樣的知識，而在於他學到的知識要有用處。」這樣的知識，顯然要到實際中去獲得。盧梭（李平漚譯，2001，第45頁）將知識分為兩種類型，「一部分是所有人共有的，另外一部分是學者們特有的。」前者是在日常生活中，基於個人直接經驗而獲得的知識，是個人知識；後者屬於學科知識範疇，屬於學者通過科學研究而創造的知識。個人知識是學科知識的基礎，對人的發展起著奠基作用。從盧梭的課程思想不難看出，學科知識的學習需要建立在個人知識學習基礎之上。對此，有學者認為盧梭在貶低書本知識的價值，也有學者認為盧梭倡導的是學科知識與個人知識的有機整合，

整合的基礎是個人知識（張華，2001b，第48頁）。對此需要展開進一步的探討，但我們很容易發現盧梭對待現實生活和實際體驗的態度。

從這種知識觀出發，盧梭在其課程思想中必然強調兒童的活動和生活體驗，認為教育即兒童的生活本身。盧梭將只為將來做準備的教育看作「野蠻的教育」，他（李平漚譯，2001，第69頁）說：「當我們看到野蠻的教育為了不可預期的將來而犧牲現在，使孩子受各種各樣的束縛，為了替他在遙遠的地方準備我認為永遠也享受不到的所謂幸福，就先把他弄得那麼可憐時，我們心裡是怎樣想法的呢？」所以，教育要關心兒童的現在，而不是遙遠的未來，這為後來杜威「教育即生活」的思想埋下了希望的種子。由於盧梭認為城市環境已經被人為扭曲，所以，他主張到鄉村生活中進行體驗教育，過著簡樸的鄉村生活，就會形成良好的道德品質，並獲得相關能力和觀念。這樣，自然，成為大書，兒童在大自然中，自然地成長起來，「連大自然都在聽他的命令，因為他知道怎樣使一切事物服從他的意志的指揮（盧梭，李平漚譯，2001，第209頁）。」

反映到課程實施上，盧梭注重事實教學、實物教學與活動教學，強調以事實為主導，讓兒童自己對事實做出判斷。盧梭（李平漚譯，2001，第128頁）在講歷史知識教學時說「事實！事實！讓青年人自己去判斷好了；要這樣，他才可以學會暸解人類。」兒童不能把學科知識作為信條接受，而要經過自己的判斷，自行發現知識。要求與實際事物相互作用，主張「用實際的事物！用實際的事物！我要不厭其煩地再三指出，我們過多地把力量用在說話上，我們這種嘮嘮叨叨、廢話連篇的教育，必然會培養出一些嘮嘮叨叨、廢話連篇的人（盧梭，李平漚譯，2001，第237頁）。」盧梭認為，兒童具有活動的衝動，活動是兒童的天性。他主張活動教育教學，「在任何事情上，你們的教育都應該是行動多於口訓，因為孩子們是容易忘記他們自己說的和別人說的話的，但是對他們所做的和別人替他們做的事情，就不容易忘記了（盧梭，李平漚譯，2001，第105頁）。」儘管盧梭過多的強調了環境，尤其是自然環境對人發展的作用，但是他倡導教育與生活的聯繫、重視活動教育、主張基於感官和直接經驗進行教育，對如何處理直接經驗與間接經驗、如何看待書本知識等課程問

題提出了新的思考，杜威《兒童與課程》、《學校與社會》等著作也深受其影響，爲活動中心課程思潮奠定了思想基礎，也爲活動課程實踐發展注入了理論的源泉。

(三)進步教育的知識觀

活動課程論與進步教育家對知識性質的根本看法有著密切的聯繫。進步教育家指出。在傳統上，人們一般熱衷於追求「百科全書式的」、「靜止的」、「冷藏庫式的」傳統知識觀，截然不同的是，進步教育家認爲知識的特性包括以下幾方面：(1)知識本身不是目的而是手段：更確切地說，知識是人類應付變動不居的環境時使用的有效工具。(2)知識具有前瞻性，即知識本身是過去的，但其唯一的價值是未來的；也就是說，知識不僅對過去事情起作用，對仍在進行的事情起作用，而且對未解決的事情也起作用。(3)知識具有實用性，即知識不是無用的奢侈品：知識的價值就在於它的實用性。進步教育家批判傳統的知識觀，創立新的知識觀，並非爲了探討哲學上的問題，而是進一步指出，知識觀必然會對教育思想產生影響，因此傳統的知識觀，必然在教育上產生嚴重的惡果，阻礙教育的發展，並且直接影響到教育的內容。而新的知識觀則必然會對教育產生積極的影響，成爲課程改革的理論武器。

(四)杜威活動教育思想

作爲進步主義教育運動的領導者及進步教育理論重要奠基者，杜威（John Dewey, 1859-1952）從實用主義哲學觀出發，對教育問題和教育現象進行了系統的理論研究和實踐探索，建立了自己獨特的教育理論體系，形成了自己獨特的課程觀，提出了系統的以「做中學」（learning by doing）爲核心的活動教育思想，注重經驗、活動、發展等基本精神，遵循興趣、主動、生活等基本教育原則（田慧生、李臣之、潘洪建，2000，第23-29頁），並對浪漫主義活動中心課程思潮進行了批判和修正，對二十世紀課程理論和課程實踐的發展產生了深遠的影響。杜威爲進步主義教育運動的全面興起和發展提供了系統的理論基礎，《明日之學校》對早期進步主義學校的宣傳和報導，有力促使進步主義教育運動在更大範

圍內展開。《我的教育信條》、《學校與社會》、《民主主義與教育》等教育哲學、心理學、倫理學著作成爲進步主義教育家的必讀書目。有些浪漫的進步主義課程論者還熱心研讀過杜威的《學校與社會》、《兒童與課程》、《教育上的興趣與努力》等著作，試圖用杜威的課程設計思想作爲自身課程實驗的理論依據。美國著名教育家貝恩（K. D. Benne）指出：「自1919年以來，美國進步教育運動在很大程度上是建立在杜威教育理論的基礎上的（單中惠，1996，第614頁）。」杜威從1927年起一直擔任進步教育協會的名譽主席，堪稱進步主義教育運動的精神領袖。

㈤課外活動理論

自十九世紀末開始，人們對課外活動態度逐步由容忍發展到接受，之後接受又讓位於積極的促進和鼓勵（李臣之，2003，第26頁）。許多課外活動都與許多中小學課程計畫發生了聯繫。由於杜威等人對活動之於教育／課程地位的極力提升，自二十世紀20年代始，很多教育學者就嘗試爲課外活動更名，提出課外活動課程化問題。著名課外活動專家庫斯（Leonard V. Koos）首次在《美國教育研究學會第二十五次年鑑》使用「課程化」一詞。美國課外活動之父弗雷特威爾（E. K. Fretwell）（李相勖、陳啓肅，1935，第12頁）提出「在可能的範圍內，課外活動要列入正式功課之中，以爲補充正式功課之用。」這一時期可算是美國課外活動的黃金時期，人們對課外活動予以很高的期望。人們開始對extra-curriculum這個詞的前綴表示不滿，主張用co-curriculum一詞替代，這樣，原來的課外活動就變成與正規學術課程一起發揮作用的活動了。從1925至1940年間美國有40部關於課外活動的著作問世，1926年《美國教育研究學會第二十五次年鑑》中第二部分專門研究課外活動問題，40年代以後又有大量課外活動或與之相關的著作出版。所有這些研究爲課外活動在學校教育中的地位之逐步確立奠定了必要的理論基礎，也爲活動中心課程思潮的生成產生了一定的「催化」作用。

二、浪漫主義活動中心課程思潮的基本主張

　　基於上述思想脈絡，以塞西爾・雷迪、帕克、舒爾曼・利茲、德可樂利、瑪麗亞・蒙特梭利等爲主要代表的浪漫主義活動中心課程思潮，圍繞兒童的活動、興趣、生活、經驗等要素，提出了一系列的觀點和主張。

㈠ 根據兒童的興趣設計課程

　　浪漫主義活動中心課程論者，尊重人性，倡導自由，因此，大都關注兒童的興趣和需要，主張課程設計以兒童的興趣爲基礎，讓課程適應兒童，而不是讓學生適應課程。德可樂利強調，兒童的生命力就表現在他們的基本需要所產生出來的興趣。因此，學校的教育工作計畫都必須緊緊圍饒著兒童的需要和興趣。德可樂利在隱修學校的課程設計很有特色，它以興趣爲中心，注重自由與團結。德可樂利堅信興趣對兒童發展的不可替代性，詳細說明了食物、保護自己不受自然力傷害、防備敵人和工作與互相依賴四項興趣，其中每一項中心興趣均可以分成容易處理的題目，每一題目的學習都要經過觀察、聯想和表現三種活動，表現是最主要的一種活動，是用製作、圖書、剪紙、圖畫、拼音、作文等形式來表現觀念。德可樂利主張，用這四種興趣中心來代替學校的科目，即把每個興趣中心劃分成一些容易的題目，然後根據兒童達到的水準與興趣範圍，逐年地加以學習。

㈡ 以兒童的活動組織課程

　　在浪漫主義活動中心課程論者看來，活動對兒童的生長和發展具有重要的作用，活動與兒童的認識是一個有機的整體，活動是獲得知識最成功的方法，兒童是通過活動學習的。生物學的發展爲浪漫主義活動中心課程論者提供了理論依據，蒙特梭利基於生物本能學說，認爲兒童並不只是具有一個肌體，更有一種內在的生命力，它像「生殖細胞」一樣規定著個體的發展，爲個體的發展提供了巨大的潛力（黃志成，2008，第21頁）。因此自由活動作爲課程組織的最基本的原則，教育工作者必須給兒童充分自由活動的權力，以滿足兒童本能的衝動，使兒童的能力得以完善。所以，

學校必須要緊緊圍繞著兒童各種本能的活動和實際生活組織課程。蒙特梭利強調課程是由兒童的自由活動組成的，要求兒童在「兒童之家」必須盡可能地自己料理一切家務和參與實際的勞動。通過日常指導兒童，使他們養成愛清潔、守秩序的習慣。她反對兒童遊戲，主張用教具取代玩具，用兒童的眞正生活取代充滿幻想的遊戲，要給兒童一個眞實的世界，而不是想像和虛假的世界。尼爾也主張課程由兒童各種活動和實際生活組成，與蒙特梭利不一樣的是，他非常重視富於想像力的遊戲的教育價值，他反覆強調：遊戲、遊戲、再遊戲是兒童的權利，也是學習的正確途徑，兒童在遊戲中常把現實和幻想結合起來，從中陶冶情趣，培養想像力和創造力。拉伊（Wilhelm Lay）認爲，行動、動作、表現是心理發展的基礎，教育的基本原則是行動和表現。拉伊的教育學就是行動教育學，他把舊學校稱作「讀的學校」，自己的學校則是「活動學校」，是通過行動進行學習，通過表現實現自我發展的學校。

以雷迪爲代表的歐洲教育家們尖銳批評了傳統課程學術性過多、沒有充分地適應兒童的年齡、能力和興趣，認爲兒童活動的機會太少，力倡學校課程以兒童爲出發點，重視兒童的自主活動。據此，雷迪、利茲、德穆林、德可樂利等均主張並踐行每日上午安排學術活動，下午安排活動性較強的實踐活動，晚上則選擇一些放鬆活動。爲了方便展示歐洲主要新學校的課程的活動性，可以將雷迪的阿博茲霍爾姆學校（Abbotsholme）、利茲的鄉村教育之家（Landerziehungsheime）、德穆林的羅歇斯學校（Roches）、德可樂利的隱修學校（L'Ermitage）每日的課程設計做些比較，就可以發現它們在重視兒童活動方面的一些共性。但在實際操作中，各學校還表現出各自的特色或差異性。阿博茲霍爾姆學習強調學校生活的「合作、和諧和領導」，注重學生個體的自由發展；利茲力圖將智力活動與廣泛的體育活動、社會教育和藝術欣賞協調地結合在一起，課程實施過程尤其注重直觀教學和實物教學；羅歇斯學校主張通過各種活動訓練，使每個學生身體健康，心智得到完善的發展，並培養良好的品德，學校特別重視體育運動，有「運動學校」之稱；隱修學校的課程設計很有特色，它以興趣爲中心，注重自由與團結。這些特色或差異性的形成正是來源於教

育家們對兒童興趣、自由、生活、經驗等認識上的差異。

(三)注重觀察和跨學科活動

美國浪漫的進步主義課程改革也相當重視兒童的活動。帕克、約翰遜、沃特、梅里亞姆等人的努力就是明顯的代表。其中帕克的課程思想集中在四個方面。首先，學校在制定課程時必須以兒童爲中心，他認爲「所有教育的眞正目的是人的身體、智力和心理的協調發展」、「不是任何科目，而是兒童處於學校的中心」；第二，學校的課程儘量源出實踐活動；第三，主張課程內的各種活動應該建立在跨越好幾門學科的廣闊基礎之上，使之相互聯繫起來；第四，提倡通過藝術、文學和體育運動來進行創造性的表現。按照這些課程理想，帕克在昆西學校實驗中，進行了大刀闊斧的改革，廢除舊的教科書，代之以報紙雜誌；強調兒童自己的活動和對周圍實物的直接觀察；反對機械背誦，以閱讀理解爲重點；科學和地理等課程結合戶外觀察進行；注重各學科之間的聯繫，使兒童成爲教育過程的中心；藝術活動和手工勞動占據重要的課程地位。這些改革措施對進步主義教育運動起著推波助瀾的作用。用杜威的話說，帕克「比其他任何一個人都更稱得上是進步主義教育運動的奠基人」。觀察、聯想、表達成爲課程教學的關鍵詞。

(四)活動主導或替代學科

關於學科與活動的關係，浪漫主義活動中心課程思潮明顯地表現出兩種傾向：一是以活動占主導地位；二是以活動替代學科。後者主要表現在一些極端的浪漫主義活動中心課程論者的課程實踐中，呈現極端的「活動中心」觀。活動主導觀，可以約翰遜、沃特等爲代表。約翰遜指出教育的目的是「盡力使兒童身體健康，最好地發展智力，並保證富有感情的生活的眞實和自然。」她認爲活動學校課程設計必須立足於兒童的興趣和需要。因此，在約翰遜的費爾霍普學校（Fairhope School）裡，整個課程計畫都以活動爲主，在活動的基礎上進行智育。正式科目的安排盡可能推遲到10歲才開始。在學校裡，沒有強迫的作業、指派的功課、考試、測驗，沒有不及格和升留級，一切圍繞兒童的需要進行，以達到促進兒童自然發

展的目的。沃特的課程主張基本上是以杜威的課程理論爲基礎的，因此，沃特的葛雷（Gray）學校課程設計總的指導原則是從經驗中學習，學校的一切設施也是爲了學生活動。葛雷學校的課程結構包括四個方面：第一，學術工作，包括閱讀、拼寫、文法、算術地理、歷史等科目；第二，科學、工藝和家政，包括理科的各學科、木工、金工、印刷、縫紉、烹飪等；第三，團體活動，包括各種集會、表演和辯論等；第四，體育和遊戲。沃特的課程設計曾被看作是美國「進步教育」思想最卓越的例子，並成爲「進步學校」一種流行最廣的形式。顯然，約翰遜、沃特對學科與活動關係的處理，採用了縱向動態調整方式，沒有完全取消學科課程，而是當年級水準提高到一定程度，就採用分科教學。

極端的活動替代觀主要以梅里亞姆爲代表。美國教育家梅里亞姆於1904年在密蘇里大學的附屬小學完全取消傳統的學科課程，設置四大類活動：(1)觀察活動。一至二年級有植物生活、動物生活、人類、地球和天空觀察活動；三至四年級有地方工業觀察活動；五至六年級有國家及世界工業觀察活動；七至八年級有瞭解各種職業技能活動。(2)遊戲活動。一至三年級有各種兒童遊戲活動；四至五年級有電力、光、水、空氣等自然物質操作遊戲活動；所有年級都有體操、民族舞蹈等活動。(3)表達活動。包括讀書、說話、唱歌表演、繪畫、集會等活動。(4)手工活動。包括用紙張、繩索、布料、木頭、金屬、茅草等製作各種用品、裝飾品、烹飪和縫紉等。

㈤合科活動

學科課程實行分科教學，各門學科之間相互分離，使相關的知識被割裂開來。活動中心課程論者認爲，分科教學是學科課程最大的弊端。學校課程把知識分爲不同的學科，這樣學生只能學到孤立和片面的知識，從而把兒童的世界加以割裂和肢解，最終結果是扼殺學生的理解和思維能力的發展。根據兒童生活和發展的完整性和統一性，主張把各門學科統一起來，設計一個與兒童生活與發展相一致的合科課程。典型代表爲愛倫‧凱，主張課程不應由教材組成而應由學生的自由活動組成，強調要讓兒

童體驗真正的生活；她強調讓孩子時時刻刻與人生的實際經驗相接觸，譬如：如果讓兒童玩玫瑰花，就不要摘掉玫瑰花的刺。同時，愛倫‧凱從「整體化教育」的思想出發，主張用合科課程代替分科課程。她認為只有把兒童的各種自由活動和實際生活與自然科學、地理、歷史、藝術和文學的學習聯繫起來，才能使兒童學到有用的知識，獲得觀察、判斷等各種能力，磨練意志、獲得實際的生活經驗，培養起豐富的情感，從而把兒童培養成在身體和精神兩方面都健全發展的具有獨立創造精神的「新人」。不難看出，愛倫‧凱主張的合科課程實際上是一種統一的、綜合的課程，所強調的是課程與兒童實際經驗和實際生活之間的有機聯繫，在具體教學過程中則注重身與心、思想與行動的協調和統一。

第二節
實驗主義活動中心課程思潮

　　杜威是進步主義教育運動的精神領袖，進步主義教育運動是檢驗杜威教育理論的實驗場，二者相輔相成，杜威課程論中的許多思想都離不開進步主義課程運動。杜威自己就曾說過，在他的教育思想中，他從F. W. 帕克那裡獲得了幫助（單中惠，1996，第614頁）。杜威的許多著作是在對進步主義課程運動的觀察、批評、反思、昇華的基礎上寫成的，《明日之學校》對進步主義學校實驗進行不同程度的肯定和有所保留的批評。可以說，杜威活動教育思想為浪漫主義活動中心課程思潮提供了理論指導，同時又與其保持了較大距離。杜威立足實驗主義立場，對活動中心課程思潮進行了系統的理論建設，提出了實驗主義活動中心課程思潮的基本主張。

一、實驗主義活動中心課程思潮的理論基礎

　　杜威很喜歡將其哲學稱為「實驗主義」。他指出：「人們如果想發現某種東西，就必須對事物做一點什麼事；他必須改變環境。這是實驗室方法給我們的教訓，一切教育都必須學習這個教訓（Dewey, J., 1916, p.284）。」從實驗主義立場出發，杜威對活動中心課程思潮進行了理論

建構，主要包括實用主義哲學觀、經驗論、實用主義教育觀和經驗課程觀，形成了具有折衷或平衡性質的活動中心課程思潮。

㈠實用主義哲學觀[1]

杜威實用主義教育哲學的重要基礎是實用主義哲學，它是機能心理學、社會有機論和實驗主義的綜合反映。實用主義哲學思想源於康德的「實用理性」、叔本華（Arthur Schopenhauer）意志進升、達爾文的適者生存、功利主義的有用即真理等觀念，並受美國環境的影響（Durant, W. J., 1962, p.442）。實用主義的主要代表人物皮爾士（Charles S. Peirce）和詹姆士（William James）也曾清楚地說明他們的哲學觀點與這些著名的思想觀點有聯繫（楊國賜，1982，第44-46頁）。查爾斯·皮爾士實用主義哲學有兩個基本觀點：實在依賴於信仰；一個概念是否清楚明白，是否有意義，要看它的實際效果、實際功用。威廉·詹姆士高度評價皮爾士的觀點，認爲「任何實在的東西必須能夠在某一地方被經驗，而每一種類被經驗了的事物必須在某一地方是實在的（劉放桐等，1981，第267頁）。」詹姆士（陳羽綸、孫瑞禾譯，1979，第104-105頁）提出有用即真理，認爲「『它是真的，因爲它有用』；或者『它是有用的，因爲它是真的』。這兩句話的意思是一樣的。」杜威吸取皮爾士的觀點而強調實驗，認爲人的認識是一種「實驗」或「嘗試」，是一個連續的經驗過程，這是杜威的實驗主義立場。依據杜威實驗主義立場，將其活動課程思潮稱爲實驗主義活動中心課程思潮較之實用主義活動中心課程思潮更爲準確一些。

杜威吸取詹姆士的觀點，側重社會和道德，主張個體生活於、存在於團體之中，社會由眾多團體構成，各個團體之間形成一個有機的統一體。這是杜威堅持的社會有機論立場。可見，杜威的實用主義實質上介於皮爾士和詹姆士的觀點之間，主要在於問題的解決（亦即工具主義層面），以及思考、認知、科學的方法等等。同時，杜威認爲人的心理活動是一個連

---

1 參閱李臣之〈課程理論流派〉，轉引自田慧生、廖哲勛主編：《課程新論》，教育科學出版社2003年版，第102頁。

續的整體，人的行為產生於有機體與環境相互作用。從此種觀念出發，杜威把兒童視為與環境相互作用的能動的有機體。兒童作為個體是在社會中並通過社會而生活，社會由無數個體組成並通過個體而存在。作為個體的兒童，必須直接參與社會活動，才能主動地適應社會環境，有效地與他所賴以生存的社會進行合作。杜威關於兒童是有機體，有機體的活動是其生存和發展的基本手段等系列觀點，構成實用主義活動中心課程的理論基礎。

(二)實驗主義經驗論

在杜威看來，經驗即實驗。經驗在杜威教育哲學中占有十分主要的位置。他認為，經驗即詹姆士所謂的「雙義語」，「它和與它類似的『生活』和『歷史』一樣，既包括人們所做的、所遭遇的事情，人們所追求的、所愛的、所相信的、所忍受的事情，也包括人們怎樣活動和解釋活動，人們行動和遭遇、意欲和享受、觀察、信仰、想像的方式……總之，包括各種經驗的過程（張斌賢、叢立新，1997，第81頁）。」在杜威看來，經驗是人的有機體與環境相互作用的結果，「包含一個主動的因素和一個被動的因素，這兩個因素以特有的方式結合著。……在主動的方面，經驗就是嘗試。……在被動的方面，經驗就是經受結果（趙祥麟、王承緒，1981，第174頁）。」只有當嘗試與經受兩方面的經驗結合起來，才能生成真正的經驗，兩者缺一不可。經驗不是單純的「關於知識的事務」，而是與人的行動相關聯，是人的認識與行動統一的過程。杜威將其經驗論運用到教育領域，主張教育就是經驗繼續不斷的改造或改組，它屬於經驗、由於經驗和為著經驗。並表示進步主義教育只有基於此種理論方能避免流於形式。

然而，經驗不是想出來的，而是在做中學到的。不僅如此，「做」就是兒童的本性，其依據為杜威的四種兒童基本的衝動說（或稱興趣、願望、本能），即社會的衝動、建構的衝動、探究的衝動和表現的衝動。這四種衝動「就是天賦的資源，未投入的資本，兒童積極成長正是依靠這些資源和資本的運用（W. F. 康內爾，張法琨等譯，1990，第150頁）。」所

以，通過兒童「做」而獲得知識既是經驗生長的條件，也是兒童的願望或興趣所在。這樣，當學校安排課程時，必須站在兒童的立場上，以兒童爲出發點，「學校科目相互聯繫的眞正中心，……是兒童本身的社會活動（趙祥麟、王承緒，1981，第6頁）。」但是，杜威主張的「做」，並非爲做而做，爲活動而活動，做的目的是爲了培養學生的思維，爲了經驗的改組和改造。基於這些觀點出發，杜威非常強調學生的主動作業（active occupation）。一切學習都要通過「做」，由「做」而得到的知識才是眞知識。杜威強調說，人們最初的知識和最牢固地保持的知識，是關於怎樣做的知識；他提醒人們應該認識到，自然的發展進程總是從包含著從做中學的那些情境開始。杜威「做中學」理論體系完善，具有系統的解釋性，不僅爲實驗主義活動中心課程思潮奠定了理論基礎，而且有助於浪漫進步主義活動中心課程論者放大「做中學」的理論價值，追求兒童的活動，注重兒童的體驗，將活動課程發揮到極致。

㈢經驗課程論

杜威將其實用主義運用到教育領域，形成其實用主義教育哲學的基礎性觀點，其中與課程建設密切關聯的有（戴本博，1990，第67-68頁）：

- 個人的衝動和本能具有其機能的連續性和統一性；
- 個人的心理發展依賴於參與的社會活動；
- 個人的心理活動過程是認識和檢驗行爲意義的思維作用的過程；
- 方法和教材在本質上的統一，目的在於創造和提供獲得有益經驗的特殊情景；
- 目的和手段的內在聯繫，都在於使經驗不斷得到增長。

同時，杜威批判地繼承了盧梭、裴斯塔洛齊、福祿貝爾等先賢的教育思想，也及時地總結和吸收了歐美教育革新運動所倡導的精神實質。杜威的一些主要著作如《兒童與課程》、《民主主義與教育》等，到處閃現出盧梭等先賢「兒童觀」、「課程觀」、「目的觀」、「方法觀」的影子。杜威對以盧梭爲代表的自然教育進行了認眞的分析，明確指出了其中的眞理性要素，在《明日之學校》裡反覆引用盧梭的話，高度評價其關於教育

即自然發展的思想，認爲這是一切教育努力的基調。同時，杜威也反對盧梭教育與社會隔離的主張，進而強調教育與社會應密切聯繫。福祿貝爾主張「教育即生長」、「教育即生活」等，杜威與此均是一脈相承的。杜威在芝加哥實驗學校的一些具體做法與當時的進步學校也有著明顯的相似之處。杜威的課程論被稱爲「經驗課程論」。他認爲，「教育是在經驗中、由於經驗中、爲著經驗的一種發展過程。」不論對於學習者個人或者對於社會來說，教育爲實現其目的，必須從經驗即始終是個人實際的生活經驗出發，能否提供具有教育價值的經驗是衡量課程價值最重要的標準。

二、實驗主義活動中心課程思潮的主要觀點

立足於實用主義哲學、經驗論、經驗課程論等觀點，杜威提出了實驗主義活動中心課程思潮的系列觀點，主要包括基於活動的課程要素整合觀、基於兒童興趣的主動作業觀、基於經驗習得的活動與學科相結合的平衡觀。

㈠基於活動的課程要素整合觀
1. 兒童與社會

杜威受到當時主流社會學「互動理論」的影響，相信「社會由互動的個人組成，……社會環境不是某種外在的靜止的東西，在一直在影響和塑造著我們（于海，1993，第347-348頁）。」杜威認爲社會是由個人之間的互動過程而產生的思想與情感的共同體，個人之間的互動過程是杜威關注的核心。他說：「社會不僅通過交往、通過溝通繼續生存，而且簡直可以說，社會在交往中、在溝通中生存。在共同的（common）、共同體（community）、交往（communication）這些詞之間不僅有字面上的聯繫。人們因爲共同的東西而生活在一個共同體內；而交往乃是他們達到占有共同具備的東西，是目的、信仰、期望、知識───一種共同的理智───即社會學家所說的『志趣』（Boydston, J. A., 1980, p.7）。」所以，在杜威看來，社會是個人之間互動的結果，個人在社會中形成，他反對將個人與社會對立起來。杜威認爲發展是以兒童先天本能與衝動爲基礎，通過

與環境的相互作用而不斷增加經驗的意義的過程；關於兒童與成人的關係，杜威主張教育即生長，是一個不斷改造、不斷轉化的過程，是一個持續不斷的過程；杜威反對「教育準備說」，認為這是用兒童的未來犧牲現在，主張教育即生活，生活就是發展，不斷生長，就是生活。「生活是首要的，學習是通過這種生活並與之聯繫起來進行的（Boydston, J. A., 1980, p.7）。」

2. 兒童與學科

杜威認為，兒童和課程並非相互對立，而是一個過程之兩極。教師應當把教材當作變化的、形成中的、有生命力的東西，而不能當作某些固定的和現成的東西。將各門學科教材或知識恢復到原來的經驗，把抽象出來的邏輯經驗恢復到直接的、個人的心理體驗，並為指導兒童提供必需的環境條件，選擇對本能和衝動的適當刺激，使兒童和課程聯繫起來。為此，要求每一個科目本身應成為「對兒童有意義的東西」，使兒童在學習它的過程中產生心靈的愉悅與滿足，如果一個科目從來沒有「因其自身而被學生欣賞過」，那麼它就「無法達到別的目的」。對於課程編製者而言，應該有理由認為各個科目既能提供直接的內容豐富學生的生活，又能提供材料用於其他具有直接興趣的事情。所以，需要對課程進行經常的檢查、批評和修訂，以保證完成其目的。

3. 統一於兒童的社會活動

杜威認為，形形色色的唯物主義和唯心主義對立的出現，是由於犯了二元論的錯誤。二者「把經驗的對象和能經驗的活動與狀態分裂為二」，都把存在的領域分為經驗與自然、精神與物質兩個對立的領域。……這種二元論表現為：經驗認識與理性認識的對立，現成的真理與具有認知官能的、現成的心靈的對立，理智與情感的對立，知與行的對立，理論與實踐的對立，身與心的對立，等等（張華，2001，第64頁）。杜威在《我的教育信條》、《兒童與課程》、《學校與社會》這三部經典著作中，系統地闡述了兒童、知識、社會三因素的整合（張華，2001，第58頁）。他基於認識的「連續性」原則，「堅持認識和有目的地改變環境的活動之間的連續性」，堅持主觀與客觀的連續性、有機體與環境的統一性、目的與手

段的內在統一、方法與教材的必要的統一、個性與聯合的必要的統一等等（張華，2001，第64頁），杜威（趙祥麟、任鍾印、吳志宏譯，1994，第9頁）指出「學校科目相互聯繫的眞正中心，不是科學、不是文學，不是歷史、不是地理，而是兒童本身的社會活動。」因此，兒童、知識和社會三方面內在統一於社會活動。杜威強調兒童和社會的聯繫，認爲連接兩者的共同要求就是活動。在杜威看來，無論是從經驗論考慮，還是從心理學考慮或從社會角度考慮，活動都是兒童認識世界的最主要途徑。由此消解了「學科中心論」與「兒童中心論」的對立以及學校與社會的對立。雖然杜威是以其經驗主義哲學觀、社會觀和心理觀提出這種主張的，但他的這種主張是其課程觀中的合理內核，值得重視並加以借鑑。

(二)基於兒童興趣的主動作業觀

杜威並未明確地提出「活動課程」這一概念，「活動課程」實際上是後人基於杜威對活動的重視，而對杜威有關這方面主張及其實踐的概括或發展。準確地講，我們所講的杜威活動課程的基本形態是主動作業（廖哲勛、田慧生，2003，第103-104頁）。主動作業是一種能夠在相當長時間內吸引人注意力並具有一定程序的活動。它「不是指爲使兒童坐在桌子邊不淘氣、不懶散而給予他們的任何一種『忙碌的工作』或練習」，而是「指複演社會生活中某種工作的活動方式（杜威，趙祥麟等譯，2005，第91頁）。」因此，主動作業可以是社會情境，如園藝、紡織、木工、金工、烹飪、唱歌、演劇、講故事、閱讀、書寫等；也可以與校外活動類似，如手工、勞動、遊戲、競技、建造等，爲學生提供作業，創設情境、開展活動，取得經驗，構成一個教育教學的基本過程。大體上看，杜威把主動作業分爲工作和遊戲兩個方面。認爲「遊戲和工作的進行，應能促進青年智力和道德的成長（杜威，王承緒譯，2001，第213頁）」，當兒童遊戲時，活動就是他自己的目的，當活動變得更爲複雜時，兒童就能夠做出持久的努力達到這種目的，遊戲就變成了工作。因此，杜威主張工作應始終滲透著遊戲的態度，而不是達到目的的手段。而「當後果在活動以外，作爲一種目的，活動只是達到目的的手段時，工作就變成了強迫勞動（杜威，王承緒譯，2001，第223頁）。」在杜威（趙祥麟等譯，2005，

第29頁）看來，主動作業能夠「抓住兒童強烈的自發興趣和注意力」，並使學校有可能與生活聯繫，「成爲兒童生長的地方」。顯然，杜威的主動作業觀是建立在兒童的興趣基礎之上的。

杜威指出，各門科學都是從有用的社會作業逐步發展起來的，如化學就是從染色、漂白、金工等製作法發展而來的，它們都是學生參加社會生活的直接材料。基於這些認識，杜威在芝加哥大學實驗學校將各種作業納入學校課程（凱瑟琳・坎普・梅休等，王承緒等譯，1991，第18-38頁），形成以主動作業爲中心的課程論，開始了長達八年的課程實驗，實驗的目的就是爲了檢驗他以哲學和心理學爲依據提出的一系列假設，諸如：如何使兒童的家庭生活與學校教育更密切地聯繫起來；如何使兒童在學校中學到的知識與他的經驗相互聯繫；如何激發兒童學習知識和技能的動機、興趣；如何使教材和兒童的活動相互聯繫；如何處理發展個性和社會合作的關係；等等（凱瑟琳・坎普・梅休等，王承緒等譯，1991，第18-38頁）。顯然，杜威基於自然主義經驗論的主動作業中心課程與浪漫主義活動中心課程論有著本質的不同。它基於兒童的興趣，以經驗爲目的，以「做」爲方法，溝通社會與學校，加強直接經驗與間接經驗的聯繫，以解決整個進步主義教育運動所面臨的社會責任和兒童發展這一對基本矛盾。從此意義上講，杜威的課程論是一種課程平衡論，遺憾的是，浪漫進步主義課程論者並沒有完全理解和踐行杜威的課程學說。因此，在研究歐美進步主義教育運動的課程理論時，絕對不能將它同杜威的實用主義課程理論等同起來。

㈢ 基於經驗習得的活動與學科結合的平衡觀

杜威對學科課程進行新的批判，確立了活動在課程中的地位。他主要從其經驗主義哲學觀出發，倡導活動課程，改造學科課程，試圖實現活動課程與學科課程的統一（侯懷銀，1999，第53頁）。

首先，杜威給學科課程一定的地位。他認爲學生對每一學科，或者至少對所選擇的一組學科都要獲得一點訊息，這仍然是從小學到大學課程編製所遵循的一個原則。他強調歷史和地理這兩個學科「是擴大個人直接經

驗的意義的兩大學校資源（杜威，王承緒譯，2001年，第235頁）」。他主張把人文學科與自然學科結合起來。杜威強調學科課程必須與社會生活發生聯繫，認爲在學校教學實踐中，常常以簡化的科學入門開始，這樣做必然會把科學和有意義的經驗隔離開來。儘管學生學習了一些符號，卻沒有掌握瞭解它們意義的鑰匙，指出最好的教學是牢牢記住學校教材和現實生活相互聯繫的必要性。不難看出學科設置、教材編寫及其實施與社會生活結合是杜威的重要主張。

　　其次，依據兒童經驗生長的連續性和整體性，依序安排學科與活動。在小學教育中，「直接經驗的背景的要求更爲顯著」。因此，在小學低年級，強調學生的遊戲和工作。到了中年級，中年級教材的系統性更爲明顯。而到了高年級便開展各種帶有學科性質的「專門化活動」（凱瑟琳・坎普・梅休等，王承緒等譯，1991，第187-206頁）。杜威根據兒童生長的三個階段，把課程分爲三階段。第一個階段（4～8歲）是從操作中學習的階段。與之相適應，第一組課程是主動作業，即給兒童提供其日常生活中直接從事的各種形式的活動、遊戲和工作，並爲兒童學習間接的、抽象的、專門化的科學知識打下基礎。第二個階段（8～12歲）是自由注意學習階段。與之相適應的第二組課程是給予學生關於社會生活的背景知識，而不是實際生活的知識，包括歷史和地理，使學生學習關於時間和空間的知識。第三個階段（12歲以後）是反省注意學習階段。與之相適應的第三組課程是讓學生學習那些需要運用理智的交流和探究的方法的課程，如閱讀、語法及數學等等。它著眼於培養學生科學思維的方法。顯而易見，杜威不僅主張通過活動來學習，也堅持隨著學生智力的發展，應在高年級設置高深的學科。

第三節
統合性活動課程：活動中心課程思潮的演進

　　活動中心課程思潮對世界課程理論與實踐產生了重要影響。二十世紀末二十一世紀初，受各種相關思想與教育理論的影響，活動中心課程思潮

得到進一步發展，主要表現爲統合性活動課程。中國大陸、日本以及歐美一些國家和地區出現了形式多樣的活動課程，在學理上注重「綜合性」、「體驗性」、「過程性」等特性。與浪漫進步主義活動課程、杜威平衡性活動中心課程有一定的歷史性聯繫，但又有明顯不同。

一、催生活動中心課程思潮進一步發展的思想基礎

浪漫主義活動中心課程思潮與實驗主義活動中心課程思潮形成後，並非固化不變，隨著社會的發展，新的思想與理論不斷產生，促使活動中心課程思潮進一步演化與生成，這些思想基礎呈現多元化特點，主要包括存在主義、後現代主義、課外活動課程化理論深化發展等。

㈠存在主義與活動中心課程

二十世紀以來，人類的思想不斷從封閉走向開放，從禁錮走向自由（劉敬魯，2001，第13頁）。與此同時，人類出現了諸如環境汙染、生態失衡、資源匱乏等嚴重社會問題，個體發展與社會發展之間關係緊張，人們期望過更豐富、充實的生活，更關注人自身的價值和自身的發展。在非理性主義思想傳統的慣性作用下，存在主義作爲「時代的象徵」出現在人們面前。存在主義（existentialism）反對將人置於次要的位置，主張以人爲出發點，研究人的存在。認爲人不外是由自己創造的東西，沒有誰能夠告訴人應該或不應該如何，主張自己創造自己，自我籌畫、自我設計，實現自我，認爲人的存在就是人的自由選擇，重視人的主觀性與人的自我體驗。存在主義的中心主題就是人的自由、選擇和價值。存在，意味著一個人自己的生活過程，包括自我參與、自由選擇及實現自我三個環節（趙敦華，2001，第23頁）。人在選擇自己的行動時是絕對自由的，面對各種、環境，採取何種行動，如何行動，都可做出自由選擇。存在主義哲學引申到教育，發展了存在主義教育思想。對教育本質、課程教學、師生關係、教學方法等產生了深刻影響。存在主義教育著眼於人，注重學生的自由選擇和自我實現；主張教育適應學生，課程由學生的自我需要來確定；強調師生互爲主體，認爲師生交往本質上是主體間的關係；關注學生生活世

界，充分肯定人的自由和創造價值。在存在主義課程論者看來，學校課程就是社會生活經驗，反對學科課程，主張活動課程、興趣中心課程和自由學習課程。對發揮活動中心課程的核心價值，如學生中心、主體性、自由選擇與活動，產生了重要的促進作用。

㈡ 後現代主義與活動中心課程

後現代主義課程論者主張課程的豐富性、回歸性、關聯性。他們強調課程的深度、意義層次、多種可能性或多種解釋，重視課程應具有「適量」的不確定性、異常性、無效性、模糊性、不平衡性、耗散性與生動的經驗；認為教育過程包括通過反思自己的思想，從而以某種方式將自身與自己所知道的區分開來的能力；倡導教育和文化的聯繫（小威廉姆‧E.‧多爾，王紅宇譯，2000，第250-253頁）。課程不再被視為固定的、先驗的「跑道」，而是成為達成個人轉變的通道；課程不是確定的知識載體，而是一種發展的「過程」；課程教學中的對話是不可或缺的；課程的實施應給予學生組織的時間和機會。這些側重點和教育主體的變化，更為強調跑步的過程和許多人一起跑步所形成的模式，而較少重視跑道本身，儘管跑步者和跑道不能一分為二，組織和轉變產生於活動之中，並非預設於活動之前（小威廉姆‧E.‧多爾，王紅宇譯，2000，第6頁）。在具體的課程問題上，後現代主義課程觀有幾點值得注意：課程的重點是學生的自我學習和自我發現，師生是合作的探究者和平等的對話者；在課程實施上，注重知識之間的有機聯繫，注重學習經驗、自然界及生活本身，強調課程的開放性，提倡到大自然中去學習，聯繫社會，深入社會；注重隱蔽課程的作用，注重學生心理與環境之間的和諧；將生態意識滲透到教育過程中，既注重個體外在的生態環境的平衡和保護，也注重個體內部的生態平衡（李臣之，1999，第60頁）。後現代課程論擴展了活動課程的涵義，肯定了活動課程重視教育的過程甚於結果的方法論，支持活動課程將學生視為活動課程主體、強調學生的自主參與性等觀點，為活動課程重視「過程」、「生成」，淡化「設計」提供了理論背景，彰顯活動課程在現當代教育中的存在價值。

(三)認知發展論、建構主義與活動中心課程

認識發展論的基本假定為「兒童是主動者」。與教學和學習有關的是兒童的活動，而非教師或父母的活動，兒童的活動必須出自自發性的，因此強調教師要賦予兒童有較長的時間控制自己的學習。認識發展論關注的是兒童的活動，在教學上提倡「活動教學法」（active method）。而活動課程若要體現「以兒童為中心」及「教學以活動為重心」的特色，就要落實學生自主。認識發展論的論述重心偏向認知發展，教師必須彰顯教學主導角色，保持活動的系統性與方向性，才有利於認知結構的發展。這對矯正浪漫進步主義活動中心課程忽視教師指導作用是有啟發的。建構主義者認為學習者不是空花瓶，等待別人去填滿它，而是活躍的有機體，主動尋找意義，強調個體知識的形成是認知個體主動建構形成的，而非被動的接受。因此，教師要提供具有建構歷程和欣賞多元觀點的經驗，讓學習在真實（realistic）與有關聯（relevant）的文本（contexts）中呈現，鼓勵學生使用多元形式來表達，展現知識建構過程中的自我意識（self-awareness）。活動中心課程主張教學應從學生的經驗和活動出發，重視教育的過程甚於結果；而建構主義理論的出現更充實了活動課程的立論基礎，鞏固了活動課程教學實踐的合理性。

(四)課外活動課程化理論的深化發展

二十世紀50年代，弗雷德利乾脆不再討論課外活動怎樣課程化，直接將其納入課程結構，視為「第三課程」。此種觀點在70～80年代受到奧托（L. B. Otto）、特魯姆（J. L. Trump）、米勒（D. F. Miller）等學者的支持。日本課外活動專家飯田芳郎也明確提出課外活動課程化問題（瞿葆奎，1991，第426-428頁），他認為，課外活動與學科外活動仍然在課程中占有位置，即課程化了，但並非全部都課程化了，有些仍然停留在原來課外活動的位置。飯田芳郎進一步分析了課程化六種形態，為人們研究課外活動課程化提供了清晰的思路。根據課程化形態的劃分，飯田芳郎同時指出，「科外」或「課外」活動與課程之間存在一種動力學關係：「科外」或「課外」活動被課程化，從課程中產生「科外」或「課外」活動，

二者是一個統一體。這種相反相成的規律對課外活動課程化研究者提供了一種良好啓示：要用動態的和發展的觀點審視和研究課程。80年代始，在新技術革命的衝擊下，中國開始重新思考和討論課外活動的價值和意義。「第二課堂」、「第二渠道」、「課外活動」之稱謂被人們提出和批判，但有一點是共同的，那就是強調課外活動在學校教育體系中的重要地位。這期間，各地圍繞「課內外結合」展開了教育教學實驗研究，加快了中國大陸課外活動的課程化步伐，尤其是「學科輔助」活動課程的形成產生了應有的作用。

二、統合性活動課程的特徵

自杜威爲活動課程做出系統的理論闡釋之後，活動課程作爲一種思想或方法很快在世界許多國家和地區不同程度地通過各種方式產生影響，與此同時，人們對活動課程的認識也在不斷深化。在活動課程精神的演進過程中，世界範圍內課程綜合化走勢強勁，後現代主義思想促使人們進行多元化思考，「綜合」活動課程受到重視。中國大陸在汲取活動課及活動課程研究與實踐經驗的基礎上，將「綜合實踐活動」擺到了十分突出的地位。

㈠統合性活動課程的表現形態

十九世紀末二十世紀初，活動課程作爲一種課程形態誕生以來，人們便從不同角度對其展開批評，但許多國家教育領域仍然注重學校活動課程實施與理論建設。二十世紀90年代以來，世界課程改革呈現出回歸兒童生活，追求課程綜合化的趨勢。新世紀年伊始，日本、英國、美國、法國等發達國家以及臺灣更是將活動課程建設提到了一個新的高度，這些國家或地區基礎教育課程標準對活動課程的開設給予了新的規定，只是有關稱謂表現各異。

爲了使學生更好地適應國際化、訊息化等變化，使學生有更多機會接觸大自然、有機會體驗、參與社會生活活動，培養他們的社會上能力和關心社會的態度，日本新課程計畫規定，從小學三年級起增加「綜合學習

時間」，與各科教學、道德和特別活動並列（魏國棟、呂達，1999，第7頁）。它要求學校針對自己和當地的實際情況，充分發揮各自的創造性，設計國際理解、訊息、環境、福利、健康等橫向的、綜合的課題，或者學生自己感興趣的學習課題和活動等。在進行的過程中，希望積極讓學生參加自然體驗和公益活動等社會體驗，並進行觀察、實驗、參觀、調查、彙報、討論、操作及生產活動等體驗性的學習和問題解決的學習（魏國棟、呂達，1999，第16-17頁）。

美國各州標準各異，但主要強調「社會研究」、「設計學習」（design learning）、「應用學習」（applied learning）、「社會參與性學習」，注重通過主題探究、學生自主設計（包括應用設計、產品設計、活動設計、綜合藝術設計等）、各種社會參與性活動（如社區服務、社會調查、考察與訪問）等活動，解決學生生活中遇到的現實問題，體現不同地方的歷史文化傳統、社會生活方式和社會發展狀況。

英國國家課程標準注重社會研究和設計學習，社會研究圍繞公民的形成以及突出的政治、道德、社會、文化問題設計實踐和探究主題，設計學習強調訊息技術和綜合藝術等方面。法國課程標準在強調多元化綜合學習方式的同時，注重跨學科學習和注重「有指導的個人實踐活動」。

臺灣課程指導綱要設置「綜合活動學習」領域，作為七大學習領域之一：第一，輔導活動、童軍活動、團體活動；第二，跨領域的學科學習；第三，跨班級、校際的學年、學校或社區統籌運用資源的活動，各種主題式統整課程活動也屬於綜合學習領域。香港課程改革注重「專題研習」（project studying）。

如果說課程綜合化國際趨勢是中國大陸新課程改革強調綜合實踐活動的外因，充分吸取活動課／活動課程實踐的經驗與教訓則是其內因。中國大陸1992年來有關活動課／活動課程的探索和實踐累積了豐富的經驗，成為深化新一輪課程改革綜合實踐活動課程的研究和實踐的必要基礎。

2000年中國大陸《全日制普通高級中學課程計畫（試驗修訂稿）》，第一次將「綜合實踐活動」列入課程計畫，目的在於讓學生聯繫社會實際，通過親身體驗進行學習，累積和豐富直接經驗，培養創新精神、實踐

能力和終身學習的能力。學校要從實際出發，具體安排、確定綜合實踐活動課程各部分內容和組織形式。綜合實踐活動課程內容包括研究性學習、勞動技術教育、社區服務和社會實踐，各部分具體規定如下（中國大陸教育部課程教材研究所，2001，第406、407、408頁）：

> 研究性學習以學生的自主性、探索性學習為基礎，從學生生活和社會生活中現在和確立研究專題，主要以個人或小組合作的方式進行。通過親身實踐獲取直接經驗，養成科學精神和科學態度，掌握基本的科學方法，提高綜合運用所學知識解決實際問題的能力。在研究性學習中教師是組織者、參與者和指導者（中國大陸教育部課程教材研究所，2001，第407頁）。

> 勞動技術教育主要對學生進行勞動觀念和一般勞動技術能力的教育，進行現代職業意識、職業技能的培養和就業選擇的指導。

> 社區服務主要通過學生在本社區以集體或個人形式參加的各種公益活動，進行社會責任意識、助人為樂精神的教育，為社區的建設和發揮服務。

> 社會實踐主要通過軍訓和工農業生產勞動對學生進行國防教育生產勞動教育，培養組織紀律性、集體觀念和吃苦耐勞精神（中國大陸教育部課程教材研究所，2001，第407頁）。要利用學分制管理綜合實踐活動，各地要指導學校指定相應的學分制實施辦法，學生必須按照規定取得相應學分方可畢業。

2003年中國大陸教育部頒發《普通高中課程方案》，進一步明確和確證了綜合實踐活動法定的課程地位，將綜合實踐活動作為八大學習領域之一，內容包括研究性學習活動、社區服務、社會實踐三部分，並以較大比例學分規定其課程分量。至此，綜合實踐活動課程成為中國大陸課程改革的關鍵領域。

(二)統合性活動課程的特徵

綜合性活動課程主要有以下五大特徵。

1. 強調內容與方式「整合」（李臣之，2003，第57頁）

首先，強調內容的整合。誠如研究者所指出的那樣，「世界具有整體性，世界的不同構成——個人、社會、自然是彼此交融的有機整體。文化作為世界的一部分也具有整體性，文化的不同構成——科學、藝術、道德也是彼此交融的。人的個性具有整體性，個性發展不是不同學科知識雜燴的結果，而是通過對知識的綜合運用而不斷探究世界與自我的結果（鍾啓泉、崔允漷、張華，2001，第73頁）。」世界是「整體的世界」，學生個性是「整體的個性」，促進學生發展的活動也是「整體的」，因此，綜合實踐活動主題的選擇應該從「整體」上去考慮，要包括學生本人、社會生活和自然世界，任何主題的探究都要體現個人、社會、自然的內在整合，體現科學、藝術、道德的內在整合。

其次，強調學習方式的整合。學生的生活由個人、社會、自然等基本要素構成，它們彼此交融，形成各種複雜關係的整體。學生通過這些複雜關係的處理，實現自身發展。學生處理自身與自然、社會、個人的一系列關係的過程，實質上也就是應用已有經驗和知識解決一系列實際問題的過程。其間，學生對活動方式的有機整合，包括恰當地選擇和有效應用各種學習方式，直接關係到學生解決問題的效率。

2. 注重活動過程的「開放」

綜合實踐活動的全過程都十分突出其開放性。就課程目標而論，面向每一個學生的個性發展，尊重每一個學生發展的特殊需要；就課程內容而言，面向學生的整個生活世界，它隨著學生生活的變化而變化；就課程方法而言，受課程內容的變化而變化；就課程結果而論，學生全部活動中的體驗是多層次、多角度、多方面的。進一步而言，活動時間隨活動變化而變化，很難規劃在某一時段完成某一任務；活動空間也是開放的，「自然教室」、「社會即課堂」、「教室是解決問題的實驗室」。某種活動可能是在學校「教室」裡完成，某些活動可能是在大自然「教室」進行，某些活動可能進入網際網路「教室」，在虛擬的空間自由穿梭；活動管理更是

開放的，有學生自我管理，有學生小組管理，有教師的管理，也有班級、學校、地方甚至跨區域的管理。

3. 重視結果，更重視過程

綜合實踐活動並非不重視結果，相反，重視對學生發展有意義的結果。這種結果源於「變化」，源於變化中的「生成」，變化、生成在過程中產生。綜合實踐活動課程相信，「世界是過程的集合體」，學生處理整體世界中任何一種關係都是一個過程，而過程中又包括著過程，透過學生對過程的體驗，事物之間的關係和聯繫得以生成，意義得以建構。針對「有意義的結果」的設計和規劃都是重要的和必要的，但設計與規劃並不是具體的，無法變化的，相反，要有助於「變化」，有助於「生成」。綜合實踐活動是以變化應對變化，變化有助於生成，生成有助於發展，整個都是過程取向的。

4. 在體驗中發展

「體驗」是綜合實踐活動課程是中心概念。與經驗課程所注重的「經驗」是內在一致的，「經驗」有經歷、感受、遭受、閱歷、體驗等多種涵義，尤其將「經驗」作為動詞理解時，便突出「體驗」、「經歷」等涵義。體驗存在於活動、實踐之中，通過活動、實踐，獲得體驗。綜合實踐活動，顧名思義，強調實踐，重視活動，注重學生處理生活世界裡系列關係過程中個人的親身直接體驗過程，也包括主觀體驗的過程，要求學生積極參與各項實踐活動，在「做」、「考察」、「實驗」、「探究」等一系列活動中應用知識，感悟人生，累積經驗，認識事物之間的聯繫和關係，建構活動意義，獲得整體發展。

5. 關注學生自主參與

學生作為「開發者」，以「主體」的身分介入課程開發，是綜合實踐活動課程的又一大特徵。基於學生的興趣、愛好，充分體現學生的主體性，貫穿全部實踐活動過程之中，是綜合實踐活動設計與實施的基本準則。在活動過程中，學生自主確立活動目標、選擇學習內容及方式、組織相關活動人員，甚至包括指導教師，自主表達活動結果，教師成為活動的合作夥伴，參與設計、參與實施，並做必要的引導、組織與管理工作。

第四節
活動中心課程思潮的影響及啓示

　　活動中心課程思潮伴隨著進步主義教育運動的衰退而走向低谷，又隨著後現代主義、存在主義等思想的產生而受到重視，它為歐美課程理論和實踐留下了一筆豐厚的財富，對世界範圍課程改革有著深遠的歷史性意義，帶給課程研究與實踐多方面有益的啓示。如本章前面所述，浪漫主義活動中心課程思潮與實驗主義活動中心課程思潮之間相互影響和相互促進，後者成為前者的理論引領，而前者也啓發後者的實驗探索，統合性活動中心課程思潮則是二者的深入演進。因此，活動中心課程思潮的影響與啓示集中體現在浪漫主義與實驗主義活動中心課程思潮，尤其以後者為重點。

一、活動中心課程思潮的影響

㈠影響歷程

　　活動中心課程思潮對世界範圍內的影響來源於四個方面：其一，活動中心課程論者通過自己的課程實踐對世界教育理論和實踐產生影響。許多活動中心課程實驗引來了很多國家的教育工作者前來參觀和學習。其二，相關著作的翻譯。杜威、克伯屈的著作先後被翻譯成多中文字，帕克、博得、帕克赫斯特等人的著作也有中文、日文等譯文。透過翻譯，主要進步主義教育家的著作得以廣泛傳播。其三，培養留學生。哥倫比亞大學是主陣地。其四，演講和訪問。杜威、克伯屈、帕克赫斯特等人先後訪問了四大洲近二十個國家。重要的是，所有這些活動均集中在十九世紀末到二十世紀30年代以前，這段時間活動中心課程思潮處於上升勢頭，因此「影響」主要集中在這段時間所形成的活動中心課程思潮中。

　　從活動中心課程的整體實踐進程上看，其道路崎嶇不平。二戰前美國加利福尼亞和維吉尼亞圍繞家庭、學校、社區、親近大自然等展開的活動，戰後日本的問題解決學習、地域學習等在社會課教學中的廣泛運用，均可視為活動中心課程的具體體現。但是，即使是在這一段年代，運用杜

威活動課程思想的人也往往不能理解杜威的本意，或者作簡單化處理，或者把握不準尺度矯枉過正。在這方面應以美國進步主義教育運動最為突出。其主要問題在於過分強調兒童經驗之重要，把活動課程與學科課程對立起來，從而使活動課程局限於膚淺零散的生活經驗，達不到預期的效果。到二十世紀50年代末，由於前蘇聯人造衛星上天，美國朝野為之震驚，教育界「回到基礎」的呼聲日益高漲，「進步教育」受到兩次大圍攻，1948～1950年，「美國教育保衛社」將進步教育等同於赤化教育，稱之為顛覆性的「共產主義」。政府普查全國教科書，拉格編《社會研究》遭查禁。1950年以後尤其是1954年達到高峰，普遍反對「缺乏理智訓練」的「輕鬆課程」，認為實用主義教學是「匙羹教學」（像母親用嘴把飯嚼爛，再用匙羹去餵嬰兒）；1955年進步教育協會解散，1957年《進步教育雜誌》停刊，活動中心課程步入低谷。面對此種嚴峻形勢，萬・梯爾在〈進步教育果真過時了嗎？〉一文中振臂高呼：過於性急的掘墓人，隨著二十世紀前進，必將發現他們誤認的死屍恰恰是有極為強大的生命力的。雖然無濟於事，但時間已經證明其一定的合理性。

　　「回到基礎」教育運動的代言人極力反對以兒童經驗為中心、從活動作業中學等，認為此種教育否定了「文化的共同要素」，造成教育質量下降。所以，它強調系統性學習，強調讀、寫、算的訓練；主張按照嚴格的邏輯性編寫教材，基礎學科應在學校課程中占有重要的地位；傳統的教學方法、經常性測驗、家庭作業重新占居核心地位；在此期間，一些活動課程如泥塑、紡織、排球等被取消，其地位由中心轉向課程之外，以「課外」活動的方式存在於學校教育之中。在教育過程中教師是教學主動性的決定性因素，要把教師置於教育體系的中心，充分發揮教師的「權威」。「回到基礎」教育運動走向另一個極端，使傳統教育的弊端舊病復發，片面重視書本知識的灌輸，重視傳統的教育方法，使教育嚴重脫離社會實際，不但達不到預期的目的，反而引起青少年的普遍不滿。二十世紀60年代美國許多書刊刊載的文章也表達了不滿情緒，著名報告《教室中的危機：美國教育的改造》剖析了學校教育的種種弊端。70年代開始，「回到基礎」教育運動已失去其優勢地位。隨著教育心理學尤其人本主義心理學

的發展、課程理論研究的深入以及終身教育觀念的普及，活動中心課程思潮又受到再次關注。

(二) 對歐美教育的影響

1. 引起了歐美二十世紀20～30年代課程實踐的巨大變化（L. A. 克雷明，單中惠、馬曉斌譯，1994，第336-338頁），有助於歐美課程基本特徵的形成（張斌賢、叢立新，1997，第100頁）

這具體表現爲「對活動和設計的安排」、「兒童經驗的應用」，以及學制、課程機會、教學材料、教學組織方面的變化，尤其值得注意的是重視室外活動、增加了課外活動，以及強化了課外活動在學校教育中的地位和作用。由於進步主義課程運動強調活動在學生發展中的作用和地位，推行活動課程，促使人們對「課外活動」的價值產生新的認識，在教育發展史上，出現了一種肯定強化課外活動作用和價值的課外活動課程化趨勢（李臣之，1997）。其結果使一些國家和地區的課外活動名稱、種類、課時數發生了明顯變化，自歐美浪漫進步主義教育運動以來，世界上許多國家的學校均增加了課外活動，學生俱樂部及各種活動成爲學校改革的一大特點，許多年級爲學生提供了學習商業、農業、家政、體育、藝術等機會。

2. 形成了歐美課程發展需要解決的基本問題框架

兒童中心課程思潮提出了一系列問題，有的在進步主義教育運動中已經解決，有的完全沒有解決，但已經構成了課程問題基本框架。如兒童與社會、學科與兒童、興趣與努力、兒童與教師、活動與學科等，課程發展必須認眞科學地回答這些問題。可以說當代課程領域仍在使用的許多概念和術語與活動中心課程思潮有著直接的聯繫。

3. 對教材的影響

教材是課程的核心要素之一，任何課程思潮都會影響到人們對待教科書的態度和行爲。按照實驗主義經驗觀，教材應該取自兒童的經驗，而經驗裡面包含著事實和眞理，「經驗比學習更重要，態度比知識更重要，方法比教材更重要（瞿葆奎等，1989，第476頁）。」學生學習的好奇心決定了教學內容。因此，有必要預先編寫教材。克伯屈的設計教學法，把全

部的教學劃分為一系列的設計題目，兒童有的在造船，有的在烤麵包，通過活動獲取知識。這種做法影響了教學過程的連貫性和系統性，也影響到學生對於系統知識的學習，成為批評者的靶子。在一些進步主義實驗學校裡，也有學校在低年段不使用教材，全部用活動代替。

(三) 對中國的影響

活動中心課程思潮對中國的課程理論與課程實踐也產生了不可忽視的影響。

其一，1933年正式出版的《教育概論》，集中反映了整個二十世紀20年代中國教育對國外教育理論的認同和吸收。其中關於課程論問題，該書明確認為，教師和兒童在學校環境內進行的有控制的學習活動就是課程，並做出進一步分析：

> 一切書籍、圖畫、儀器、玩具，都只是我們的工具，運用這些工具的活動，如，讀書、看畫、作畫、試驗、觀察、遊戲等，才是課程；讀書雖然是很重要的，但絕不包括課程的全部。再者，普通學校日課表上規定的功課，雖然是課程，而日課表上不列的，凡在學校環境進行的兒童集會、遊戲和其他所謂「課外作業」的活動，嚴格地說，也是都在課程之內的（王炳照、閻國華，1996，第194頁）。

其二，設計教學法的理論介紹和實驗探索是活動中心課程思潮對中國本土產生影響的重要路徑。1921～1924年間，有關設計教學的出版物大量湧現，設計教學法實驗頗為流行。沈百英回憶了1920年江蘇第一師範附小進行設計教學法實驗的情形：

> 「沒有上課、下課，也沒有課內、課外，也不分科目。似乎很原始的，像沒有學校的樣子。……學生要我講一個故事，我就講我一個故事；學生要我講什麼樣的故事，我就講什麼樣的故事。……有時學生意見不同了，好在課堂裡的步驟分好幾種，可以一個角落講故事，一個角落放些書供兒童讀，另一個

角落做遊戲，再一個角落做手工。結果給學生講故事、兒童做遊戲、唱歌的機會很多，而計算不多。……半年以後，調查一下，學生的能力還是不差的。因為他自己喜歡學，學的效果也比較好（瞿葆奎，1988b，第342頁）。」

早在1916～1918年間，上海萬竹小學和南京高等師範附小就有了一些類似設計教學法嘗試。到1921～1923年間設計教學法最為盛行。1921年，第七屆全國教育會聯合會提出《推行小學設計教學法案》，提議全國師範學校研究設計教學，並由師範附小以及城市規模較大的小學率先實施，進而推及全國。在30年代表現為「大單設計」；1942年教育部頒發的《修正小學課程標準》明顯滲透著設計教學的精神；1948年，浙江杭州師範學校附屬小學一年級仍然在實行「混合設計」；1949年中華書局還出版了《小學設計教學法》一書。不難看出，設計教學在中國的影響是比較持久的。

其三，中國大陸上世紀80年代以來，課外活動大討論，有關課外活動的實驗也相繼展開，最終使課外活動的地位得到明顯改變，「活動」、「活動課」、「活動類課程」成為課外活動的代名詞。普通高中課程（教學）計畫對「學生活動」的內容、形式、管理等方面的規定愈來愈明確，尤其自1990開始，「活動」地位變化愈來愈大，活動課程地位愈來愈穩固。在課程（教學）計畫（方案）出現了「結構性」變化，規定高中課程由「學科」和「活動」組成，進而規定由「學科類課程」和「活動類課程」組成，發展到2000年「綜合實踐活動」為國家規定必修課程，2003年最終將「綜合實踐活動」作為一大「課程領域」看待，並從管理角度對高中綜合實踐活動規定以較高學分（李臣之，2003，第31-32頁）。可以說，中小學對活動課程呈現出「愈來愈重視」的總體趨勢，教育實踐中這些變化，與改革開放以來中國大陸對國外活動課程相關理論引進所產生的影響是分不開的。

二、活動中心課程思潮的局限與啟示

要素主義教育哲學主要代表巴格萊把浪漫主義的進步主義學者稱為

「活動主義者」，杜威批評這種傾向爲愚蠢之舉。要素主義者巴格萊對進步主義教育理論和實踐提出了七條意見，其中「不相信精密的和要求嚴格的科目」、「對活動計畫、活動課程的片面強調」等（華東師範大學教育系等，1980，第151-155頁），實質就是針對活動中心課程。雖然有些過激，但的確有些道理。儘管如此，活動中心課程思潮仍然帶給我們深刻啓示。

㈠活動中心課程思潮的主要局限

第一，以學生感覺到的需要和興趣來設計課程，不可能保證爲生活做充分的準備。儘管透過這種設計，學生可以學到許多重要的技能和概念，但整體上忽視了教育中關鍵的社會目標。

第二，內部缺乏確定的水準結構，缺乏組織原則。正如史密斯、史坦利和肖爾斯非常貼切地指出：「只是說活動課程要以兒童的興趣爲基礎，並沒有提供課程型式的範疇框架（瞿葆奎，1988a，第303頁）。」同時，要求各種豐富多彩的各種類型的材料，成本也會受到提高不少。

第三，與整個教育結構容易發生衝突，難以適應高年段尤其是大學學科專門化需要。

第四，浪漫主義活動中心課程對杜威課程理論的簡單理解和極端發揮，也相應地張揚了活動中心課程思潮的客觀局限性。對此，杜威也不贊成活動中心課程一些極端主義做法，他反對「非此即彼」的思維方式。尤其在他的後期著作如《教育和經驗》、《藝術和教育》等著作中，他對進步教育的做法相當不滿，認爲運動曲解了他的原意，要求人們把他的課程理論與進步教育原理區別對待。杜威認爲那種缺乏反思的實踐活動是進步主義教育運動眞正「愚蠢」之所在（小威廉姆・E.・多爾，王紅宇譯，2000，第197頁）。這也許是浪漫主義活動中心課程思潮受到批評的關鍵。

第五，對「自然」與「課程」的關係，仍然重視不夠。自盧梭提出教育要「歸於自然」，培養「自然人」以來，人們將更多的目光投向「活動」、「兒童」與「知識」，並沒有將「自然」與「課程」關係的討論置

於其應有的位置。實質上，自然，成為兒童的大書，兒童在大自然中，可以自然地成長起來。尤其在現代社會，兒童與自然的隔離日益成為兒童成長的嚴重問題，尤其需要進一步重視。這也是現代訊息技術環境下教育變革需要認真思考的問題。

(二)活動中心課程思潮的啓示

第一，課程改革與發展不可忽視或低估活動中心課程的存在價值。美國哈佛大學前校長艾略特（C. W. Eliot）曾指出進步主義教育運動是「在美國教育中最有意義的運動」。萬・梯爾在〈進步教育果眞過時了嗎？〉一文中認為進步教育具有極為強大的生命力（滕大春，1980，第61-62頁）。1970年西爾伯曼在《教室裡的危機》一書中也指出，課程改革運動的「改革派們忽視了以往的經驗，特別是二十世紀20年代和30年代的教育改革運動經驗。他們不理解他們所闡述的問題，幾乎都曾被杜威、懷特海、波特、拉格等人早已論述過；也不知道他們所想搞的工作，幾乎都曾被貝克、沃什巴恩、帕克赫斯特等人早以搞過，更不消說這些都被杜威本人和富來茲納等早就闡述和搞過了（滕大春，1980，第61-62頁）」。1940年，美國的蓋洛普民意測驗結果表明，公眾大都贊成當時美國學校中所進行的教育革新活動。不過，由於他們的教育哲學基礎較為雜亂，有些人後來在理解杜威教育思想並在教育實踐中執行時也出現了偏差，因此，他們的具體做法也總是帶有浪漫色彩。儘管如此，活動中心課程強調活動、勞動、作業有益於調動兒童的主動性、積極性和創造性，克服被動性和消極性；有益於培養學生的動手能力和操作能力，以適應現代社會工業化和民主化發展對教育內容提出的新的要求——要求學校為其培養具有實際操作能力、具有創新精神和個性全面發展的一代新人。因此，活動中心課程仍然在不同的教育改革與發展的歷史時期發揮其應有的積極作用。

第二，從杜威的整個思想來看，雖然存在著一定的推崇活動課程的傾向，但他並不是否定「知識」，只要「活動」，而是基於「活動」統一知識與兒童。當然，要解決兒童的直接經驗和教材之間的關係並不容易，杜威（姜文閔譯，2005，第251頁）本人也認為「並沒有解決好，這個問

題到現在還沒有解決，而且永遠不可能解決」，並感歎「要詳細地擬訂出適合新教育的各種教材、方法和社會關係，是比傳統教育擔負的任務更爲困難的事情」，但杜威提出的這個問題具有振聾發聵的歷史價值，可促使我們立足當代，進一步去探索教育客體（知識與文化）和主體（學生）之間的辯證關係，妥善處理好學科課程與活動課程的關係，深化新時期的課程改革。第三，從課程發展的歷史規律來看，任何學校課程實踐都無法以單一的學科課程或單一的活動課程獨立存在，此二者同時存在。根據學生不同年齡階段、心理發展的不同規律，活動課程與學科課程的比例有所不同，總體趨勢是，隨著年齡的增長，學科課程所占的比重愈來愈大，活動探究的難度也愈來愈大；反之，年齡愈低，活動課程的比重愈大，活動體驗難度愈小。基於學生經驗學習學科知識的邏輯始終滲透在學校課程教學過程中。

第四，正確處理好關於學科與活動的關係。浪漫主義活動中心課程思潮出現「活動主導」、「活動替代」、「合科活動」三種表現形態。中國大陸二十世紀90年代國家課程計畫中雖然也重視活動，但採用的是「學科輔助」方式，即學科課程占主導地位，活動處於輔助地位。從學生成長的整體年段分析，活動與學科的關係似乎呈現「剪刀叉」關係。進一步從學科與活動的「合」的角度看，年段愈低，合的程度愈高。但採用「活動教學」與傳授教學結合方式實施，應該是值得注意的發展方向。

第五，課外活動課程化問題並非完全成爲定論。儘管活動課程在學校課程結構中的地位已經從理論與實踐兩方面得到認可，由此而產生一個新的問題：學校課外活動是否仍然有存在的必要？在何種程度上能夠被課程化？霍蘭德和安德里（A. Holland & T. Andre）1987年整理了大量與課外活動有關的研究，結果顯示出那些廣泛參與課外活動的學生普遍表現有較高的自我觀、較廣泛的公民參與、較高的學業成績、較高的職業期望和成就（Holland & Andre, T., 1987, pp.437-466）。說明課外活動課程化問題值得認眞研究，但他們同時也認爲，課外活動的角色還有待更多的研究才能確定。貝克（L. E. Berk）1992年綜合了多項研究結果後也認爲，和正規課堂學習的研究比較，對課外活動的研究缺乏理論基礎和方法論（李臣之，

2003，第33頁）。這說明課外活動課程化的基礎研究還有待進一步深入，正如香港學者近年來所指出的那樣，課外活動如果被視爲課程的一部分而不是互不相關的範疇，那麼無論是概念上還是研究上都會有更廣闊的空間和基礎（陳德恆，1994，第6頁）。從以上分析可知，課外活動課程化已經成爲一種現實取向，但是課程化的範圍、程度及其方法論基礎均有待進一步深入研究。

第六，活動中心課程思潮已經獲得了不少理論支撐，但仍然需要進一步拓展其理論基礎。自中國老子提出「不出於戶，知天下」、「聖人不知而行，不見而名，弗爲而成。」等觀點以來，先驗論的知行觀、經驗論的知行觀走向兩極端。孔子徘徊於二者之間，提出「多聞，擇其善者而從之，多見而識之，知之次也」、「聽其言，而觀其行」，重視行。另一方面，他也承認「生而知之」，強調「內省、內自省、內自訟」，呈現出知行觀明顯的矛盾二重性。後來分別爲孟子和荀子所繼承，形成儒家相反的對立派別。自此，圍繞知和行的「地位」、「關係」、「難易」，思想家們展開了很有意義的爭論，荀子則揚棄了孔子「生而知之」的思想，繼承和發揚了「學而知之」，提倡知行統一；朱熹提出「知行常相須」；王陽明在知行觀上則對朱熹作了批判地繼承，構築了知行合一說；王夫之在批判否定以往知行觀的基礎上，明確提出「行先知後」的觀點，把知行學說推進了一大步。孫中山提出了「知難行易」說；毛澤東概括出認識運動的總公式：「實踐、認識再實踐、再認識，這種形式，循環往復擴以至無窮，而實踐的內容都比較地進到了高一級的程度」，這是主觀和客觀、理論和實踐、知和行的具體的、歷史的統一。儘管中國古代以來的知行統一觀，重視「行」，有不少觀念產生於思想家的唯心主義立場，有其歷史的局限性，但卻表達出「行」的地位和價值，而近代毛澤東的實踐論則更是從唯物辯證法角度，強調行的社會歷史性，闡明了實踐在人認識活動中的地位和方式。這些觀點對進一步認識和理解活動中心課程思潮的存在和發展有著積極的意義（田慧生、李臣之、潘洪建，2000，第1-13頁）。此外，腦科學、學習心理學、生態學、持續發展理論等都可能爲活動中心課程思潮的存在和發展提供更有說服力的證據。

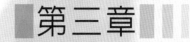

兒童中心課程思潮

教育思想的發展最終取決於對教育對象——人——的認識水準。兒童是人生中的春天，是一個偉大的季節（亞瑟‧K‧埃利斯，張文軍譯，2005，第XI頁）。透視整個西方教育的歷史發展，兒童中心課程思潮可以說是全部教育思想從「神性化」轉移到「人性化」以後的產物，是以人為中心的哲學思想在課程領域的顯現。古希臘羅馬和中世紀時期，人被視為神的造物，神性被認為最為崇高最為理想，因而人性的發展受到極大的束縛，課程研製拘泥於古典主義和教條主義。文藝復興運動以後，人性開始覺醒，但真正把人性提高到空前重要地位，並為兒童中心課程氣魄雄偉而又堅決徹底地吶喊的是盧梭，在他所倡導的自然主義的精神的鼓舞下，伴隨著心理學作為一門獨立科學之地位的建立，人及人性的研究受到真正的重視，課程領域產生了強調兒童中心課程思潮。浪漫進步主義課程論、人本主義教育思潮大都強調以學習者為中心的課程設計，是兒童中心課程思潮的重要代表。

第一節
兒童中心課程思潮之源：人性啓蒙

人性就是人類為了自己生存和發展，通過實踐活動創造和獲得滿足自己不斷增長的物質文化需要的本性（劉大椿，2009，第71頁）。「一切科學對於人性總是或多或少地有些關係，任何學科不論似乎與人性離得多遠，它們總是會通過這樣或那樣的途徑回到人性（休謨，關文運譯，1980，第6頁）。」思潮，指某一時期內反映一定階級或階層的利益和要求的一種思想傾向（夏征農，1989，第1890頁）。兒童中心課程（children-centered curriculum）思潮指一定時期內強調以兒童需要、興趣、活動、自由為課程設計的中心的思想傾向或潮流，其產生和發展與人性啟蒙運動密切相關，人性啟蒙基於復古的人文主義，展開於自然主義。

一、人文主義：人性啟蒙的土壤

　　盧梭（Jean Jacques Rousseau），將我們的目光轉到的受教育者身上；杜威（J. Dewey）發現了教育中的「太陽」。人，於是真正呈現於教育中（扈中平、蔡春，2003，第2頁）。十四世紀下半葉，歐洲進入文藝復興時代。在此期間，社會生產力獲得空前的發展，科技、文學、藝術、哲學均取得了前所未有的成就。哥白尼（Nicolaus Copernicus）提出了「日心說」，培根創建科學歸納法，布魯諾提出唯物主義宇宙觀，伽利略（Galileo Galilei）發明了自由落體、拋物、振擺三大定律，牛頓（Isaac Newton）發明萬有引力定律，瓦特發明蒸汽機，塞爾維特發現人體的血液循環……所有這些極大程度地解放了人們的思想，拓展了人們的思維空間，從而出現了一批資產階級先進思想家，他們努力發掘和「復興」古代文化，開創資本主義新文化，逐漸形成一種反封建的文化思潮，稱為人文主義，其鋒芒主要指向封建主義經院哲學和神學。

　　人文主義思潮強烈地震撼著教育。人文主義思想家和教育家強烈反對封建主義教育壓制兒童個性、呆讀死記的教學方法，強調理論聯繫實際，向大自然學習，通過各類活動去學習，利用事物和直觀教具進行教學。義大利人文主義教育家維多利諾（Vittorino da Feltre）建立了「快樂學校」，強調教育方法應遵循讓孩子在娛樂中學習、師生關係應如朋友般親密、允許孩子個性發展等原則。法國作家拉伯雷（François Rabelais）在其著名的諷刺小說《巨人傳》中抨擊了中世紀的教育實踐，主張透過活動進行教育。法國另一位著名散文家蒙田（Michel Eyquem de Montaigne）在其著作《隨筆集》「論兒童教育」一章裡，勸告教師不要反覆重複課文，而要讓學生自己考證課文，允許學生自己品味課文中的事物，自行辨別和選擇。教師可以打開學生的思路，也可以讓他們自己探索前進的道路。維多利諾、拉伯雷和蒙田的這些思想和具體做法，為以盧梭為代表的近代浪漫自然主義教育思潮迅速萌芽培育了肥沃的土壤。

二、順應天性的「自然人」

　　教育要「歸於自然」，培養「自然人」，這是盧梭鏗鏘有力的吶喊。盧梭希望通過教育塑造新一代人物以建設新型社會，這種新一代人物完全不同於腐朽的老一代，是能夠衝破封建藩籬而天性暢達的自然人。何謂自然人？自然人不是帝王大臣，不是文人學士，盧梭認爲這些人都是有悖天性的犧牲者。只有順應天性身心和諧發展的人才是自然人。自然人既有農夫和運動家的身手，又有哲學家的頭腦，「他心中的觀念爲數不多，然而是很明確的；雖說他讀書沒有別的孩子讀得好，但他對自然這本書的理解卻比其他的孩子透徹；他的智慧不表現在他的舌頭上，而是儲藏在他的腦子裡；他的記憶力不如他的判斷力強；他只會說一種語言，但是他懂得他所說的語言；雖然他說話不像別人說得那樣好，但他做事卻比他們做得高明（盧梭，李平漚譯，2001，第206頁）。」換言之，自然人體格強健心智敏捷，有判斷能力，有勞動本事，會適應時勢的需要，能夠克服困難，解決實際問題。一言以蔽之，自然人不是學究，而是聰明的有爲之士。

　　顯然，盧梭要培養的「自然人」絕不一般意義上的「野蠻人」，而是現實社會中的「自然人」。他（李平漚譯，2001，第362頁）說：「雖然是我想把他培養成一個自然的人，但不能因此就一定要使他成爲一個野蠻人，一定要把他趕到森林中去。」實質上，盧梭「自然人」的思想本義也就是一個理想社會中具備公民品格的社會人，因爲一個「理性」王國的公民所應具備的品質，在自然人身上都具備得到了體現。在一個合理的國家裡，自然人知道如何做人，如何堅持自由、平等的原則，如何遵守法律，具備獨立精神和服從國家利益。不過，在專制主義的社會裡，人的天賦自由被踐踏，人與人之間的不平等達到了頂點，自然人在這樣的社會是不存在的，所以，「自然人」就成爲了教育所期望的培養目標了。但是，即使作爲培養自然人爲目標的教育，依然有使「自然人」在任何情況下都能堅持做人的本分，可以爲一個自由、平等的社會而奮鬥的任務。

三、自然性：人性啟蒙的關鍵詞

自然人的培養與自然性的理解密切相關。自然性即人的內在自然，或稱天性。盧梭在《愛彌兒》裡指出：

> 「我們生來是有感覺的，而且我們一出生就通過各種方式受到我們周圍事物的影響。……隨著我們的感覺愈來愈敏銳，眼界愈來愈開闊，這些傾向就愈來愈明顯；但是，由於受到了我們的習慣的遏制，所以它們就或多或少地因為我們的見解不同而有所變化。在產生這些變化以前，它們就是我所說的我們的內在的自然（盧梭，李平漚譯，2001，第4-5頁）。」

盧梭這段文字十分深刻地闡述了人的自然性的本質涵義。具體而言，人追求愉快、方便、幸福美滿，逃避痛苦、不便和不幸，就是人的自然性，它們產生於人的感覺，而感覺來源於外在事物的作用。人的才能和器官的內在的發展就是人的內在自然的發展。

盧梭還將人的內在自然分為良心、理性和自由三種成分。人有選擇的自由，但選擇要依靠良心和理性。在盧梭看來，良心對於選擇的意義遠遠大於理性，良心是人自身的善良願望，是人從善的自然性，它作為一種道德本能，不易改變，也不需要借助外界事物才能發揮作用。因此，良心是人的原則，它始終正確，它永遠不欺騙人，是人類的真正指導者。但是理性則不然。理性使人獲得知識，指導人的行為，它必須借助外界事物發揮其作用。在同外界事物接觸時，理性很難避免錯誤的產生，同時，理性常常使人考慮自我的私利，誘人走上錯誤的道路，所以，理性沒有充足的道德基礎，常常欺騙人，它並不是很崇高的東西，理應受到懷疑。從這種天性成分的區分出發，盧梭主張寧可保持純樸的自然性，也不要掌握虛偽的惡的知識，認為無知比知識富有更愉快。

正是因為盧梭對人的內在自然成分的不同理解，才產生了盧梭對待書本知識的偏激態度。盧梭認為，讀書是孩子們在兒童時期遇到的災難。他的教育對象——愛彌兒——長到12歲還不知道什麼叫書。盧梭（李平漚

譯，2001，第1頁）堅信，人性本善，基於「出自造物主之手的東西，都是好的，而一到了人的手裡，就全變壞了」的認識，進而主張，讓兒童到大自然中，通過身體鍛鍊、勞動、觀察事物來學習。不要對學生「進行任何種類的口頭教訓，應該讓他們從經驗中去獲得教訓（盧梭，李平漚譯，2001，第91頁）。」

四、自然教育：基於人性啟蒙的教育

人的天性就是人的內在自然，順應人的自然性成長不加破壞，就可以使人生充滿幸福和歡樂。所以，盧梭力倡：一切歸於自然。將這一理念用到教育上就形成了自然教育，即以發展兒童的「內在自然」或「天性」為中心的教育。盧梭（李平漚譯，2001，第3頁）認為，「……這種教育，我們或是受之於自然，或是受之於人，或是受之於事物。我們的才能和器官的內在的發展，是自然教育；別人教我們如何利用這種發展，是人的教育；我們對影響我們的事物獲得良好的經驗，是事物的教育。」在這裡，「自然」即天性，「事物」即後天環境，「人」即教育教學工作。相比之下，天性無法控制，環境在某些方面受人控制，教育教學工作完全由人「控制」（盧梭筆下的控制是依然是假定的，「誰能夠對一個孩子周圍所有的人的言語和行為通通都管得到呢〔盧梭，李平漚譯，2001，第3頁〕」），盧梭如是說。這三者如果不能協調一致，互相衝突，沒有共同的目標，那就不可能產生好的效果，不是好的教育。要使三者能夠協調好，人為能控制的因素就應該服從不能控制的因素。也就是說，要以自然教育為軸心，使人的教育和事物的教育圍繞自然教育轉。

自然教育是一個自然的過程，教師要因自然而教，只有當教育進入到自然狀態，兒童才能進入自然狀態，兒童的自然天性才能不斷地得到生長。在自然狀態下，大自然就是兒童生長的課程。盧梭（李平漚譯，2001，43頁）指出：「教育是隨生命的開始而開始的，孩子在生下來的時候就已經是一個學生，不過他不是老師的學生，而是大自然的學生罷了，老師只是在大自然的安排下進行研究，防止別人阻礙它對孩子的關心。」「城市是坑害人類的深淵」（盧梭，李平漚譯，2001，第40頁），城市的

環境是人爲扭曲的、反自然的。要使兒童的自然性得到充分展開，應該讓兒童遠離人爲的城市，到鄉村，到大自然中進行教育。

　　按照兒童的身心的自然進程進行教育，使兒童合乎自然地成長爲一個知道如何做人的人，是自然教育的基本原理。盧梭（李平漚譯，2001，第95頁）一再告誡人們：「謹愼的人啊，對大自然多多地探索一下吧！你必須好好地瞭解你的學生之後，才能對他說第一句話，先讓他的性格的種子自由自在地表現出來，不要對它有任何束縛，以便全面地詳詳細細地觀察它。」兒童的發展有哪些自然規律呢？盧梭認爲，人的各個年齡階段都有其自身的特徵，應根據這些不同的特徵施以相應的不同的課程進行不同的教育。盧梭將人從出生到25歲分爲五個年齡階段，對每一個階段提出了相應的教育措施。

　　《魯賓遜漂流記》是盧梭筆下愛彌兒最早讀到的一本書，這本書對自然教育進行了精彩的描述，魯賓遜就是「自然人」的典範，是愛彌兒的人格理想。盧梭（李平漚譯，2001，第245頁）指出：「在很長的一個時期裡，他（愛彌兒）的圖書館裡只有這樣一本書，而且它在其中始終占居一個突出的地位。它就是我們學習的課本，我們所關於自然科學的一切談話，都不過是對它的一種注釋罷了。」這便是自然教育的課程理想。

五、基於人性的兒童中心論

　　在歷史上，盧梭無疑是「兒童中心教育理論」最出色的早期倡導者，甚至整個兒童中心教育理論是對盧梭的系列注腳（Darling, J., 1994, p.6）。他（李平漚譯，2001，第71頁）有一句名言：「在萬物的秩序中，人類有它的地位；在人生的秩序中，童年有它的地位；應當把成人看作成人，把孩子看作孩子。」兒童有兒童的年齡特徵，不能將成人的標準施予兒童，成人與兒童應該區分開來，這顯然是對兒童主體性的尊重。盧梭進一步指出尊重兒童的主體性是大自然的客觀要求。他（李平漚譯，2001，第88頁）說：「大自然希望兒童在成人以前就要像兒童的樣子。……兒童是有他特有的看法、想法和感情的；如果想用我們的看法、想法和感情去代替他們的看法、想法和感情，那簡直是最愚蠢的事情。我寧願讓一個孩子到

10歲的時候長得身高五尺而不願他有什麼判斷的能力。」盧梭從其特有的兒童觀出發，將兒童的年齡階段劃分爲四個階段，針對每一年齡階段提出具體的課程策略。

從兒童中心論出發，盧梭十分重視兒童通過活動去獲取經驗。盧梭觀察到，兒童總是做各種事情以使其身體不斷地自由運動，說明兒童有活動的基本衝動，這些衝動是兒童的自然性所使然。兒童的自然性是自由的，保持並發展兒童的自由意志是自然人的理想。盧梭（李平漚譯， 2001，第78頁）認爲，「只有自己實現自己意志的人，才不需要借用他人之手來實現自己的意志；由此可見，在所有一切的財富中最爲可貴的不是權威而是自由。眞正自由的人，只想他能夠得到的東西，只做他喜歡的事情。這就是我的第一個基本原理。只要把這個原理應用於兒童，就可源源不斷得出各種教育的法則。」換言之，兒童想做什麼，想怎樣做，完全是他自己的事情，關鍵在於兒童自己去做。

第二節
浪漫進步主義兒童中心課程思潮

十九世紀末二十世紀初，歐美社會生產和生活發生了巨大變化，以推進社會「進步」爲特徵的政治、經濟、文化等全方位改革行動迅速鋪開，教育改革是全部社會改革的途徑和內容。在這種背景下，歐洲教育先賢的教育思想、課程理想與實際做法成爲一批秉承「進步觀念」的教育革新家的變革教育實踐的依據，在歐美大地上迅速滋生出一場規模宏大影響深遠的進步主義教育運動（progressive education movement），其中一大批浪漫進步主義教育革新家極力主張兒童中心課程，成爲兒童中心課程思潮的生力軍。

一、浪漫進步主義兒童中心課程思潮的土壤：進步主義教育運動

從歷史的角度看，兒童中心課程思潮生成於進步主義教育運動，進步主義教育運動既與教育領域的理論研究和實踐反思有著密切的聯繫，同時

也脫離不了整個社會改革的背景。進步主義運動為進步主義教育運動的產生創造了良好的社會環境和文化氛圍。對「主智主義」和「權威主義」的反思、兒童研究運動、手工訓練運動等，為進步主義教育運動的產生和發展，尤其進步學校的課程改革，提供了強有力的依據。

(一) 進步主義運動與進步主義教育運動

1. 進步主義運動

二十世紀初期，美國工業化、城市化、文化的巨大發展強有力地衝擊著社會現行結構和價值體系，社會問題嚴重，貧富差距加大、經濟秩序混亂、政治制度危機、貧民境遇日益惡化、道德水準嚴重下降，諸如此類的問題引起了社會各界的廣泛關注和強烈不滿，於是以造就一個「改革」的時代達到「文化重建」為目的的進步主義運動迅速掀起。

進步主義運動由十九世紀末期的「平民黨運動」和「黑幕揭發運動」拉開序幕。一批改革家登上社會改革舞臺，對社會的政治、經濟及其他社會生活採取大規模的改革行動。政治改革的重心是改進政治體制，建立適應城市——工業文明需要的政治結構；經濟改革的主要目的是遏制經濟個人主義，建立國際干預經濟生活的機制；社會改革的目的在於尋求「社會與工業正義」，改善下層勞動人民的生活條件。與此同時，在思想和觀念上也企圖實現從「機械的社會達爾文主義」到「改革的社會達爾文主義」、從舊個人主義到新個人主義的轉變。主張主動、及時解決社會進化過程中出現的問題，反對自由放任的自然原則。強調個人與社會的聯繫和個人之間的合作，反對「放蕩不羈的個人主義」。

2. 進步主義教育運動

改革是否成功，常常依賴其精神深入到全體人民精神和意識中的程度，這就必然與教育發生聯繫。進步主義運動的許多改革除了依靠政治和經濟的途徑外，事實上採用了通過教育改造社會的辦法。為達改革社會之目的，必先對教育進行強有力的改造。因此，進步主義運動發展必然的邏輯結果就是進步主義教育運動，從整體上看，進步主義教育運動也是進步主義運動的有機組成部分，進步主義是進步主義教育運動的基本指導思想。

　　與進步主義教育運動關係密切的有兒童研究運動、手工訓練運動等，這些運動爲進步主義教育運動所遵循的現代兒童觀、課程建設依據的確立奠定了良好基礎。

　　1883年，格蘭威爾・史坦利・霍爾（Granville S. Hall）發表長篇論文《兒童心理的內容》以及一本小冊子《兒童研究》，標誌著兒童研究運動（child study movement）的開端。此後歐美諸國都以不同程度的熱情加入兒童研究行列，從1890到1914年，創辦了20種獨立發行的雜誌和25個國家級兒童研究協會，用以增進兒童行爲的研究，許多協會還有熱心工作的分會，在美國就有23個州建立了分會。1909年，國際兒童研究和實驗教育學會在巴黎成立，兒童研究運動穩步地順利展開。

　　兒童研究運動主要涉及兒童的健康和身體發展，兒童的情感、態度、興趣，兒童的智力發展等領域。運動所導致的最大成果在於兒童觀的變化：打破了學校要求大多數兒童以同樣速度學習同樣教材的因循守舊的局面；確立「完整的聯合體」的兒童觀，指出要把兒童作爲一個整體去發展；兒童透過一系列階段不斷發展（W. F. 康內爾，張法琨等譯，1990，第196-198頁）。新的兒童觀爲進步主義教育改革提供了重要的發展心理學依據，正如霍爾所指出的，「每一次教育改革，都是更仔細地親自瞭解兒童和青年，以及更深入地洞察他們的需要和生活的直接結果（張斌賢，1997，第34頁）。」這實際上也就是兒童研究運動的指導思想，從中不難看出兒童研究運動與進步主義教育運動之間的密切關係，這種關係在中國相關研究中也有明確的表述：「在進步主義教育運動的興起和發展過程中，兒童研究運動所發揮的作用是難以估量的。……進步主義教育家們對兒童的認識，甚至於他們中一部分人所倡導的兒童中心（child-centered）論，都直接源於兒童研究的成果，或者說源於他們對兒童研究成果的理解（張斌賢，1997，第35頁）。」

　　㈡進步主義教育運動對教育現狀的反思

　　「進步」（progress）是進步主義教育運動的關鍵概念。現代漢語中「進步」表示（人或事物）向前發展，比原來好（中國社會科學院語言研

究所詞典編輯室，2005，第712頁）。在西方國家，「進步」更重要的是代表一種社會歷史觀：人類社會是不斷向前發展的，在此過程中，人性不斷改進，社會更加理想和美好。進步主義教育運動之所以爲進步，最爲基本的原因就在於他們接受了進步的觀念（張斌賢，1997，第4頁）。進步觀念在教育領域體現明顯，幾乎所有的近代教育家都具有一種信仰，相信通過教育，可以從根本上消除無知、愚昧和罪惡，從而改良人性、改造社會、促進人類社會的不斷發展。本著進步觀念，進步主義教育家對傳統教育進行深刻反思和批評。

1. 嚴峻的教育現實：「主智主義」和「權威主義」氾濫

自十九世紀後期開始，歐美步入了工業化道路。科學、知識在歐美社會生活與生產中占據著日益重要的地位，逐步形成將知識、理性作爲解決社會問題主要手段的理性主義思潮。教育領域深受理性主義思潮的影響，主智主義和權威主義非常盛行。在歐洲，赫爾巴特主義的觀點遠遠蓋過盧梭、裴斯塔洛齊、福祿貝爾等教育家所倡導的「和諧發展」呼聲。在美國，盧梭等思想家強調兒童的自動活動和生活的課程思想未進入國土之前，權威主義盛行公立學校，沿襲已久的「訓練」或「控制」的教育觀念占據主導地位。著名的《許多教育領導人贊同的美國教育理論的聲明》所闡述的十九世紀末美國教育的原則：爲了彌補家庭教育的不足，學校務必更重視訓練……務必以各種形式的訓練使學生養成絕對服從教師和自我控制的習慣，十分突出地反映了訓練和控制思想（張斌賢、叢立新，1997，第101頁）。拉格將十九世紀末美國教育界盛行的教育觀概括爲：將教育等同於上學；教育是生活的準備；學科和教科書被當作世界的象徵；教學內容以自由學科爲主。顯然拉格對當時所流行的教育觀的概括是十分準確的。在這種權威主義統治下的美國教育最爲流行的教學方法是記誦法，即由教師把學生叫到講臺前「給他講課」，教師照本宣科，要學生背誦。記誦法使學生學習的活動性減弱，使學生的學習興趣降到最低程度。歐美教育領域在這種以主智主義和權威主義爲主導潮流的理性氛圍中，教育家們大都強調理性與智慧發展，忽視了情意等非理性因素對兒童發展的意義。

2. 進步主義教育家對主智主義和權威主義的反思

在歐洲，新教育家對「主智主義」的抨擊幾乎涉及到教育的方方面面。相比較而言，抨擊最為尖銳的還是教育內容和課程設置，認為主智主義課程內容嚴重脫離實際、脫離兒童的現實生活、違背兒童的心理特點，指出課程體系中占主導地位的古典人文學科和形式訓練科目與社會發展需要格格不入。著名教育家德可樂利是抨擊傳統教育課程最主要的代表，他尖銳地指出了傳統課程的六大弊端：教訓內容沒有或很少與兒童的各種活動相聯繫；教材很少與兒童的興趣和身心發展相聯繫；教學科目的劃分並未考慮到兒童的思維特點；學科內容的難度超出了兒童的記憶和理解範圍；過於注重口頭傳授的科目；忽視發揮兒童的創造性、自主性（張斌賢、叢立新，1997，第11頁）。

隨著美國工業和經濟的迅速發展，新的社會需要增多，歐洲移民也日益增多。歐洲的教育改革精神隨大陸移民或通過其他途徑帶到美國。盧梭、裴斯塔洛齊、福祿貝爾等人的教育理論對美國的進步教育運動起到很好的「發酵」的作用。作為進步主義教育運動之父的帕克（Francis W. Parker）的教育思想受西歐教育家的影響尤其明顯，從盧梭那裡，他獲得了浪漫主義和自然主義的兒童觀；從裴斯塔洛齊那裡，他獲得了直觀教學的方法和教育家庭化的觀念；從福祿貝爾那裡，他接受了關於兒童遊戲、活動的主張。這些思想對於帕克兒童中心課程觀的形成具有深刻的影響，同時對整個進步主義教育運動也具有廣泛深刻的影響。從美國當時社會狀況來看，獨立後的美國人民積極開發西部，經濟地位逐漸提高，也紛紛要求改革舊教育，抨擊脫離實際的形式主義教育，抨擊「權威主義」教育課程、教材、教法的因循守舊，反對對兒童自然天性的嚴重束縛，呼籲滿足實際生活需要的實用主義教育。「黑幕揭發」運動的主要代表賴斯（Joseph Rice），以大量事實為依據，揭露學校教育普遍存在的形式主義、機械訓練、成人權威、忽視兒童的個性差異等弊端。他指出，在相當多的學校中，學生完全服從教師的意志，課堂氣氛沉悶，令人恐懼，強調整齊劃一，使學生年復一年地處於被奴役狀態（張斌賢，1997，第36頁）。梅里亞姆以其對兒童的特殊關照，對傳統教育提出了尖銳批評。他指出，傳統

學校教育的基本缺陷是，用成人的標準要求兒童，讓兒童根據成人的邏輯學習知識，忽視了兒童的興趣、需要和個別差異，割裂了兒童校內外生活之間的聯繫。結果產生了「兩個兒童」，一個在校外的兒童，他主動、勤奮、聰明、誠實；另一個是學校內的兒童，他消極、厭倦、笨拙、欺詐。他呼籲，要把兒童當兒童看，學校應當成為「學生的學校」，是兒童生活、並接受指導和幫助以更好生活的場所。類似這些批評和呼籲，強烈地震撼了學校教育界，一大批教育革新家致力於新學校和進步學校的建立，開始了以學校課程改革為核心的一系列改革和實驗活動。杜威立足其實用主義教育理論對進步主義教育實踐予以系統分析、闡述、宣傳和鼓動，兒童中心課程運動因其較堅實的群眾基礎和理論指導而蓬勃興起。

㈢進步主義教育運動與浪漫進步主義兒童中心課程思潮

　　縱觀進步主義教育運動發展的歷史全過程，可以分為產生、形成、分化和衰退四個階段。在不同階段，視其在處理兒童與社會、直接經驗與間接經驗等關係時所出現的不同傾向，可以分為理性進步主義和浪漫進步主義兒童中心課程思潮，理性進步主義課程思潮以杜威為代表，浪漫進步主義兒童中心課程思潮以帕克、梅里亞姆為代表，有著廣泛的群眾基礎。除了理性進步主義教育家試圖平衡兒童中心和社會中心、直接經驗和間接經驗外，從進步主義教育運動在產生、形成、分化和衰退的全過程來看，「兒童中心」課程思潮一直是浪漫進步主義課程的主流傾向，儘管少數浪漫進步主義教育家在進步主義教育運動的分化階段開始由兒童中心向社會中心轉變，但是「兒童中心」沒有發生根本和事實性的改變。

　　在產生階段（1883～1918），由於帕克在課程實踐方面的開拓，杜威在理論上積極建構和鼓動，課程實驗運動在弗朗西斯・W.・帕克學校（1901）、梅里亞姆「密蘇里大學初等學校」（1904）、沃特的「葛雷學校」（1908）、普拉特的「城鄉學校」（1913）等學校蓬勃興起。運動主要致力於初等學校的課程改革，主要目標是兒童的興趣和自由、兒童主動性培養，兒童多方面能力的發展，課程建設的基本取向是「兒童中心」。杜威對此總結得非常形象：「現在我們的教育中正在發生的一種變革是重

心的轉移，這是一種變革，一場革命，一場和哥白尼把天體的中心從地球轉到太陽那樣的革命。在這種情況下，兒童變成了太陽，教育的各種措施圍繞著他們而組織起來（趙祥麟等譯，2005，第41頁）」，但這並不意味著杜威堅持的是兒童中心課程。

在形成階段（1919～1929），兒童中心課程思潮出現前所未有的高潮。進步主義教育協會的成立使運動有了組織保障，進步主義教育原則的確立使運動有了行動綱領。二者標誌著進步主義教育運動進入成型階段。這一階段學校課程建設的目標比前一階段更關注兒童的發展，課程實驗同樣集中在初等教育領域。從整體的和歷史的觀點出發，本階段提出的進步主義教育原則反映的主要是盧梭、裴斯塔洛齊、福祿貝爾等教育家的思想，或者說是經過帕克等人的理解和重組的歐洲教育先賢的思想，它把兒童的自然和自由發展，當作教育的基本目的，並爲此強調教育內容、方式、管理和師生關係的改革，倡導的是一種「溫和」的兒童中心論。隨著社會反傳統文化地位的上升，「放蕩不羈的個人主義」、佛洛伊德精神分析學說、表現主義（expressionalism）文藝思潮對人們思想意識的影響，學校兒童中心課程思潮由「溫和」走向「極端」，教育領域盛行著「自由放任主義」，拉格和舒梅克在《兒童中心學校》對此作了詳細描述。

在分化階段（1930～1943），社會經濟危機的衝擊著人們的思想觀念，恢復傳統價值觀的思潮興起，康茲發表〈進步主義敢於進步嗎？〉的著名演講，致使兒童中心課程思潮分化爲二，形成兒童中心和社會中心兩大陣營。以「進步主義教育」爲陣地的課程論者繼續堅持兒童中心論，以「社會前線」爲陣地者強調社會意識和責任感，康茲、拉格等人爲代表，由兒童中心論轉向社會中心論。從另一角度看，這種轉向實質上是從更高層次維持進步主義教育運動的生存和發展，並非從根本上徹底否定兒童中心課程思潮。

隨著進步主義教育協會更名爲「美國教育聯誼會」，作爲大西洋彼岸「新教育聯誼會」的分會，進步主義教育運動進入衰退（1944～1957）階段。但是，從近現代教育歷史可以看出，兒童中心課程思潮並沒有就此消失，在歷經結構主義課程、要素主義課程、永恆主義課程思潮之後，兒童

中心課程思潮以「人本主義」爲基礎，進一步得到發展，開放教育課程就是很好的實踐範例。

四杜威爲浪漫進步主義兒童中心課程思潮推波助瀾

進步教育以杜威的進步論爲基礎。在杜威看來，「進步就是現在的改造，……退步是現在的意義、判斷與掌握之逸失」（瞿葆奎等，1989，第30頁），即進步就是「現在」之發展。生長即發展，生長無目的，運用到教育中，教育就不應該由社會或成人決定，即「無定論」（theory of uncertainty）。決定進步的要素有兒童的衝動與實驗，對於兒童而言，就是兒童的本能興趣和活動（或體驗），活動是知識的來源。因此，兒童的學習是「做中學」。在杜威的字典裡，活動並非強制的行動，而是指自發的、自動的活動，相當於自我活動（self activity）。按照這種邏輯，兒童是生而活動的，有本能衝動，教育需要滿足兒童這種活動的本能，讓兒童在自我活動中主動積極的體驗或行動，就能夠增長經驗，經驗的累積就是發展。教育於個人經驗之間有機結合就是全部的教學方法論。由此可以看出，指向兒童，是杜威課程論的實質精神，重視活動是重視兒童的派生品。杜威的整套理論邏輯對浪漫進步主義兒童中心課程思潮的產生和發展起到推波助瀾的作用，人們常常引用杜威的名言，諸如：「我們必須站在兒童的立場上，並且以兒童爲自己的出發點。決定學習的質和量的是兒童而不是教材」；「兒童的生活是他的一切訓練或生長的集中或相互聯繫的基礎」；「在學校裡，兒童的生活就成爲一切的目的。凡促進兒童成長的必要措施都集中在這個方面」；「教育最根本的基礎是終於兒童活動的能力」；等等，從此可窺一斑。

需要指出的問題是，既然杜威不是一個徹底的兒童中心主義者，爲什麼他的演講、訪問、著作傳播等對兒童中心課程思潮產生巨大影響？可以從四個方面來理解。其一，我們不得不承認，杜威早期的著作抨擊時弊，努力糾偏，突出強調兒童；其二，杜威的教育著作哲學性較強，整個教育理論晦澀難懂，一些進步教育人士難免片面理解或曲解杜威的兒童觀；其三，一種學說能否產生和怎樣產生實際影響，實際上是影響者和被影響者

之間的互動過程，被影響者需要結合自己所在的社會背景、教育現實綜合考慮，必須對「影響」做出適當的過濾、選擇和改造。譬如，如果「被影響方」教育領域是學科課程占絕對主導地位，結果往往會選擇性發展「影響方」課程理論中以兒童為本的課程思想，兒童中心課程思潮容易找到生存的空間。其四，作為進步主義教育運動精神領袖的杜威，他對兒童中心學校的評價往往成為人們學習兒童中心學校的重要依據，在兒童中心課程運動上升時期，杜威對兒童中心課程的肯定多於批評。

從杜威的理論推論還可以發現，杜威強調的兒童活動，想從中區分出活動與兒童比較困難。但他的理論的確支撐了兩類極端課程論的存在，即兒童中心課程和活動中心課程。活動中心課程基於兒童的興趣，以經驗為目的，以「做」為方法，溝通社會與學校、加強直接經驗與間接經驗的聯繫，以解決整個進步主義教育運動所面臨的社會責任和兒童發展這一對基本矛盾。從此意義上講，杜威的課程論也是一種平衡性活動中心課程思潮（已在本書第二章論及）。

二、浪漫進步主義兒童中心課程思潮的基本主張

在抨擊、改革傳統教育的課程體制、內容、方法以及課程理論的過程中，浪漫進步主義教育運動中的實幹家們最初主要是憑藉歷史上優秀的教育思想，努力建構符合現代社會要求的新型課程，爾後隨著杜威實用主義教育理論的流播，他們大都以自己所理解的杜威自然主義經驗論為依據，大膽進行課程實驗研究，並不斷通過反思提出自己的課程主張。這些課程實驗或課程主張，均十分突出兒童的興趣與自由、兒童的經驗、生活和活動。

㈠ 兒童的興趣與自由

1919年美國進步教育協會成立，將運動推向一個新的發展階段，協會所頒發的「七點原則聲明」為運動確立了十分明確的行動綱領。該原則第一、二條就突出兒童的自由和興趣。「聲明」慎重指出，兒童有自然發展的自由，認為學生的行動應該由自己控制，而不應該有專橫的規則去控

制，要為學生提供一個可以自由使用有趣材料的教育環境；興趣是兒童全部活動的動機，可以通過接觸世界、接觸活動、形成成就感、運用知識、加強不同科目之間的聯繫，獲得學習興趣。約翰遜、沃特等進步教育家十分注重這兩點原則的貫徹落實。約翰遜指出，兒童的學習必須是自願的、主動的，學習的動機應當是兒童「內向的滿足」。沃特非常重視兒童的選擇權利，注重「保持兒童的天然興趣和熱情，使他們能夠控制自己的身心（趙祥麟，1987，第90頁）。」杜威在《明日之學校》一書中對沃特學校的做法進行了評述。梅里亞姆在密蘇里大學初等學校所確立的選擇教材的首要原則就是，課程首先應當滿足兒童當前的需要，並把照顧兒童個別差異，滿足不同兒童的能力和愛好作為重要原則。

歐洲新教育運動中的大多數學校也將學生的興趣、自由放在十分主要的位置。歐洲第一所新學校阿博茲霍爾姆特別重視學生的興趣，注意滿足學生的創造性要求，學校採用家庭式管理，注意促進學生個性全面發展；1922年成立新教育聯誼會所提出的「七條原則」總的精神就是強調兒童個人的自由和完善的發展。利茲的鄉村寄宿學校所有的活動都建立在學生的興趣與經驗之上。德可樂利更主張「興趣是個水閘。依靠它，能打開注意的水庫和指引注意流下來（W. F. 康內爾，張法琨等譯，1990，第145頁）。」他告誡人們不要忘記兒童的興趣，它絕不同於成人的興趣。他從心理學和生物學角度將兒童的需要和興趣聯繫起來，提出兒童四種基本需要所對應的四種興趣：對食物的興趣、尋求保護自己的興趣、防備敵人的興趣、對工作或活動的興趣。根據這些需要和興趣，確立各年齡階段的實施計畫，從中可見一斑（昂熱拉・梅迪契，侯健譯，1988，第81-82頁）。

要重視兒童的興趣，必須給兒童足夠的自由，自由是新教育的核心概念，自由並不等於想幹什麼就幹什麼。幾乎每一位新教育家都是在強調自由與紀律相互聯繫的基礎上強調自由的。蒙特梭利指出，自由與紀律就像一枚銅錢的兩面一樣不可分離，但真正的紀律必須來源於兒童自由的活動。就連激進主張兒童自由的尼爾也一方面呼籲「還兒童以自由」，不要用課程、課桌限制兒童的自由，不要讓兒童唯命是從，另一方面也把自由

分爲個人和社會意義上的自由，認爲社會意義上的自由不應該是人人都具有的。應該說，新教育的自由觀是難能可貴的。

關於興趣在教育教學中的意義問題，進步主義教育運動的代表人物一般都把興趣視爲學習的一種手段，但也有相當一部分人如杜威、克伯屈、博德等在認爲興趣與自由、兒童的天性一樣，是神聖的，甚至有將兒童的興趣作爲教育的目的的傾向。如克伯屈（王建新譯，1991，第116頁）將興趣看成是「現代教育的主要因素之一」，認爲「興趣激勵全心全意的努力，使人全身心地沉醉於爲達到感興趣的目標的努力之中（克伯屈，王建新譯，1991，第135頁）。」這在一定程度上助長了兒童中心課程思潮的勢頭。

㈡兒童的經驗與生活

歐洲新教育運動所頒發的「七條原則」以及美國進步教育運動倡導的「七點原則聲明」，均把兒童的經驗和生活置於顯著位置，注重學校教育與家庭和社會生活的密切聯繫。歐美的新學校和實驗學校大都認眞地貫徹了這些原則的基本精神，強調兒童的個人經驗，把經歷、體驗、磨練作爲學習的方式，要求教育與兒童的實際生活相聯繫。

蒙特梭利主張，兒童在現實生活中掌握實際生活技能既對兒童身體的訓練有益，又對培養兒童獨立人格有幫助，因此實際生活技能在其「兒童之家」有著重要的位置。德可樂利認爲學校應該與社會建立密切聯繫，讓兒童瞭解社會現實生活，才會眞正具有活力，才能使兒童健全發展。沃特的葛雷學校課程編製總的原則就是從經驗中學習。克伯屈所設計教學法「有目的的活動」尤其強調以經驗爲基礎。

在克伯屈看來，經驗有種族經驗和個體經驗之分，二者均爲教育的重要資源，但都有明顯的局限性。種族經驗是人類生存的基礎，也是個體生存的條件，但是缺失「歷歷在目的生動感覺」；而個體經驗往往是生動的、直觀的和確切的，但是個體經驗的獲得往往要花費相當大的代價。所以，他認爲明智的教師往往知道以種族經驗爲基礎，去發展個體經驗。克伯屈強調指出，掌握種族經驗需要個體經驗的支持，個體經驗是「最好的

教師」。因此，從克伯屈就課程、教材等問題所闡發的觀點的實質來看，他依然將個體經驗置於經驗的第一位，並未改變兒童活動中心的立場。

（三）教材的心理組織

　　教材的心理組織和邏輯組織的關係是課程研究的基本問題。在學科中心課程論看來，各門學科和教材是用邏輯方式來組織的，但兒童中心課程論者認為邏輯組織的課程與兒童現有的經驗、興趣、感情和活動缺乏有機的聯繫，要求尊重和熱愛兒童，學習和研究兒童，並以此為根據來組織課程，以引導兒童的學習興趣和動機。浪漫進步主義兒童中心論者把邏輯組織與心理組織對立起來，大都主張用心理組織取代邏輯組織。例如，德可樂利主張圍繞著兒童的四種需要和與之相適應的四個興趣中心來選擇和編製課程，以取代傳統的學科課程。在德可樂利看來，觀察、聯想和表達是整體化心理程序。它與兒童精神活動的三個階段——直觀、反思、表現——相對應，並由此構成整體化的教學過程。在整體化的教學過程中，兒童對現象的觀察，導致直接的感覺材料，同記憶、假設以及其他時間和地點的文化記載聯繫起來，而新的收穫則借助製作模型、繪圖、演講和寫作表達出來。浪漫進步主義兒童中心課程論者，尤其是極端的活動替代論者，主張取消統一的學科和教材，忽視學生系統地學習知識和掌握技能的弱點很快招致了學科課程論者的抨擊。

第三節
人本主義課程思潮：兒童中心課程思潮的深化發展

　　兒童中心課程思潮在二十世紀70年代被注入一種新的理論基礎——人本主義，進一步得到發展。人本主義課程是盛行於美國70年代的課程思想。它產生於美國後工業社會物質生活富裕、精神生活空虛、人的異化日益嚴重的社會大背景下。與教育史上進步教育運動密切相關，人本主義課程論者主張以整體的人為中心，強調人的自我實現，課程組織注重學校的一切社會生活。主要代表人物有馬斯洛（Abraham Harold Maslow）、羅傑

斯（Carl Ransom Rogers）。人本主義課程繼承了進步主義課程踐行的以及杜威所推崇的兒童中心課程觀。

一、生成基礎

儘管N. L. 蓋奇等人在《教育心理學》一書的「當代人本主義運動的基礎」一節就明確寫到，人本主義教育的目標和實踐類似於二十世紀前半葉進步主義運動的目標和實踐，新的人本主義教育家也是關心杜威預見到的革命結果的改革家，但是人本主義課程思潮仍然有其獨特的社會歷史基礎和思想基礎。

㈠社會歷史基礎

如果說教育革新運動課程思潮是歐美工業社會的產物，那麼也可以說人本主義課程理論是美國二十世紀70年代進入後工業社會的必然反映。二戰後，美國資本主義工業巨大發展，物質生活愈來愈豐富，人的異化現象也日益嚴重；高科技的進步及其所取得的成就既為生產力水準提高奠定了堅實的基礎，又開始奴役和壓抑人的本性，使人喪失內在的價值觀念，缺失外部價值標準。精神危機給人們帶來的精神災難遠遠超過經濟危機所導致的物質崩潰，人們感覺到認知與情感的尖銳對立，整個世界似乎在倒退，對此，羅傑斯直言不諱（方展畫，1990，第170頁）：

> 我們正接近一個歷史階段的尾聲。湯普森說，後工業化時代已達到它的極限；斯塔夫里亞諾斯說，我們正接近一個新的但並非前程似錦的中世紀。在斯坦福研究所的一個相當深刻的分析中，哈爾曼指出了我們的文明無法解決的問題以及人類機體、人類動機和人類價值必要的改變，假如我們要生存下去的話。

於是，人們不得不重新尋求內心世界的價值目標。存在主義哲學對人的異化問題做出了及時反映，它將人的潛能發展視為人的存在，以追求人的存在為核心內容。人本心理學吸收了格式塔心理學的整體論方法，接

受了精神分析學派關於人具有潛意識的觀念，承認意識經驗中所顯現出的結構性和整體性是人心理現象最基本的特徵，主張生命的意義在於自我實現，認為人具有完整的人格，要從意識經驗自身這一整體去開闢新的領域，倡導從教育領域恢復整體人的觀念。在教育領域，結構主義課程改革倡導將「學科的縮影」教給學生，致使學生負擔沉重，個性和情感發展受到阻礙，師生怨言四起，課程改革呼之欲出。

　　自二十世紀70年代開始，結構主義課程理論和實踐受到人們的嚴厲的批評，一些結構主義課程論者也進行了自我批評。坦納指出，學科結構課程「造成了知識的新的分離與專業化，擯棄了學習者的生活以及廣泛的社會情境的要求，將重心放到抽象的知識上了（鍾啟泉，1989，第154頁）」，他認為強調探究—發現學習與解決問題的過程，無非是強求學習者學習抽象的問題與教材。這種問題與教材對於學者世界是現實的，但它們是脫離了許多學習者的現實世界的。布魯納在1971年對「合理的結構主義」進行了自我批評，認為應少說學科結構，多談「學習者和他的學習結構」。布魯納最終發現了他的「發現學習」，致力於解決教材的心理序列與教材的邏輯序列統一問題，為樹立以研究「人」為中心推進課程改革奠定了一定的基礎。

(二)思想基礎

　　古希臘古羅馬時代，人本主義教育就初露端倪，拉丁文「humanitas」（人文主義）被用於表述古希臘哲人的教育觀。歐洲文藝復興時期人文主義教育思想充分得到體現。1859年伏伊格特（Voigt）在《人文主義的第一個世紀》一書中使用「humanismus」，此後「humanitas」被翻譯為「humanism」（人本主義）。人本主義思想在進步主義教育運動中得到發揮，也影響了人本主義課程思潮，如代表人物羅傑斯在晚年也直言不諱地承認：「我也曾透過基爾帕特里克全面沐浴著約翰‧杜威的思想（方展畫，1990，第168頁）。」當代人本主義課程思潮深受人本主義心理學（humanistic psychology）的影響。

　　人本主義心理學強調研究人豐富的精神世界，主張人對自己生活完

全負責，認爲生命的意義在於自我實現。馬斯洛強調人的主觀活動，第一次把「自我實現」、「人類潛能」引入心理學，認爲自我實現有一系列維度，是個人缺失動機得到滿足時和他的防禦機制不因威脅而發動時的正常生長過程，是對天賦、能力、潛能等的充分展開和利用。由此出發，馬斯洛主張學校課程要鼓勵學習者的自我實現，允許學習者犯錯誤、做實驗、表達自己，直至發現自我。羅傑斯主張「人的心理過程是一個統一的、有機的整體，這個整體的基本特徵是軀體、心智、情感、精神和心理力量的融貫一體（Rogers, C. R., 1980, p.354）。」課程內容的選擇注重與社會問題和個人知識相聯繫。課程內容的組織以整合爲基本原則，注重從知識內在的邏輯統一，以特殊問題或興趣爲中心，以及知識結構三方面去整合。學習程序安排以學習者的經驗爲基礎，強調個人經驗是一切知識的基礎，教材內容應該盡可能符合學生的認知經驗。課程評鑑重視過程，輕視結果。人本主義教育思潮強調學習主體的重要觀點與進步主義教育及存在主義是一致的，尤其是其引領的開放教育，更是促使兒童中心課程備受重視，亦提供了落實活動課程的試驗場所。

　　人本主義課程理論在形成過程中也吸收了存在主義的一些哲學觀點，他們把「人的存在」看作人的潛能實現的能動過程，主張整合人的高級和低級本性，接受存在主義著名的「我與你」（I-You）關係理論，強調師生之間的對話（單中惠，1996，第970-971頁）。存在主義的教育目的表現了極端的個人主義和個人的主觀性，認爲教育的目的在於使人認識個人的存在，形成自己獨特的生活方式，爲此，教育應該使學生形成眞誠、選擇和負責的生活態度（陸有銓，1997，第133頁）。在存在主義者看來，學校課程最終應由學生的需要來決定，要考慮學生的態度，要以人格世界爲重點，以人文學科爲主（廖哲勛、田慧生，2003，第132頁）。

二、人本主義課程思潮的基本主張

　　人本主義課程思潮強調以兒童爲中心，在課程目標、課程內容、課程實施和課程評鑑等方面提出了明確的主張。

(一)課程目標：個體自我實現

人本主義課程論者批評博比特（F. Bobbitt）和泰勒（R. W. Tyler）等人提出的課程模式只注意解釋、預測和控制外部行為，忽視了學生行為的主體意義，主張課程要適合學習者的內部和外部的需要。在課程目標設計上重視「個體」及「自我實現」兩個關鍵概念，強調個人潛能發揮，注重個人自由、價值與尊嚴。「要為每一個學習者提供有助於個人自由和發展的、有內在獎勵的經驗。教育的目的是……個性完善的過程，……自我實現這一理想是人本主義課程的核心（約翰·D·麥克尼爾，施良方等譯，1990，第4頁）。」這些主張具體體現在全美「輔導及課程發展協會」的工作小組制定的教學目標中，諸如：「接納學習者的需要、理想，發展其經驗，各種教學方案應重視學習者的獨特潛能」；「促進自我實現，盡力使學習者獲得學習上的滿足」；「使學習者民主參與教育活動，教育措施個體化、具體化」；等等。

(二)課程內容的選擇：適應性原則

從自我實現的課程目標出發，人本主義課程論者提出了課程內容選擇的原則——「適應性」（relevance）原則，實質上是傾向於學習者中心的課程選擇。在里奇（Rich）看來，「完整的適應性概念，不僅應與主要社會問題及個人知識相關聯，而且應能幫助我們瞭解、控制自身和社會，幫助我們增進和有效評價知識（黃志成，2008，第356頁）。」從適應性原則出發，曼寧（D. Maning）詳細列舉了課程內容選擇的九條標準：有用性標準；普遍性標準；最大回饋標準；缺失性標準；困難性標準；生存性標準；適當性標準；質量標準；興趣標準（黃清，1992，第16-17頁）。這九條標準集中強調了課程與學習者的日常生活、社會狀況相聯繫，同學習者的興趣、能力、需要相聯繫，強調關注「人口爆炸」、「環境保護」等人類的共同問題，強調課程內容要關注學習者多方面的興趣價值，課程的難度要適中。

(三)課程內容的組織：整合

在人本主義課程論者看來，每一個人都應該作為一個完整的人（包

括感情、觀念和情緒）對所參與事物的整體做出反應，課程組織要顧及學習者的興趣、能力、需要。同時課程組織也要兼顧課程的社會性和邏輯結構，課程不以應該分得過細，否則不利於學習者獲得「完整的經驗」。所以，學校課程組織要注重「整合」（integration），這是人本主義課程組織的基本原則。課程整合有三種方式，從知識內在的邏輯統一性、以特殊的問題或興趣爲中心、從知識的結構加以整合。在具體的整合過程中，要具體作問題分析。賈勒特（J. L. Jarrett）以特殊問題和學習者興趣爲中心，提出了整合中學課程五種方式：文化史、主題法、焦點法、美學和流行藝術（黃清，1992，第17頁）。美國加州柏克萊學區實施的「我們文化遺產教育方案」就採用「文化史」模式，按照年代次序記載歷史事實，探討有關政治、哲學、經濟、藝術等問題。賓州「人文學科委員會」採用主題法，設計六大人文學科主題（尋求眞理的人、尋求自由的人、尋求美的人、人與自然的關係、人與社會、人與神的關係）。此外，福謝依還從培養自我實現的人出發提出由認知課程、情意課程、體驗課程組織的課程整合結構（鍾啓泉，1992，第165頁），堪稱整合典型範例。

（四）課程的實施：基於經驗，歸納學習

　　人本主義課程實施注重以學習者經驗爲基礎，強調人的尊嚴和價值，重視人性發展，歸納學習。具體實施有情意發展、經驗學習、價值澄清法、感受性訓練。情意發展重視分析、體驗和具體情感和情緒表現，包括整合教育、心理教育、價值教育。其中整合具體方式很多，喬治·布朗（G. I. Brown）提出「背對背」、「身體旅行幻想」、「完形技巧」等40種方式，將認知學習與情感經驗協調起來，從而促使學習者在生理的、心理的、認知的，以及情感、道德、審美諸方面獲得全域發展。布朗設計的整合教育方案，得到福特基金贊助，發展爲「整合教育師資培訓及課程發展計畫」，在加州大學實施。經驗學習強調教學內容儘量符合學生的認知經驗，這是自覺的、主動的學習，學生完全投入，自我導向。學習結果由學生自己評鑑。價值澄清法是價值教育的主要方式，強調獲得價值觀的過程，即思考和理解不可避免地選擇價值觀和決定價值觀的過程，而不是價

值內容本身。感受性訓練指個人的感觸或感知力訓練，內容包括情感、感受、價值和態度。訓練方法主要有羅傑斯「感受性團體訓練」，包括「相互攪拌」、「引導表達」、「自我接納」和「緊密聯繫」四個過程。

㈤課程評鑑：關注思維與情感

人本主義課程評鑑有所創新，評鑑目標不是側重對事實的記憶，而是側重學生的認識、情感及心理動作能力，重點考查學生經由實際活動所建立的新的思考、行動與情感。評鑑方法的設計堅持解釋學、精神科學，採用個別敘述方式，諸如陳述性報告（narrative report）、學習檔案法（learning portfolios）、契約評鑑法（contructual grading）、自我評鑑法（self-evaluation）等等。羅傑斯認為學生自我評鑑是「以學習者為中心」考查評鑑的最佳方式，提倡學生自己提問、自編試卷、參與評鑑、公開討論等具體操作方式。這些評鑑方法強調多元化，注重學生的積極參與，是一種以「促進」而非「檢查」為宗旨的評鑑，有助於幫助學生「打開他獲得經驗的道路」（羅伯特‧梅遜，陸有銓譯，1984，第234頁）。

此外，人本主義課程的研究方法體現出濃郁的人文精神，整體的人格觀、整體的學習觀、創造性人才觀等，均很有特色。

總體上講，人本主義以人的自我實現為核心的課程理論，倡導適合學習者的需要，把學生作為整體的人看待，倡導思維、情感和行為的「整合」，重視情意課程，重視創造活動，提倡學生小組互助，強調學生的自我學習與評鑑等等，既是對業已存在的社會問題或教育問題的及時應答，又體現了教育發展的一些規律性特徵。中國大陸有學者認為，人本主義倡導的充分發揮和實現人的各種潛能的觀念與馬克思主義提倡的人的全面、自由發展的思想是一致的（單中惠，1996，第989頁）。人本主義課程所提出的完美人格的形成，觸及全人類一個非常嚴峻的且必須正視的問題，這個命題的意義在後現代社會已變得非常突出。人本主義課程理論中的一些觀點在後現代主義課程理論中得到進一步發展。不過，人本主義課程在倡導人的自我實現，尊重人的價值之同時，助長了反理智主義，造成學生學力低下、紀律渙散。在理論上，人本主義課程理論過分誇大人自然

潛能的作用，沒有看到「人只有憑藉現實的、感性的對象才能表現自己的生命（中共中央馬克思恩格斯列寧斯大林著作編譯局譯，1979，第168頁）」，忽視社會對學生發展的現實性和可能性的必然制約的一面，反過來，又影響到人的整體發展，使人的自我實現最終難以實現。

 ## 第四節
開放教育：兒童中心課程思潮的實踐典範

開放教育課程是兒童中心課程的典型代表，其理念也可以上溯到盧梭的自然主義思想，尼爾（A. S. Neill）是開放教育的創始人。到二十世紀60年代，由於學科結構課程盛行，學生的自主性、好奇心、學習興趣、人格發展受到影響，古特曼（P. Goodman）、霍特（J. Holt）等人根據自然主義和人本主義精神，在尼爾課程思想的啓迪下，豐富和發展了開放教育課程思想。開放教育的課程思想集中體現在英國的夏山學校、日本的緒川學校的課程實踐。

一、開放教育的理念

培養一個自我成長的人是開放教育追求的理想（陳伯璋、盧美貴，1991，第9頁）。合認知性、合價值性與合自願性的統一是夏山學校教育理念的具體規定。開放教育的重要領導人尼爾反對學校教育僅僅強調人類生存所必需的基本知識，認爲情意教育至關重要，主張教育目的不僅僅是認知的充實，更重要的是完整人格的教育，以使兒童產生對生命的熱愛。也就是說教育要注重認知性與價值性的統一。與此同時，尼爾認爲，一個完整人格的人，也是一個眞正自我實現的人，因此，兒童的活動和選擇都不是在教師強迫的情境中完成的。換言之，教育實踐要以尊重兒童自主性爲前提，要使學習者不受外界的壓抑，自由地發展其潛能。那種「控制」式的教育超越了兒童的意願，它爲了達到某些特定的目的而強求兒童做事情，沒有做到「合自願性」，常常有害於兒童身心健康與平衡。教育的目的是希望兒童在融洽的人際關係中，以自由爲意志，合情、合理、合法地

有效地處理好事情。「唯有堅持這種教育理念與態度，才能造就一個凡事有主張、做事有決心與毅力的人，這種人可以不必借助外在的刺激力量，就能靠著周邊一草一木的啓示，自動自發地去完成自己份內的工作，而且從多方面自我成長（陳伯璋、盧美貴，1991，第9頁）。」

二、開放教育的特徵

尼爾對蒙特梭利的課程論提出了批評。他認爲蒙特梭利一方面倡導兒童的自由活動、自由選擇；而另一方面卻要求兒童遵守一定的規則，恪守一成不變的道德觀。從浪漫自然主義教育哲學的基本信條出發，尼爾將自由活動課程發展到極端的境地。在夏山學校，由各科教師提供各科的授課時間表，供學生自由選擇。高年級學生可以根據個人的興趣、需要與能力選擇課程。低年級學生則可在自願的基礎上跟班學習，也可到工藝或手工室去操作。而且學校沒有特定的教材，也沒有考試制度。

在自我成長的課程理想支配下，開放教育非常重視兒童的態度和自由，課程設計和實施都趨向於兒童中心課程。在課程形式上表現爲以下十大特徵（陳伯璋、盧美貴，1991，第7頁）：開放的學習空間；彈性課表；分組與個別化學習；統整學習；混齡學習；創造性活動；互相尊重，重視兒童責任感的培養；師生間互動與溝通；師生關係開放；形成性評鑑。

開放教育的活動課程設計與實施都體現出「合自願性」的規定，體現兒童的態度和自由。充分讓學生爲自己而爲，而非爲考試或爲父母。實踐表明，離開夏山學校的孩子，長大後都能以自我指導的方式來教養他們的子女，親子之間的互動關係顯現非常溫暖，他們的子女也都表現自動自發，而且生活在快樂之中（陳伯璋、盧美貴，1991，第17頁）。在日本的緒川學校，孩子自我判斷、自主行動是重要的教育目標，學校常常出現孩子拒絕放學的現象。但是，開放教育強調自由，並非放縱。尼爾特別強調，自由是規範中的自由，不是爲所欲爲的無政府狀態，自由必須服從規則。而自由是緒川學校一種極爲神聖而莊嚴的責任，不是常人所理解的放任與隨便。

三、開放教育課程實施

開放教育的課程是典型的兒童中心課程。實質上是一種經驗課程，它的特色在於課程的綜合化、教材的生活化及教學活動化。它主張兒童的學習經驗是統整的，不受課業的支配，不分科，以兒童活動為中心，而活動的安排以兒童的生活和經驗為中心，統整教材和學生生活，將閱讀、寫字、計算等課程融合到每天的活動中，統整的範圍包括：統整兒童過去的經驗，以適應兒童的興趣和需要；統整兒童的空間，使兒童在規矩內，可以自由進出任何空間；統整校內外環境、孩子興趣和教材，統整學校，讓兒童經歷不同的年齡團體；統整老師和兒童間的生活；統整兒童的家庭生活與學校生活。教學過程多以活動方式進行。

開放教育課程拓展了學校教育的「人性」層面，注重以兒童為本和綜合性活動。實質上是人本主義和活動中心課程的結合。開放教育課程將學生視為一個完整的個體，致力於整體學習經驗的提供，因此，所設計的活動比較重視各種活動之間的相互關聯。在夏山學校，音樂、美術和舞蹈，並不是獨立的學科，沒有單獨的教材。緒川學校有趣而充實的「開放時間」，可以使學生專注與探究自己感興趣的主題。夏山學校的體育活動，不強調體育技能的訓練或為比賽而運動，注重運動精神包括合作精神的培養。「自治活動」是夏山學校的特色；它是學生自動自發的實踐活動，以培養學生獨立自主的精神、與人合作的態度及群性行為為目標。緒川學校「獨立王國組織」有助於學生各種自治意識的養成。夏山學校非常重視「遊戲」、「角色扮演」和「即興演戲」（spontaneous acting），尼爾認為演戲是教育上很重要的一部分，即興表演是夏山學校最富有創意的活動。緒川學校利用春、夏、秋、冬活動激發兒童的創造力。「討論」是夏山學校課程結構的組成部分，每週星期二晚上，尼爾就帶領討論問題，涉及問題包括心理學、道德善惡自治、講髒話等，師生暢所欲言。緒川學校則通過愉快午餐為孩子們提供接觸與溝通機會，鼓勵孩子們互相交談或做心靈的接觸與溝通。開放教育課程成功地融合了浪漫進步主義課程和人本主義課程思想，集中體現出課程的活動性、綜合性、人本性和開放性，

給學生一個「留白」的世界。出於對人性的尊重，開放教育尊重兒童的
興趣、愛好、個性和價值觀，重視活動尤其綜合性活動對全人發展的教育
價值，這正是歷史上由於權威主治下教育實踐曾一度失去的精神，而且必
將在以後的教育發展過程中不同程度地成爲教育理論和實踐追求的理想。
社會學家伊利希（I. Illich）曾對學校教育批判道：「今天的學校已成了另
一官僚體制的『巨獸』。……學生們不是自動自發而符合其興趣的學習，
他們不是快快樂樂地到校，也不是愉愉快快地回家。一天當中最快樂的時
間，竟是等待最後一節鐘聲響的刹那──『解脫了！』學生們是被迫地去
適應學校，他們是爲『別人』──成人而活。他們是實現成人期望的『工
具』……（陳伯璋、盧美貴，1991，第245頁）。」如果說伊利希所描述
的學校教育不會消失的話，開放教育所追求的教育理念就不會沒有存在的
理由。

第五節
兒童中心課程思潮的特徵與問題

　　兒童中心課程思潮有哪些基本特徵，還存在那些突出的問題，這是全
面瞭解和把握思潮應該回答的問題。

一、兒童中心課程思潮的基本特徵

　　拉格和舒梅特在《兒童中心學校──對新教育的估價》（1928年）一
書中對二十世紀20年代後期先後出現的具有兒童中心傾向的學校實驗進行
了系統研究和評鑑。他們將兒童中心學校所具有的共同特徵進行概括，其
中關於課程建設的有：重視兒童主動性；強調活動；把興趣當作教育的基
礎；重視創造性的自我表現；注重個性發展；等等（Rugg, H. & Shumaker,
A., 1928, pp.54-67）。進步主義教育協會祕書斯賴德撰寫〈什麼是進步主
義教育〉一文，將進步主義實驗學校的共同特徵歸納爲十二個方面，其
中與課程相關的是：學校爲兒童，而不是兒童爲學校；對身體的、心靈的
和精神的健康的極大關注；興趣代替命令；有益和積極的團體活動；個性

是注意的目標；創造是本能的恰當的表現形式；讓世界走向學校，讓學校走向世界；審美、藝術獲得了重要的地位；學校中的教科書、考試、測量、分數、分班、時間表、懲罰的重要性大爲降低（張斌賢，1997，第127-128頁）。斯賴德關於進步主義教育運動的界說實質上就是對「兒童中心」學校教育實驗的總結，因爲這段時間是兒童中心已經從「溫和」走向「極端」。概而言之，兒童中心課程思潮有五大特徵。

㈠基於兒童，課程從屬於兒童

從古代到十九世紀，兒童順從於課程一直占統治地位。盧梭第一個發起對課程作全新的探討。在其名著《愛彌兒》中，盧梭反其道而行之，將課程從屬於兒童。英國亞當斯（John Adams）將此種態度稱爲「兒童中心主義」。

歐美浪漫進步主義教育運動直接繼承並進一步發展了盧梭等人將課程從屬於兒童的觀念，從兒童是一個「有機體」出發，強調兒童是一個整體的兒童，注重兒童的個性自由，課程設計以兒童爲起點。它倡導「人類的目標就是自由」，主張任何事物都沒有生長中的兒童的身心更值得愛護、尊重，特別重視自然、生長和兒童的發展。愛倫・凱（Ellen Key）進一步發展這種觀念，認爲「教育應以兒童爲中心，任何有強迫意義的計畫教育都要取消」（賈馥茗，1976，第442頁），其著作獨具匠心地取名爲《兒童的世紀》。

帕克是美國教育史上倡導兒童中心課程論的第一人，其全部教育思想的基本問題是對兒童及其在教育中的地位的認識。他認爲，「一切問題中的問題，並且確實是永恆的問題是，什麼是受教育者？什麼是兒童？……這是世界的中心問題。」所以，「我們應該研究兒童，通過他的活動及活動傾向來研究。」學校和老師所能做的，「首先，我們應當承認兒童的崇高地位，兒童的非凡力量和神奇的能力；其次，我們要爲他們從事充分活動提供條件（張斌賢，1997，第43頁）。」杜威在《兒童與課程》一書中對以兒童爲起點設計課程的思想進行高度概括，認爲這是教育重心的大轉移，類似於哥白尼把宇宙的重心從地球轉到太陽，爲兒童中心課程思潮起

到推波助瀾的作用。

㈡通過兒童，基於兒童的興趣，實現課程理想

兒童中心課程論者大都堅信，教育應當最大限度地滿足兒童自我發展的需要，課程雖然重要，但畢竟只是實現目的的手段，教育中首先應當關心的是兒童，關心兒童的自然力量，通過兒童的自然力量實現兒童的自我發展。這樣，課程組織不是圍繞課程內容進行，而是以每一個學生爲線索，學生關心的事情、主題和問題成爲課程的內容；課程設計不強調預先設計，而重視師生活動的過程，課程的進程、順序都隨師生合作「生長」的過程而發生變化。浪漫進步主義課程論者的「活動設計」、「經驗設計」、「學生中心設計」，以及後來針對二十世紀60年代強調學科課程而提出的「開放設計」、「自由設計」、「人本主義設計」都是基於這些理念，其課程由兒童的需要和興趣決定，而不是讓成人來考慮兒童需要什麼或者在什麼方面有興趣。一言以蔽之，兒童中心課程思潮強調的是通過兒童自己而不是其他來發展兒童，正是因爲如此，兒童中心課程論者才非常重視兒童的「興趣」、「自由」、「直接經驗」、「民主」、「自我活動」等，強調教師的作用是鼓勵，而不是監督。

㈢把兒童視爲一個整體

浪漫進步主義教育運動將兒童看成一個有機的整體。浪漫主義教育大師克伯屈就其涵義作了解釋說：「有機體的行動，其感覺就是一種有機的統一體，包括思考、感情、生理的活動及腺體行動。所有的動作整體，不在個別的事物，而在一個有機體的層面（楊國賜，1982，第64頁）。」兒童的生命就是一種統合，在兒童自己的心理世界內的統一和整合。整體的兒童（whole child）一方面指我們在任何時候都不能忽視兒童生活的各種不同的方面，另一方面指兒童是一個經驗的有機體，爲諸事件、關係、感情、思想和事物的整合體。人本主義課程的研究方法就是把學習者當作整體，將促成兒童整體的和健康的人格作爲教育的首要任務。人文主義主張用整體方法研究人，注重人的潛能和價值的實現。羅傑斯的教育理想就是爲社會培養「完整的人」（whole man），其涵義指「軀體、心智、情

感、精神、心靈力量（psychic power）融會一體」（方展畫，1990，第77頁）的人，這是羅傑斯的教育理想。

㈣注重情意、個性發展，注重兒童的表達和創造

從兒童是「整體的兒童」出發，兒童中心課程論者更加關注兒童的情意、個性的發展，在課程實施過程中強調兒童的創造和表達。以帕克和蒙特梭利教育原理為基礎的實驗學校和課程論者，注重對兒童的個別差異的尊重、學習進度的個別化、創造活動的設計等，其目的就是為了使兒童表現自己、發現自己的個性。人本主義課程思潮將學生情意發展作為重要的評鑑標準；以表現主義文藝思潮為依據的實驗學校和課程論者，尤其注重兒童表現能力的發展，重視兒童的自由創造；以佛洛伊德精神分析學說為工作原理的學校和課程論者，激烈抨擊傳統教育對兒童個性和人格的壓抑，主張廢除教師權威和教科書權威，培養兒童具有情感、思想和行動獨立的精神。這些思想和行動傾向在本質上反映和助長了「兒童中心」思潮。

此外，在活動中，通過經驗學習，是兒童中心課程的重要特徵，鑑於這一特徵是活動中心課程思潮的核心追求，不再贅述。

二、兒童中心課程思潮的問題

兒童中心課程思潮得到了人們不少支持和理解。諸如：容易使學習變得真實和有意義；利於培養學生的個別差異；為學生提供有效的對付校外生活的技能；重視人，重視「人性」，要求教育給學生更多的關愛，重視學生的學習興趣和情感生活，強調讓教育適合學生，是任何時期教育改革都不能忽視的。但是，兒童中心課程也引起了人們的擔心，遭遇到不少批評。拉格和舒梅特客觀地分析了「兒童中心」學校的共同缺陷：缺乏計畫、缺少連貫性、缺乏對心理學的充分瞭解、缺乏明確的方法論、極端個人主義傾向等等（Rugg, H. & Shumaker, A., 1928, pp.314-318）。要素主義者巴格萊對進步主義教育理論和實踐提出了七條意見，其中「不相信精密的和要求嚴格的科目」、「對活動計畫、活動課程的片面強調」等（華

東師範大學教育系等，1980，第151-155頁），實質就是針對兒童中心課程。雖然有些過激，但的確有些道理。總體上審視兒童中心課程思潮，其缺陷主要包括以下幾方面：

第一，以學生感覺到的需要和興趣來設計課程，不可能保證爲生活做充分的準備。儘管通過這種設計學生可以學到許多重要的技能和概念，但總體上忽視了教育中關鍵的社會目標。

第二，課程缺乏連續性。學生的興趣對各種常常無法控制的遺傳和環境因素的反應在一段時間裡是飄忽不定的，因此，此時的學習的連續性是很難保證的。課程設計的順序不僅以興趣爲基礎，除此之外，還有成熟性、經驗背景、先前學習、效用和難度（瞿葆奎，1988a，第304頁）。此外，依賴個別差異和環境的個別興趣是如此多樣，很難控制興趣中心的類目。

第三，對教師的要求很高，不易大面積達到預期效果。因爲兒童中心課程設計無結構和順序，它依靠師生之間的相互活動，因此需要特別能夠勝任的教師，這種教師知識必須廣博，必須精通兒童生長發展和人際關係的錯綜複雜性，否則學習就是空洞沒有結果的。大學和師範院校很難爲兒童中心課程設計培養這樣的教師。

第四，對「社會」的實際關照不夠。兒童和社會的關係，包括兒童發展與教師的責任、活動與課程的關係等，一直是進步主義教育家面臨的而沒有處理好的難題。他們並非完全沒有思考這些關係，但在實際的課程建設中並沒有或較好地兌現。以帕克爲例，雖然他強調「學校的社會因素是所有因素中最爲重要的，它比學科、教學方法、比教師本人更爲重要（張斌賢，1997，第48頁）。」但實際上，與其說他解決了這些問題，還不如說提出了這些問題。

第五，兒童中心課程思潮在認識上過分強調「自我」或「個體」的重要性，把「個人」凌駕於「社會」之上，容易導致個人主義價值取向，同時也容易忽視社會環境對個體後天發展的重要作用。

第六節
兒童中心課程思潮影響與啓示

　　兒童中心課程思潮伴隨著進步主義教育運動的衰退而走向低谷，又隨著人本主義心理學等理論的產生得到進一步發展，對世界教育產生了廣泛而深刻的影響，爲課程改革留下了一筆寶貴財富。

一、兒童中心課程思潮的影響

　　普里亞姆在其《美國教育史》一書中指出，二戰結束後美國教育界流行的很多改革，事實上都已經由進步主義教育運動以某種形式進行過。如，「以探究爲基礎的教學」、彈性教學（flexible scheduling）、個別化教學、開放教室、小組教學和不分年級學校等，在兒童中心課程運動中都曾以某種形式出現和實驗過。克雷明在《學校的變革》一書中認眞分析了進步主義教育運動留下的遺產。透過這些研究我們容易發現，以課程改革爲中心的進步主義教育運動導致了歐美教育的整體變革，從目標、內容、教學組織、師生關係到教育教學評鑑等方面都發生了明顯的變化。

　　第一，進步主義教育運動引起歐美學校對兒童特殊需要的更大重視，推動了學校課程重組。它爲大量學生提供了學習商業、農業、家政、體育和藝術的機會，教學材料有了顯著的變化，形成了多樣化和更靈活的學生小組。

　　第二，進步主義教育運動豐富了歐美學校課程的基本特徵，諸如：瞭解兒童的興趣；兒童經驗的應用；對個別差異的重視；教學內容適應個人和社會的需要；教室布置具有彈性；對所有人的尊重；擺脫學術課程的局限；課程的廣泛選擇；良好的校園氛圍。

　　第三，進步主義教育運動基於對城市社會和工業文明本質的深刻理解，確立了重視人和以人的解放爲出發點實現社會改造爲核心的課程哲學觀，進而引起教育體系諸方面的巨大變革。雖然浪漫進步主義教育運動所主張的兒童中心課程遭到批評，但是運動所抨擊的主智主義和權威主義已經不再占教育的統治地位了。

　　第四，進步主義教育運動對西方傳統教育進行了深刻反思和批判，肯定和光大了盧梭、裴斯塔洛齊、福祿貝爾強調兒童的興趣、活動、自由、經驗的教育學意義，立足於現代生物學、心理學等新的研究成果，對學校課程設計、實施等提出很有意義的見解。這些觀點逐步改變了人們對知識、兒童、課程等方面的看法，達成了一系列新的共識，對後來的學校課程、教材、教法改革有著重要的指導作用。

　　第五，浪漫進步主義兒童中心課程實質上也就是課程實驗運動，這場運動孕育並鍛鍊了一大批新學校。這些新學校不僅爲社會培養了一大批新學生，而且嘗試探索出課程改革的思想，產生了課程實驗的原理，形成了值得今人進一步發揮的課程實驗精神。這些思想和精神一直鼓勵著世界範圍內課程改革的有志之士堅持課程改革，探尋教育科學化之路。芝加哥薩德伯里學校堅持以學生爲中心，甚至宣稱自己沒有課程。學校裡每件事情都基於學習者的選擇。如果一個學生想學習關於昆蟲的知識，那麼昆蟲就成了他的學程。教師的職責是盡其所能來促進學習者的探究，重在學習和研究，而不是教和指導。大石薩德伯里學校模式（The Big Rock Sudbury School Model）的獨立學習、混齡、自我評鑑和回饋、民主管理、解決爭端的程序、教職工的角色等和夏山學校的教育哲學之間有相似性。但1921年夏山學校建立的時候，這些思想是激進的兒童教育思想。自我管理、自主選擇和「自然主義」方法則是夏山學校和薩德伯里學校共同持有的教育概念。

　　第六，人本主義課程對美國教育實踐產生了積極的影響。1973年提出的中等教育改革方案，把內容目的和過程目的作爲教育目的的兩大方面（陳照雄，1986，第293-294頁），就明顯地吸取了人本主義課程的理論觀點。或者說，美國二十世紀70年代課程改革口號就是「人本主義」。美國70年代以後中小學出現的開放教室、個別化教學、開放走廊等與人本主義課程觀有著密切的聯繫。

　　第七，人本主義課程對當代許多國家的課程建設、教學方法都有一定影響。許多國家強調課程的情感性，強調課程與學生的現實生活相結合，普遍重視自我教育法、陶冶教育法、同伴影響法，不能說與人本主義課程

沒有關聯。1972年聯合國教科文組織出版的《學會生存——教育世界的今天和明天》明確提出，教育的目的就是「培養完人」，「爲一個新世界培養新人」，規定「教育的一個特定的目的就是要培養感情方面的品質，特別是在人與人的關係中的感情品質（聯合國教科文組織國際教育發展委員會，華東師範大學比較教育研究所譯，1996，第192、194頁）」，實際上吸取了人本主義課程理論的一些關鍵思想。

第八，兒童中心課程思潮對日本教育也產生了一定的影響。以西山哲治創辦帝國小學（1912年）和出版《兒童的權利》（1918年）爲開端，兒童中心課程思潮逐漸對日本學校課程產生影響。分團學制、道爾頓制廣泛用於日本的普通教育，尤其是小學教育。學校課程漸漸以兒童興趣爲中心，教學內容強調兒童的興趣和欲望，注重「社會生活單元」，課堂教學注重兒童自主的社會生活活動。

第九，兒童中心課程思潮對中國的課程理論和實踐均產生了不可忽視的影響。陶行知的生活教育、李廉方的合科教學、俞子夷的「不徹底的」設計教學、陳鶴琴的活教育等，都吸收了兒童中心課程思潮的合理元素，尤其陳鶴琴是將兒童中心課程理論中國化的典型代表。其課程論主張「大自然、大社會都是教材」，提出了諸如「凡兒童自己能夠做的，應當讓他自己去做」等12條教育原則（北京市教育科學研究所，1991，第72-131頁），集中體現了兒童中心課程思潮的基本精神。此外，陳鶴琴指出的活教育與舊教育（死教育）的十大區別，非常明顯地顯示出兒童中心課程論的基本思想。兒童中心課程思潮對中國課程實踐也產生了一定的影響。中國1922年學制從內容到形式都明顯具有兒童中心課程論的觀點。1922年商務印書館編輯發行的《新學制國語教科書》，初小用教材幾乎全是兒歌、童話、民謠、寓言等。

中國大陸目前課程理論與實踐正在強調「育人是課程設計之本」、「一切爲了學生」、「一切從學生出發」等課程觀念，明顯具有「人本」趨向。這一方面與人們對課程問題的反思有關，另方面也與近年來課程理論工作者對兒童中心課程理論與實踐經驗的引進不無關係。

二、兒童中心課程思潮的啟示

以兒童爲本位，注重從兒童的身心發展特點和實際需要出發，強調與社會現實密切聯繫，注意實用知識的傳授等，無疑對教育改革有著明顯的積極意義。但是過分強調兒童的需要和興趣，必然影響知識的系統性和整體性，破壞學科本身的內在邏輯性。在二十世紀30年代，應中國政府之邀，由德國、英國、法國等歐洲國家代表組成的國際聯盟教育考察團對中國教育進行研究，結果指出，中國教育存在「膚淺的美國化」趨向，認爲「對於美國在中國教育上過分之影響所造成顯著之結果——即使不謂其爲驚人之結果——實有加以特別重視之必要」，等等（王炳照、閻國華，1996，第212頁）。雖然國際聯盟教育考察團的批評言之過激，但它正好從另一側面說明中國課程改革的兒童中心趨向。當前，中國大陸社會正處於轉型時期，課程研究、課程改革比以前任何時候都顯得格外重要。重新審視兒童中心課程思潮，無疑對解決課程領域一系列實際問題，有深刻啓示。

㈠ 擺正學習者的位置

檢視教育發展史，我們不難發現，自盧梭倡導讓課程從屬於兒童以來，不同時代的教育改革最終不可能丟掉兒童，關鍵在於如何擺正兒童的課程地位。兒童中心課程思潮把兒童擺在中心位置，讓課程從屬於兒童，爲兒童服務，在主智主義、集權主義盛行的時代，具有重要的糾偏救失意義。然而，兒童並非影響課程建設的唯一要素，因此，兒童中心課程思潮也受到來自各方面的批評。由此可見，學校課程改革一定要重視兒童的身心發展規律對課程內容、進程等的制約作用，重視兒童生活經驗，重視兒童的現實需要，又不能忽視社會、文化、教師等諸多因素對課程建設的制約。課程建設必須考慮兒童，但不能僅僅考慮兒童，要基於兒童的興趣和經驗，更要以促進兒童發展爲終極目的。

㈡ 課程實施要突出兒童的主體地位

傳統課程實施基本上教師中心，師生是管理與被管理的關係。這種

關係阻礙師生交流，容易使學生喪失學習的積極性。兒童中心課程思潮強調突出兒童在課程實施中的自主性和主動性，使教師成為學生學習的促進者。浪漫進步主義課程論者將兒童視為「太陽」，人本主義課程思潮把學生的自我實現作為教育理想，倡導師生之間的真實、理解、接受，主張學生的有意義學習。這在師生關係發展史上是一次革命。現在學校課程實施也強調兒童主體性，但往往受「應試教育」的影響，主觀上重視兒童的主動性、客觀上又突出了兒童的受動性，如何使課程實施真正凸顯兒童的主體地位，應該認真反思兒童中心課程思潮所倡導的兒童觀念，尤其研究人本主義課程實施中所體現的師生關係。

㈢ 重視學習者作為「人」的存在

兒童中心課程思潮最為核心的思想還是重視學習者作為「人」的存在。進步主義教育運動和人本主義教育運動都主張把兒童從教師的權威下解放出來，將兒童從主智主義的種種束縛下拯救出來，讓兒童面對一個完整的世界，讓兒童有一個健康的人格、健全的大腦。它們的可取之處就在於能夠始終從「人」的高度理解教育，設計課程，以「人」作為評鑑教育成敗的尺度。具體而言要把握以下兩點：

其一，正確地理解「人」和把握「人」，是社會發展對教育發展的必然要求。隨著西方後現代化進程的加快，物質生活空前富裕，科學技術空前發展，將會給人類帶來嚴峻挑戰，人類的秩序將在更高程度上被打亂，人的異化、人格失缺現象會大量增加，人的生存空間、人的情感、人際交往等將會面臨嚴重危機。社會這一切的變化必然給教育帶來更多、更大、層次更高的考驗。教育發展必須以「人」的理解和把握為前提。

其二，全面實施素質教育，也必須以確立「人」的觀念為契機。中國以及亞洲一些國家「應試教育」的地位居高不下，究其原因，固然與各國傳統文化、民眾的世俗觀念等要素有關，但這些觀念的深層還是「人」的觀念沒有確立起來。西方國家兒童中心課程思潮重視學生的興趣、需要，重視學生的能力與情感培養，重視學生的創造性培養等，都值得進一步研究和借鑑。

㈣注重兒童的整體發展

兒童的整體發展涵義有二。其一，整體發展不等於全面發展，而是指兒童個體在其所存在的環境中盡可能充分地發展。每個兒童都有獨特的個性，如果教育能夠充分注意並發展每個學生的自然天性，那就體現出了教育的價值。其二，整體發展至關重要的是兒童的和諧發展。學生步入社會，解決實際問題所依賴的活動能力並非過去所學的某一方面的獨立運用，而是多方面的綜合運用，在運用過程中往往需要整合過去的經驗，找到或發現解決問題的方法。因此，在每個孩子自然天性盡可能充分發展的基礎上盡可能做到和諧發展，形成整體的認知結構，應該成爲教育的終極命題。中國教育一直在「應試教育」的社會氛圍中片面重視知識教育，儘管教育理論界和社會有識之士對兒童整體發展呼籲已久，但實際效果並不理想，關鍵在於將兒童的情意、個性、知識等看成彼此分割的部分，忽略整體。兒童中心課程思潮的「整體的兒童」教育觀，值得深入考量！

社會中心課程思潮

　　從總體上看，二十世紀前半期在美國興起的社會改造主義課程思潮是社會中心課程思潮在理論上最引人矚目的發言人，同時在實踐的層面，社會中心課程思潮還影響了蘇聯的課程變遷，並體現在德、意、日、美等國的國家主義課程之中。

第一節
社會改造主義課程

　　改造主義是從進步主義教育運動中派生出來的。30年代，改造主義只是進步主義陣營中的一種力量，即以康茲（G. S. Counts）和拉格（H. O. Rugg）爲代表的進步主義左派。1932年，拉格在《進步主義教育》雜誌上發表題爲〈通過教育改造社會〉的論文，康茲和著名學者克伯屈（W. H. Kilpatrick）則分別出版《學校敢於建立一個新的社會秩序嗎？》和《教育與社會危機》兩部著作，這標誌著改造主義的初步形成。1933年和1934年，由克伯屈和康茲分別主編的《教育邊疆》（*The Education Frontier*）一書和《社會邊疆》雜誌的出版，使社會改造主義的影響進一步擴大。但直到50年代布拉梅爾德（T. Brameld）出版他的一系列著作，如《教育哲學的模式》（1950年）、《趨向改造的教育哲學》（1956年）、《教育的文化基礎──跨學科的研究》（1957年）後，改造主義才成爲一個獨立的思想派別。社會改造主義繼承了進步主義強調教育與社會的聯繫的基本原則，並進一步發展了這種原則，明確提出教育要致力改造社會，學校課程也應致力於社會改造，主張問題中心課程。

一、危機時代與教育使命

　　社會改造主義自稱是「危機時代的哲學」。二十世紀30年代的危機是美國國內的經濟危機以及隨之而來的社會動盪。1929至1933年整個資本主義世界的工業生產下降了30%，世界貿易額銳減三分之二。美國經濟也遭受了沉重打擊，工業生產指數急劇下滑，生產萎縮，金融混亂，農產品過剩，國際貿易範圍大大縮小，失業人數增加。有歷史學者描述說，「到處

都是銀行破產，通貨崩潰，工廠倒閉，到處是失業（A. 莫魯瓦，復旦大學歷史系世界史組譯，1977，第164頁）。」一些主要產業的工人組織起來罷工，社會制度受到衝擊。50年代的危機來自「冷戰」、軍備競賽和前蘇聯人造地球衛星上天。布拉梅爾德說，「我們今天生活在一個人類歷史上最大的危機時期的時代中（王承緒、趙祥麟，2001，第75頁）。」「人類已能在一夜之內毀滅文明」（王承緒、趙祥麟，2001，第75頁），「核戰爭的破壞」和「放射塵的不知不覺的破壞性威脅」令人驚駭，「一個已經動搖美國作為第一流工業強國的地位的強大的極權主義體系的興起」，「預兆又好又不好的對宇宙空間的逼近的征服」（王承緒、趙祥麟，2001，第77頁），以及美國到處侵略擴張而「與世界的政治關係惡化了」（趙祥麟，1992，第112頁），都是危機時代的表現。

　　布拉梅爾德曾指出，「改造主義者到處都有一種迫切的感覺，有一種迫在眼前的社會災難的感覺（H. W. 白恩斯等，瞿菊農譯，1964，第146頁）。」改造主義立足於時代的危機來重新審視教育學使命。在這樣一個由經濟危機、世界大戰、原子武器、極權主義和種族歧視籠罩著的動盪不安的時代裡，改造主義認為教育應致力於改造社會，尋找一種新的社會秩序。因為危機時代需要一種新的「社會藍圖」。而實現這一藍圖，就需要一種形式更為激烈的哲學和教育。「這些哲學不但顯示出對靜止的、溫和的，或相當保守的信念和行動模式的不滿，而且還謀求建立一種迄今為止人們還沒有認真研究過的模式（單中惠，1996，第711頁）。」就教育而言，面對危機時代社會文化的習慣、信念和信仰的混亂，教育更應強調其修改文化的功能。不僅要成為逐漸修改的力量，而且要成為我們文化徹底變化的力量。教育要少關心「個人生長」，多關心「社會改造」。「改造主義教育的中心目標——那就是把教育視為一種手段，來促進一個新呈現出來遍及全世界的民主文化（單中惠，1996，第714頁）。」正是在這個意義上，改造主義者批評進步主義教育是一種拖拖拉拉的「過程哲學」，只適用於「社會穩定」的時代。而改造主義教育則既關心手段，又關心目的，在「危機時代」對「社會改造」給予指導。康茲曾說：「進步教育如果要真正進步的話，就必須……勇敢地正視每一個社會問題（扈中平，劉

朝暉，1995，第1995頁）。」

二、學校課程應致力於改造社會

致力於社會改造的教育首先必須改造自身，當然也包括課程的改造。而在課程的改造中，重新設定課程的目標是最根本的。與改造主義相對立的新傳統派（要素主義和永恆主義）強調文化傳遞在課程目標中的重要性，改造主義者明確指出，強調傳遞的課程是完成不了改造文化的職責的。在危機的時代裡，課程的根本目的不是使學生適應現存的社會，而要培養學生的批判精神和改造現實社會的技能，以創立一種新的「理想社會」，「課程目標」應與「新時代的目標」一致。「課程內容的選擇」應與「社會文化的改造和發展」建立內在聯繫，體現價值的灌輸，促進學生「對自身的理解和對群體的理解，幫助他們瞭解階級之間和國家之間的權力結構或權力鬥爭，防止在這些問題上的錯誤觀念的產生（王天一、夏之蓮、朱美玉，1985，第229頁）。」課程評鑑不僅要考慮學生取得的成就和能力，更要重視學校課程對社區的影響，包括對社區輿論的形成、勞動階級政治權力的增加及生活質量的改善等方面的影響。正是根據上述標準，改造主義者認為，社會科學在學校課程中是「特殊有用的知識領域」，如「人類學、經濟學、社會學、政治科學和心理學」，因為它們能為改造社會「提供見識、情報和方法，可以用來在現代社會中為了有計畫的社會變化提供戰略（A. C.·奧恩斯坦，劉付忱等譯，1984，第111頁）。」

學校課程應遵循改造社會的課程—社會觀，不論是在二十世紀30年代的改造主義者的心目中，還是在50年代的改造主義者的思想中，都得到了一貫的體現。拉格曾經為設計新的學校課程制定了八項基本原則，其中即包括：「根據綜合的原則組織這些活動與材料，並與需要理解的意義保持密切相關」；「提供一切具有社會價值的技能」；「提供關於當代生活的重要問題和課題的實踐」；「通過自治的學校團體，建立一種社會合作的規劃」；「為創造力的表現和審美意識形成，提供充分的機會」等（張斌賢，1998，第183-184頁）。布拉梅爾德在50年代為四年制新型級學院設

計的課程體系更以「我們能有哪一種世界，我們要哪種世界？」爲中心題目（H. W.・白恩斯等，瞿菊農譯，1964，第155頁），這充分表達了改造主義試圖成爲「社會工程師」的強烈願望。他還指出，「課程對於文化改造過程中的障礙」，應「予以不斷的注意」。即便學習各類學科和各時代的偉大著作，目的也不在於學習這些古典作品本身，而是爲了「在文化再生的看法之下的教育的手段和目的上，取得他們所能提供的見解和指導（H. W.・白恩斯等，瞿菊農譯，1964，第156-157頁）。」改造主義者大都強調教育及其課程必須：「(1)批判地檢驗文化遺產；(2)不怕檢驗最有爭論的社會問題；(3)審慎地引起社會的（和建設性的）變化；(4)培養有計畫的態度；(5)支持學生和教師把社會的、教育的、政治的和經濟的變化的一定方案作爲整文化復興的手段（A. C.・奧恩斯坦，劉付忱等譯，1984，第111頁）。」

三、問題中心課程

　　基於改造社會的課程目標和行爲科學的有關理論，改造主義主張問題中心課程。以二十世紀30年美國卡內基基金會名爲《學生及其知識》的報告書的發表爲代表，進步主義的經驗課程論受到公開的譴責，40年代在美國得勢的要素主義主張學校有秩序地傳授以「文化的共同要素」爲核心的基礎科目。50年代，科南特（J. B. Conant）等人更強調把一些標準學科，如英語、數學、社會科學和自然科學，作爲課程的共同核心。對此，改造主義者甚爲不滿。布拉梅爾德在1959年批評說：「直到目前，典型的中小學和學院課程的結構，大體上是一個不連貫的教材的大雜燴（王承緒、趙祥麟，2001，第76-77頁）」，他認爲科南特提倡的課程結構不過反映了牛頓的科學哲學，是一種相互分割的原子論的課程。他呼籲「必須努力使課程結構具有意義的統一性」，因爲行爲科學表明，那種學科再劃分的方法愈來愈站不住腳。人性是作爲一個整體來表現的，推理、想像和意志並非各行其是，而是協調一致的。總之，必須制定一種體現統一性的課程，使其中的科目及其分科在一個統一的整體內完整地聯繫起來。這種課程就是問題中心課程。

　　社會改造主義認爲，問題中心課程應以「社會問題」爲中心，而不是以「生活問題」爲中心。進步主義者認爲兒童的各種本能活動和廣泛的生活問題都可作爲組織課程的中心，而且他們從「社會適應」對「個體經驗」的推崇出發，認爲課程內容主要應是兒童的生活經驗和「活動作業」。而改造主義則認爲，一般的人類生活問題是「膚淺的」或「過時的」，只有以社會問題爲中心的課程才有助於社會改造，學校課程只能以社會問題爲中心（趙祥麟，1992，第129頁）。社會改造主義的這一課程主張深深地反映在美國後來的課程設計之中。美國很早以來就有所謂「問題中心」課程設計模式。這一模式一直存在「生活領域核心」（the areas-of-living core）和「社會問題核心」（the social problems core）這兩翼。前者以普遍的而且不引起爭論的人類生活問題爲課程取材方向；後者則以當代社會中存在爭論並困擾著人們的關鍵性問題爲核心（瞿葆奎，1988a，第321-325頁）。顯然，前者是進步主義課程—社會觀在課程設計領域的體現，後者則是改造主義課程—社會觀影響課程設計領域的結果。社會改造主義以社會問題爲中心的課程思想，鮮明地體現在這一思想派別的種種課程和課程實踐之中。

　　㈠「拉格課程」

　　「拉格課程」即拉格在課程改革實驗中所構建的課程。拉格的課程改革實驗始於美國二十世紀課程改革歷程中至關重要的20年代，到1936年結束，前後歷時16年。實驗以進步主義教育運動中極具創新精神的林肯學校（L. A.·克雷明，單中惠、馬曉斌譯，1994，第311-319頁）爲中心，並在美國近四百所學校進行。實驗最初僅限於初中的社會學科課程，前後出版了6種初中社會學科教材、學生練習冊和教師參考書。自1932年起，實驗轉向初等學校，並編寫了供小學三至六年級用的社會學科教材共8卷。拉格課程在20～30年代的美國產生了廣泛影響。美國著名課程學者克利巴德（H. M. Kliebard）在談到美國課程史時曾說：「社會重建主義運動最引人注目的表現，也許就是許多學校採用了拉格編寫的一套包含這一運動基本思想的系列教材（江山野，1991，第220頁）。」

拉格強調以社會問題爲中心的單元設計，他曾提出組織課程應注意的幾個要點，最重要的就是要重新組織學科，用多種形式的活動形成學習單元（unite-of-study）。單元是以社會問題爲中心的社會學科課程設計的第一步，如「民主」、「戰爭」、「失業」、「效率」、「社會衝突」等；第二步是分析當代社會中政治、經濟和國際等方面的一系列社會問題，從中找出中心議題，如「民主的發展」、「婦女的解放及其所帶來的家庭生活的改善」等（江山野，1991，第220頁）。這些中心議題結合在一起，構成課程的基本框架。以會議爲基本方式，從各社會科學分支廣泛蒐集事實、材料，便形成一個個以社會問題爲中心的單元課程。拉格出版的社會學科教材都是這種單元式教材。

㈡布拉梅爾德的四年制新型初級學院課程框架

布拉梅爾德在課程改革實踐上不及拉格有影響，但他在二十世紀50年代提出的一個有名的四年制新型初級學院的課程框架，卻非常生動而具體地表達了他的課程主張。這一課程框架是一套與他心目中的那個「理想社會」相對應的課程，包括經濟、政治、科學、藝術、教育及人類關係等複雜領域。它源於布拉梅爾德在明尼蘇達大學任教時進行的一個爲期四個半月的「未來教育」實驗的報告。50年代他將其擴充爲一個接收17～20歲學生的四年制新型初級學院的課程（趙祥麟，1992，第128-131頁）。

首先，課程目標統一於未來的「理想社會」的總目標。初級學院四年的課程分年安排，各有側重。四年的學習是一個整體，圍繞著一個中心題目：「『我們能有哪一種世界，我們要哪種世界？』每一學期將研討這個問題的各個方面：政治的、經濟的、科學的、道德的、美術的、宗教的以及許多別的方面（H. W.・白恩斯等，瞿菊農譯，1964，第155頁）。」其次，各門學科的內容統一於社會問題。最後，課時的安排統一於解決問題的活動。布拉梅爾德把一天的課分成四個課時，學生在第一課時和第三課時分別提出問題和解決問題，故它們在四個課時中是中心，第二和第四課時只是圍繞中心問題而進行的附帶學習。

布拉梅爾德認爲課程應是一個有意義的統一整體，故他把自己設計的課程比喻爲「四輪馬車」：中心問題相當於輪轂，附帶學習內容相當於輪

輻。輪轂和輪輻結合在一起，一年的課程就是一個車輪，四年構成一輛四輪馬車，由總的目標連接起來向前滾動，去追尋既定的理想社會。

第二節
社會中心課程思潮在蘇聯的變遷

蘇聯是世界上第一個社會主義國家，從誕生的第一天起，便自下而上處在一個十分複雜的環境之中：對內，它必須探索每一條前人從未走過的社會主義建設之路，不免遭受種種困苦與挫折；對外，它必須響應來自強大的資本主義世界的各種壓力與挑戰。二十世紀50年代「冷戰」格局形成後，蘇聯與以美國為代表的西方發達資本主義國家之間的競爭漸趨白熱化，且深入到政治、經濟、軍事、科技等各種領域。在此背景下，蘇聯的教育一直是社會中心傾向的，教育被當成是實現政治、經濟、軍事、科技目標的手段。

一、社會本位思潮在蘇聯課程變遷中的地位

早在十月革命前，列寧（1986，第91頁）就曾指出，教育總是一定社會形態的教育，它受一定的政治、經濟和文化的制約。十月革命後，他公開聲明教育不能不聯繫政治。在革命重心轉向社會主義「和平建設的軌道」，即「轉向經濟方面的政治」後，教育教學工作的性質也應「適應向和平建設的轉變，要實行從工業上和經濟上改造國家的遠大計畫」。遵循這一基本思想，蘇聯各個歷史時期的教育家大都立足於社會的現實需要來審視學校的課程變革。社會本位課程思潮處於支配地位，直接制約著前蘇聯歷史上五次重要的課程改革。每次改革都涉及一個關鍵性問題，即認識和確定勞動及綜合技術教育在課程體系中的地位；隨著不同時代國家的政治、經濟環境的變化，歷次課程改革在處理這一問題時往往表現出不同的價值取向。

二十世紀20年代，蘇維埃政權剛剛建立，迫切需要發展經濟、鞏固政權。但新式學校並沒有像平常的那樣，成為知識的工具，而是高度重視

勞動教育。蘇聯國家教育委員會1918年10月公布的《統一勞動學校規程》和《統一勞動學校基本原則》兩個重要文件規定，新式學校是「統一的」和「勞動的」。勞動被當成「學校生活的基礎」，勞動教育被置於學校教育的首位。1923年，由克魯普斯卡婭（Н. К. Крупуская）領導制定的「單元教學大綱」（又稱「綜合課教學大綱」）公布實施，它以生活事件為單元，各單元以生產勞動為中心，結合自然與社會知識進行教學。1924～1926年，綜合教學大綱成為普通學校低年級必須執行的教學文件。中、高年級雖保留分科教學結構，但其教學大綱也滲透了綜合編製的原則。綜合教學大綱後經教育人民委員部兩次修訂，進一步加強了勞動的地位以及課程與社會生活的聯繫。

　　二十世紀30年代，蘇聯的課程改革轉而重視教育質量的提高，系統的科學知識被放在首位，勞動和綜合技術教育被置於次要地位。20年代的綜合教學大綱和設計教學法被認為從根本上導致了教學質量的下降，受到嚴厲批評。1931～1936年，聯共（布）中央和蘇聯政府先後頒布了《關於小學和中學的決定》（1931年）、《關於中小學教學大綱和教學制度的決定》（1932年）、《關於中小學教科書的決定》（1933年）、《關於教育人民委員部系統中的兒童學曲解的決定》（1936年）等一系列重要文件，認為20年代以來普通學校的根本缺陷在於：「中小學的教學沒有給學生充分的普通教育知識，並對培養有足夠讀書能力的、能很好地掌握科學基本知識（物理學、化學、數學、語文、地理等）的學生以升入中等技術學校和高等學校這個任務，執行得不能令人滿意」，而「學校的綜合技術教育因此往往流於形式，並不能培養兒童成為理論與實踐相結合和掌握技術的全面發展的社會主義建設者（中國大陸教育部翻譯室、北京師範大學教育學教研室翻譯室，1958，第19頁）。」聯共（布）中央同時認為，造成上述問題的「最重要的原因就在於：教學大綱有缺點」。因此它在《關於中小學教學大綱和教學制度的決定》中，責成「俄羅斯聯邦教育人民委員部須在1933年1月1日以前，修訂中小學的教學大綱，以保證兒童能真正鞏固而有系統地獲得各門科學的基本知識、關於事實的知識以及正確的說話、書寫、演算教學題等等的技巧（中國大陸教育部翻譯室、北京師範大學教

育學教研室翻譯室，1958，第29頁）。」《關於中小學教科書的決定》進一步指出，教學「要有穩定的各科教科書」，「要肅清教科書中無止境的『設計』方法」，立刻停止發行所謂「工作手冊」和「活頁課本」，要求在全國實行統一的必修的教科書（中國大陸教育部翻譯室、北京師範大學教育學教研室翻譯室，1958，第35-38頁）。至於勞動和綜合技術教育，聯共（布）認爲，也應當授給學生「科學基礎知識」，使學生「從理論上和實踐上瞭解一切的生產部門」，「教學和生產勞動的結合必須在學生的一切社會生產勞動服從於學校的教學和教育目的的基礎上來進行（中國大陸教育部翻譯室、北京師範大學教育學教研室翻譯室，1958，第21-27頁）」，勞動課在實際工作中愈來愈處於次要地位。到1937年，根據前蘇聯俄羅斯聯邦教育人民委員部的命令，勞動課被取消，校辦工廠關閉了，普通學校出現了教學與生產勞動相脫離的狀況。

　　蘇聯二十世紀30年代的課程改革爲何斷然拋棄20年代的改革方向，轉而重視系統科學知識的教學呢？根本原因在於蘇聯30年代經濟發展的需要。蘇聯1925年提出要實現社會主義工業化，1930年全面實現農業集體化。但與發達資本主義國家相比，其工業發展水準還落後很遠。30年代聯共（布）先後召開三次黨的全國代表大會，提出要高速度進行經濟建設，「在新的現代技術基礎上改造國民經濟所有各部門」。這就要有大批精通技術的幹部和技術人員，普遍提高廣大勞動群眾的文化技術水準。因此，要求學校教育服從國家經濟發展的需要，修正20年代重勞動和「設計教學」。

　　但到50年代，學校課程愈來愈不能滿足前蘇聯社會發展的需求。首先，它使學生升學與就業的矛盾愈來愈突出，1957年完全中學畢業生人數比1945年增加了10.6倍，而高校招生人數只增加了85.8%（顧明遠，1991，第37頁），致使大批中學畢業生不能升學，中學生的勞動和就業準備問題在當時成爲亟待解決的社會問題。其次，蘇共1955年提出「科學技術」革新的遠景規劃，宣布「向共產主義過渡」，戰後國民經濟的迅速發展特別是國防工業的高速發展，需要大批訓練有素的能創造和掌握現代生產工藝的各個層次的勞動力。在此背景下，蘇聯課程改革的方向又發生根

本變化，強調加強學校與生活的聯繫，重視勞動教育。赫魯雪夫明確提出「在勞動中鍛鍊新人」的口號。1958年12月，最高蘇維埃主席團通過《關於加強學校同生活的聯繫和進一步發展蘇聯國民教育制度的法律》。隨後制訂的新的八年制學校教學計畫，和部分城市中學與農村中學的九至十一年級教學計畫，都大大增加了勞動教學和生產勞動（或公益勞動）在整個課程體系中的比例。

　　1958年開始的課程改革，到1964年結束，改革並未取得預期的效果，反而導致學生不堪重負，留級、退學率劇升。而60年代正值「冷戰」加劇，科學技術迅猛發展的時期，西方各國相繼開展以更新教育內容為核心的教育改革。特別是美國，從「滿足國家基本安全」的高度以立法的形式致力於改進中小學數學、科學和現代外語三門課程的教學，60年代又以布魯納學科結構理論為指導，編寫出一大批現代的數理學科教材，力圖實現教育的現代化。這給前蘇聯很大壓力，故從1964年開始修正1958年課程改革的方向，著力加強課程內容的現代化，重點是消除現有教學計畫和教學大綱同現代科學知識水準不相適應的部分。經過近十年的努力，全面修訂了中小學的教學計畫和教學大綱，共編寫現代化的教科書103種，其中87種被批准為標準教科書（瞿葆奎、杜殿坤，1988，第168頁）。從1974～1975學年起，前蘇聯中小學全部按新的課程文件和教科書進行教學，而此時教學計畫中用於勞動教學的時間卻大大減少。

　　前蘇聯的第五次課程改革發生在二十世紀70年代末至80年代。1977年12月，蘇共中央和蘇聯部長會議通過《關於進一步完善普通教育學校學生的教學、教育和勞動訓練的決議》，揭開了此次改革的序幕。《決議》要求學校利用附近的企業、集體農莊和國營農場「開展有實效的勞動教學並對學生進行職業指導」，還決定「把九至十（十一）年級的勞動教學時間，每週從2小時增加到4小時（納入教學計畫）」（瞿葆奎、杜殿坤，1988，第153-154頁）。1984年4月，蘇共中央全會和蘇聯最高蘇維埃先後通過的《改革普通學校和職業學校的基本方針》，進一步推進了此次改革，在保證每一個學生都學到深入而扎實的先進科學基礎知識的同時，加強勞動教學，目的是要「把學校工作提高到一個本質上嶄新的水平，使之

與發達的社會主義的條件和需要相適應（瞿葆奎、杜殿坤，1988，第259頁）」。可見，改革的出發點是要使學校課程適應經濟發展的需要，體現時代的特徵。

　　回顧前蘇聯七十多年的課程變革歷程，不論是強調勞動還是貶低勞動，不論是重視知識還是貶低知識，都只是現象，其實質都是爲了使學校課程更多地爲社會的政治、經濟和生產力發展服務，都是爲了解決某一特定歷史時期的特定社會問題和社會矛盾。總之，社會的需要是課程改革的根本出發點。

二、蘇聯社會中心課程的特點

　　與其他國家相比，前蘇聯社會本位課程有以下顯著特點：

　　第一，蘇聯共產黨和政府直接干預學校課程。在課程管理實行中央集權制的國家，課程改革一般表現爲國家意志，但課程決策一般由中央教育行政部門制定。而蘇聯的課程改革則往往由黨的最高決策層和國家的最高權力部門直接定奪。二十世紀20年代～80年代，蘇聯幾乎所有重要的課程改革文件都是由蘇共中央和最高蘇維埃起草並通過的。僅30年代，由聯共（布）中央制定或通過的有關中小學課程改革的重要文件就多達5個，專門涉及中小學教學大綱和教科書問題的即有2個，其內容具體到新教學大綱修訂的最後期限以及新教科書發行使用的具體日期。1958年的課程改革，更是由蘇共中央自上而下地發動的。

　　第二，國民經濟發展的需要成爲課程變革的直接動因。蘇聯的課程變革雖然與科技的變革、政治領域的鬥爭以及國外教育思潮的影響都不無關係，但幾十年來，推動其課程變革的最直接的動因還是前蘇聯國民經濟發展的現實需要。如前所述，二十世紀20年代國民經濟的社會主義改造，30年代的工業化背景，50年代國民經濟高速發展對勞動力的旺盛需求，60年代生產技術的現代化，以及70年代國民經濟各部門在現代科學技術先進水準上的改造，直接決定了前蘇聯歷次課程改革的基本走向。這與美國的社會本位課程是不同的。中國1949年後學校課程的走向主要由政治領域決定。而美國的社會改造主義課程主要受社會危機和社會問題的影響。這說

明，同樣是社會本位傾向的課程，其對社會的關注的是各不相同的。

第三節
社會中心課程觀的特殊表現：國家主義課程

國家主義在十九世紀和二十世紀是一個十分重要的政治概念。它與民族主義相聯繫，認爲國家是民族生存和發展的基礎，個人必須服從和效忠於國家，其實質是主張民族利益和國家利益高於一切。國家主義是社會中心觀的一種極端體現，國家主義課程離社會中心課程也只有一步之遙。當人們把社會只理解爲民族或國家的時候，社會中心課程將演變爲它的一種極端形式——國家主義課程。

一、二十世紀國家主義課程的世界圖景

正如主張社會本位論的法國早期社會學家涂爾幹（E. Durkheim）所說的那樣：「如果社會與其周圍的社會處於交戰狀態，它就會致力於按照一個有力的民族模式來培養人；如果國際競爭具有更加溫和的形式，社會就會致力於培養更加全面和仁慈的人（任鍾印，1994，第1061頁）。」二十世紀正是一個產生國家主義的世紀。就世界範圍而言，國家主義課程主要有三種類型。一是「二戰」時期以德國、義大利和日本爲代表的法西斯主義的國家主義課程。它是法西斯統治的直接產物，是國家主義章程最極端、最反動的形式。二是「冷戰」時期以美國爲代表的歐美發達國家的國家主義。它與以美、蘇爲代表的世界兩大陣營的對抗直接有關，是世界爭霸的直接產物，具有極強的政治色彩。三是以印度爲代表的第三世界國家爲爭取民族獨立和發展而形成的國家主義課程。它具有極強的社會功利性和民族主義色彩。各種類型的國家主義課程在性質、程度、具體做法上存在差異，但也有一些共同特徵。

首先，國家主義課程將國家或民族的目標視爲最高目標。「二戰」時期，如果說法西斯主義國家都是一部部以征服整個世界爲最高目的的戰爭機器，那麼教育就是助長這一機器實現其固有企圖的核心部件。在法西

斯德國，所有課程被用來培植作為法西斯戰爭的根本基礎的狹隘的民族主義情感和對「下等民族」的仇視。科學課程受排斥，歷史課程被篡改，軍事訓練被強加在所有學生身上，生物課程被用來宣揚德意志血統的優越與純潔，德語課從一開始就浸透著種族意識。希特勒甚至大肆叫嚷：「我不要智育。以知識進行教育，會毀了年輕一代。」「我的教育學是嚴酷的。要用鐵錘砸掉軟弱。在我的騎士團城堡將有一代青年成長起來，世界將在他們面前發抖。我要的是殘暴的、專橫的、無畏和冷酷無情的一代青年。青年必須具備這一質量。他們必須忍受痛苦。他們身上不應有軟弱的柔情。自由的、雄壯的猛獸必須重新從他們的眼睛裡射出光芒（瞿葆奎、李其龍、孫祖復，1991，第213-214頁）。」而在美國，1958年《國防教育法》對英語、數學、外語課程水準的關注，60年代的結構主義課程論為基礎的學術性課程改革，都表明人們評鑑課程的價值與效能的標準，已由「關心個人的發展」轉為「關於國家的發展與安全」，正如美國學者丘奇（R. L. Church）在〈對進步主義的反動：1941～1960〉一文中所指出的那樣：50～60年代的課程改革「不是出於任何特定學校系統的需要，也不是出現於任何特殊的場合，而是全國範圍的，為服務於國家的需要而設計，由聯邦政府或大基金會所資助的（瞿葆奎、馬驥雄，1990，第413-512頁）。」可見，美國當時課程改革要實現的首要目標是國家的安全和世界霸權的爭奪。

其次，國家主義課程有明顯的政治化傾向。課程政治化的第一個表現，是政治事件直接影響學校的課程變革。在國家主義背景下，某些政治事件如催化劑一樣，可以一下子強化課程的政治屬性和政治職能。1929年的經濟危機，「二戰」期間美國的參戰，都直接影響了美國的學校課程。特別是1957年蘇聯人造地球衛星的發射，這不僅僅是一個技術事件，在「冷戰」背景下是一個嚴重的政治事件和軍事敏感問題。它直接導致了美國1958年《國防教育法》的頒布施行，成為推動美國60年代課程改革的首要力量。國家主義的政治化傾向還表現在課程目標、課程設置和課程內容上。國家主義都強調政治意識、愛國主義精神和社會責任感的培養，致力於維護民族團結，宣揚民族利益至上，課程成為實現國家政治目的的

工具。30年代日本小學讀本裡的一首詩，則生動地表現了1890年《教育敕語》的精神，即要求日本人表達對天皇的效忠：「偉大的日本！偉大的日本！我們七千萬公民，仰視天皇猶如上帝，熱愛與侍奉天皇猶如父母（扈中平、劉朝暉，1995，第320頁）。」在國家主義課程裡，各國普遍設計了紀念儀式、愛國歌曲、講演、國慶等活動，力圖強化民族意識，灌輸共同的民族情感和態度。

此外，國家主義課程的另一個特點是甘於接受國家對課程的直接干預。國家主義課程以民族和國家的目標爲最高目標，因而傾向於接受這種干預。無論是在法西斯德國、義大利、前蘇聯，還是在印度和「冷戰」中的美國，情況都是如此。在德國，1933年希特勒掌握國家政權後就對法西斯黨衛軍頭目們強調說：「不僅是要掌握政權，而且是要教育人（彼得‧波羅夫斯基，姜志軍譯，1983，第106頁）。」1934年4月，德國在聯邦政府設立科學、教育和國民教育部，對教育實行中央集權化管理。在整個納粹統治期間，德國學校的課程、教育計畫、教學大綱和教科書都由國家統一掌管。美國的課程管理一向實行地方分權體制，但自二十世紀50年代「冷戰」加劇後，美國聯邦政府逐步加強了對學校課程的干預，直到80年代「國家課程標準」出籠。國家對課程的干預有多種方式，最直接、最強有力的是行政干預。德國當局1937年通過發表關於小學課程改革的文件，規範了基礎學校的課程設置和課程內容。1938年又制定了新教學計畫《高中教育與教學》，明確規定了高中的課程和教學（瞿葆奎、李其龍、孫祖復，1991，第220-222頁）。同時教育部還發表了有關整個中學課程的政策和指導方針的詳細說明文件，以納粹精神爲指標，對中學課程設置和課程內容進行了徹底改造。除了行政干預外，同時可以透過立法和經費補助來進行干預。最典型的是美國國會1958年通過的《國防教育法》，它從「滿足國家基本安全」的高度，撥鉅款對學校提供經費補助，以提高數學、自然科學和外語三門課程的教學質量。最後是透過控制教師來干預學校課程。在納粹德國，從幼兒園到大學的所有教師，都被強制加入納粹黨教師協會，以「對全體教師實行思想上和政治上的一體化（趙祥麟，1987，第317-318頁）。」1933年，德國一個邦的教育部長公開宣稱：

「教師應當成爲希特勒在國民教育陣地上的走卒（康斯坦丁諾夫，邵鶴亭譯，1954，第386頁）。」1937年的《公務員法案》規定，教師必須是納粹黨「所支持的國家意志的執行者」，所有教師都必須宣誓效忠和絕對服從希特勒和納粹政府。

二、德、意、日的法西斯國家主義課程

法西斯主義是一種極端的國家主義，它產生於二十世紀初，20～30年代先後在義大利和德國取得政權，並對日本產生深刻影響，在第二次世界大戰中給世界人民帶來深重災難。教育完全被捆綁在法西斯戰車之上，課程也是法西斯性質的國家主義課程，是國家主義課程的極端形式，因而在很多方面都與美國和印度的國家主義課程有所不同。

㈠極端的民族主義傾向和法西斯思想的滲透

法西斯主義都以極端的民族主義爲基礎，這種極端的民族主義實質上是一種反動的種族主義。它鼓吹人類不同種族有優劣之分，優秀種族是人類文明的代表，負有統治世界的使命，劣等民族愚昧低能，註定要淪爲被統治者。現代種族主義的鼻祖、十九世紀法國社會學家戈賓（J. A. Gobineau）認定「高等種族」一定能統治「低等種族」。十九世紀德國哲學家尼采（F. Nietzsche）進一步將人類分爲「強者」和「弱者」，認爲前者是有統治本能的「老爺種族」，後者是有服從本能的「奴隸種族」。種族主義認爲弱肉強食是自然規律，因而推行民族沙文主義和軍國主義。他們蠱惑並驅使本民族去「征服、奴役和毒殺」其他民族，到處侵略擴張，企圖統治世界。德國納粹黨還創立了「生存空間理論」，鼓吹「日耳曼民族是上帝的選民」，「爭取生存空間」是德國人的天職。種族主義既體現在學校的課程體系即課程設置上，也表現在課程內容之中。

在德國，從威瑪共和國時期起，教育就浸透著極強的民族主義情緒，二十世紀20年代前學制改革中新增的「德意志中學」就帶有濃重的民族沙文主義色彩。30年代希特勒上臺後，「種族、戰爭、元首和宗教」成爲國家教育綱領的核心，教育被當成煽動民族情緒、傳播納粹精神的首要工

具。整個教育的目的，就是把個人訓練成一個自願的、溫順的、絕不批評國家政策而又以宗教般的熱情尊重納粹理論的公僕。爲此，德國根據納粹統治的需要對各級各類學校的課程進行了改造。在小學，德國國民教育部1937年發表的小學課程改革文件規定設置德語、閱讀、書寫、算術、音樂、圖畫和體育等科目。而學生首先要學習的是當地環境，作爲使學生獻身於日耳曼種族和國家的第一課。此外，體育、德語和算術也是三門主要科目，但它們都被種族化和納粹化了。體育強調四件事：健康、體力、軍事準備和民族意識。德語課要求反映納粹社會，有助於培養對黨的熱忱和元首的獻身精神的文學被認爲是最有價值的文學。算術教科書中甚至編入了意在指引學生熟悉國家社會黨目標和興趣的例題和習題。在中學，普遍開設了「德意志學科」，如德國文學、德國歷史和德國地理。德意志中學進一步增加了德意志數學、德意志物理、德意志文學，以刺激學生的沙文主義情緒。1938年德國國家教育部發表的有關中學課程文件特別重視德國歷史。歷史教學的目的即是要點燃「種族的意識和感情」，養成堅強的民族性格。歷史教科書將「一戰」後的「和平條約」說成是「奉命和平」或「屈辱條約」；將戰爭「賠償」說成是「納貢」，土地掠奪，丟人現眼，解除武裝。在推行軍國主義教育而特意增設的幾種新型學校——國立政治學校、希特勒學校、德國黨務學校和德國國家寄宿學校裡，納粹黨的政治教育和軍事訓練統治了一切，學校的基本目標是爲納粹黨培養骨幹。在大學，除繼續設置「德意志學科」外，所有學生必修「種族學」，體育備受重視，人文和社會科學都被塗上濃厚的法西斯主義色彩。總之，一切課程和教育措施均以滿足納粹統治的需要爲目的。

　　在義大利，墨索里尼上臺後，爲了鞏固法西斯統治，政府先後於1923年和二十世紀30年代末進行了一系列教育改革。在課程設置上，中小學都不重視自然科學課程和職業課程，而突出古典傳統課程，目的是使學生領會法西斯當局妄圖使古羅馬帝國強大地位重新在義大利恢復的野心，把青少年培養成狹隘的民族主義者和對外侵略擴張的炮灰。自1935年起，中學和大學還開始實施軍事教育和軍事訓練，中學生必須通過軍官考試才能畢業。課程內容中也充斥極端民族主義和法西斯主義的思想。小學課本曾編

入法西斯青年組織「巴利拉」的誓詞：「我以上帝和義大利的名義宣誓，服從『領袖』的命令，用我的全部精力爲法西期事業服務，如果需要的話，我將獻出自己的生命。我堅信墨索里尼正確，堅信法西斯主義，堅信爲法西斯主義殉道者的英靈與我同在，堅信帝國的復興（滕大春，1993，第442頁）。」各類材料中還有許多關於古代羅馬帝國及現代義大利軍事上的「輝煌戰績」，關於地中海是義大利的發祥地，以及關於義大利帝國今後奮鬥目標的內容。

在日本，極端的民族主義和軍國主義教育起源於明治維新，確立於大正年代（1912～1926年），強化於昭和時期的前二十年（1926～1945年）。爲向學生灌輸軍國主義思想，學校特別重視修身、歷史和地理等課程。「忠皇室、愛國家」被置於道德教育的最高層次。修身課連篇累牘地宣揚「爲國指軀」者的事蹟，到處充斥著「大和魂」、「八一字」、「大東亞共榮圈」、「武備第一」、「天皇萬歲」等內容。日本被說成是太陽女神所創，天皇是天神後裔在人間的「活神」，日本民族是太陽神的傳人，應成爲統治世界的優秀民族。據統計，日本學校道德材料中宣揚軍國主義國家意識的內容在昭和前期增長很快。1933年僅占總內容量的19%，到1941年已達38%（滕大春，1993，第483頁）。歷史課僅限於日本史，而日本史又以皇室爲中心，大部分課時用來講授日本依天神意志而生，以及歷史天皇的豐功偉績。歷史成爲被軍國主義者閹割過的謊言。從1925年起，日本中等以上學校還普遍開設了軍事訓練課程。1937年7月發動全面侵華戰爭之後，戰時教育體制使軍事訓練進一步加強，學校「兵營化」，軍事訓練課最多時曾達總時數的四分之一。大學還開設軍事指揮課程，要求每個學生在畢業時達到少尉水準。軍事訓練的目的是使學生具備法西斯軍人的基本素質，最終成爲戰爭的補充兵源。

㈡國家對課程的強制監管

如果說接受干預是國家主義課程的共同特點，那麼在法西斯統治時期的德國、義大利和日本，這種干預就變成了一種嚴格的管制。

如前所述，德國納粹政府管制學校課程的首要措施，是在聯邦政府

設立科學、教育和國民教育部（1934年），對學校課程實行嚴格的集權化管理，由政府統一制定和頒布教學計畫、教學大綱和教材。其實，對學校課程的納粹化管制在此之前就已開始了。1933年，納粹分子在所有大學和城市公開焚毀馬克思、恩格斯、列寧、盧森堡、李卜克內西，以及海涅、高爾基、愛因斯坦等人的著作，威瑪共和國時期學校的教科書，只允許保存與納粹意識一致的部分。希特勒的「種族理論」和「生存空間理論」以及《我的奮鬥》一書對學校課程有著絕對的影響。連幼兒園都安排有這樣的活動：幼兒們坐在餐桌前，稚嫩的小嘴裡日復一日地念著這樣的「祈禱詞」：「握著你的小手，低著你的小頭，想一想！誰使我們每天可以糊口？他就是希特勒，我們的救世元首！（滕大春，1993，第414頁）」不用說，小學、中學和大學的課程更是完全處於國民教育部的鐵腕之下。

義大利從1922年10月法西斯政府建立起就加強了對學校課程的控制。1924年7月，墨索里尼政府設置公共教育部，作為全國最高的教育行政機構，法西斯分子兼哲學家秦梯利（G. Gentile）出任第一任部長。在同年的教育改革中，取消了過去由各校自行選擇教科書的做法，採用審定制。教科書先由地方專門機構編寫，然後由公共教育審定，審定通過者，方可通知學校採用。推行審定制的目的，在於保證教學內容符合法西斯主義的精神。1929年1月，法西斯政府進一步規定，初等學校教科書由國家統一編寫，強制公、私立學校一併使用，非國家統編教材一律清除出學校。這一規定剝奪了地方編寫教科書的權利，表明政府對學校課程的控制更加嚴厲。

日本的軍國主義教育具有極強的封建色彩，學校課程一直由政府的文部省控制。大正時期，政府先後頒布《修改小學校令》、《修訂中學校令》、修訂的《高級中學令》、《修訂實業學校令》和修訂的《大學令》，按照軍國主義教育體制的需要，對各級各類學校課程進行了調整。1937年進入戰時體制後，一些反動軍人或法西斯政府首腦直接控制文部省。1938～1939年，陸軍大將荒木貞夫任文部大臣；太平洋戰爭爆發後，大戰犯東條英機以首相身分一度兼管文部省。1937年10月，政府還決定成立「教育審議會」，作為諮詢機構直接由內閣總理大臣管轄。其任務是全

面審議教育制度和教育內容，監督執行軍國主義教育方針，使教育完全適應對外擴張之需要。課程完全處於政府當局的監管之中。

(三)課程的蒙昧主義傾向

蒙昧主義是一種反科學、反理性，直覺意志和不可知論的思想傾向。法西斯的國家主義課程表現出濃厚的蒙昧主義傾向和反理性色彩。一方面，他們不重視自然科學在學校課程體系中的作用，常常根據法西斯統治的需要，對這些學科作隨心所欲的改造。另一方面，他們又重視體育、軍訓、思想品德和歷史等課程，目的是在每一個學生的心靈深入牢固地確立本民族的優越感和對領袖、國家的無條件遵從，並使他們具備強健的體魄和軍人的素質，以適應對外擴張的需要。納粹德國對知識、科學和知識分子一向是持輕蔑態度的。納粹分子所最需要的，是青年們健壯的身體、堅強的性格和殘暴專橫的質量，而非知識。因此，在德國青年所學習的基本課程中，體力活動遠遠勝過智力活動，體育和軍事訓練受到特別的重視。自然科學雖也開設，但絕非因其有智力訓練價值或閃耀著真理的光芒，只因其經過改造，可為納粹所用。

日本的情況有所不同。到二十世紀30年代日本軍國主義勢力加強，對外擴張加劇，加之經濟危機使具有反科學和反智力傾向的保守勢力乘勢擴大了自己的影響，因此「對培植日本精神的關注，無情地取代了學識的優先地位（W. F.·康內爾，孟湘砥等譯，1991，第428頁）」。到1937年後，日本的課程呈現出濃厚的蒙昧主義色彩，軍訓得到進一步加強，體育也進一步受到重視；同時，政府還強制學生從事無償勞動。

義大利的情況更明顯。秦梯利所推行的教育是一種絕對服從式的專制教育。他曾說，「我們旨在使工人階級習慣於接受領導（威廉·博伊德、埃德蒙·金，任寶祥等譯，1985，第448頁）」，人的所有行動都必須由內心完全接受了的法西斯主義來規定。在課程上，他們輕視科學課程，突出強調傳統的古典文科。古典文科表面上是傳統的學術性課程，但被賦予極端的政治功利性。這類課程指向學生的人格發展，目的是使之在精神上和態度上都完全遵從和服從於法西斯的國家事業，實質上是反智力和反理

性的。

三、「冷戰」時期美國課程的國家主義傾向

「冷戰」是第二次世界大戰後四十餘年裡世界格局的基本特徵。它像一個魔方，將世界捲入其中。「冷戰」使課程亦顯示出國家主義特徵，美國尤具代表性。

美國的課程向來被認爲比較重視個人的興趣和需要，但實際上，早在「冷戰」之前，美國課程的國家主義傾向就有所體現。人們最早聽到的是1929年經濟大蕭條時期自改造主義者和要素主義者的聲音。到第二次世界大戰，戰爭強化了學校課程的國家目的，課程具有了更多的社會性和國家性。但眞正意義的國家主義課程還是在「冷戰」到來之後。「冷戰要求美國在各條戰線——軍事、科學、經濟、文化戰線上的競爭。幾乎任何項目如果能被看作有助於美國『超過』共產主義陣營，都能得到公眾的支持（瞿葆奎、馬驥雄，1990，第419頁）。」從《1958年國防教育法》的頒布，到二十世紀60年代的學科結構運動，再到80年代人們關於「國家處在危險之中」的驚呼，美國歷次課程改革都以「冷戰」中國家的需要爲根本指標。

㈠課程目標的國家標準

課程目標的國家標準是相對於課程目標的地方標準和個人標準而言的。伴隨著整個教育目的觀的轉移，「冷戰」時期美國確定課程目標的標準也發生了根本變化。基本的趨勢是「從注意個人的價值到重視集體的價值，從強調個人的態度到著重在一個龐大的社會裡在智慧和社交方面的技能（羅伯特・梅遜，陸有銓譯，1984，第141頁）」，地方性的需要也被弱化了。原因是「冷戰」使美國教育的任務發生了變化，人們愈來愈根據教育對國家的政治軍事等方面所做出的貢獻來評判教育的價值和效能。正如美國學者梅遜（R. E. Mason）所說：「1950年以後，人們愈來愈根據教育對於國家的需要和國家的政策所作的貢獻來評價學校教育。原先重於關心個人，現在則代之以關心國家。一定的教育活動對於政治和軍事所做出

的直接的或潛在的貢獻，決定了這個教育活動是否值得進行，同時也提供了判斷這個教育活動是否有效的標準（羅伯特·梅遜，陸有銓譯，1984，第141頁）。」

「冷戰」中美國「國家的目的是保持它作為政治、戰爭、經濟和文化的國際領袖的首要地位；並在面對不斷發展的國際共產主義的威脅中，保持它的世界霸權（瞿葆奎、馬驥雄，1990，第421頁）」。所以，美國課程目標的國家標準主要表現為對科學技術的重視。「冷戰」逐步升級並達到白熱化程度，是在二十世紀50～60年代。在美國課程目標國家化的過程中，給人印象至深的也正是這一時期。《1958年國防教育法》開宗明義地宣稱：「本法的目的是加強國防並鼓勵和援助教育方案的擴充和改進，以滿足國家的迫切需要，以及為了其他目的（瞿葆奎、馬驥雄，1990，第117頁）。」該法規定數學、自然科學和外語為「新三藝」，目的是為了加強國防。《國防教育法》確立的基本方向一直指導著美國二十世紀50年代末至60年代中葉的課程改革。到80年代初美國「國家教育優異委員會」提交的著名報告《國家在危急中：教育改革勢在必行》，它繼承並發揚了1958年以來課程目標國家化的基本思想。

(二)**重視科學課程**

重視科學課程是美國國家主義課程區別於法西斯國家的國家主義課程的顯著特點。自進步主義教育興起以來，美國課程強調為學生適應社會服務，強調經驗和兒童的需要與選擇，學術標準日益下降。到「二戰」後美國海軍中將里科弗（H. G. Rickover）在《教育與自由》中批評道：「我們忘記了和歐洲的學術性中學或俄國現在的十年制中學比較起來，美國中學畢業生修習學術性科目的人數是多麼的少。在55%的美國中學畢業生中，只有很少一部分人曾經學過俄國全部中學畢業的39%的學生在文學、本國語、自然科學、數學、天文學和地理各科所學過的那麼多的內容（王承緒、趙祥麟，2001，第196頁）。」

而從美國的國家利益看，美國當時所急需加強的恰恰是科學教育。一方面，這是「冷戰」中與蘇聯爭霸的需要。二十世紀50年代的美國人在親

眼目睹蘇聯領先美國首先發射人造地球衛星後清醒地認識到，與前蘇聯競爭的成敗關鍵取決於科學技術的實力，而這在很大程度上又取決於科學教育的質量。《1958年國防教育法》在「總則」中即寫道：「本國的國防有賴於掌握由複雜的科學原理發展起來的現代技術，也有賴於發現和發展新原理、新技術和新知識（瞿葆奎、馬驤雄，1990，第118頁）。」聯合原子能委員會在「關於科學和工程人力缺乏問題的證詞」的序言中更急切地表達了美國缺乏科學、工程人員的危險性，以及加強科學教育的迫切性和必要性。另一方面，這也是科學的效用隨著科學本身的巨大發展和科學的廣泛應用而迅速增長的要求。50年代後，第三次科技革命的興起和發展，使科學技術不僅在經濟領域顯得愈來愈重要，而且在政治、軍事和國際關係領域也成為重要籌碼。關注科技力量的培植和科學教育成為世界各國的共同趨勢。

正是在此背景下，美國有識之士強烈抨擊忽視課程學術的進步主義教育以及多年形成的有關教育體制。加強科學課程既體現在課程結構中科學課程比例的增加，同時也體現在科學課程本身課程內容的革新。《1958年國防教育法》的基本目的是「要迅速糾正當前教育中所存在的不能使足夠數量的青年接受自然科學、數學、現代外語及科技訓練的不平衡現象」。它將數學、自然科學、現代外語規定為「新三藝」，並用一編的篇幅專門規定為其提供財政援助的具體辦法。這大大提高了科學課程在課程結構中的地位，學術性課程和必修課程在60年代前半期成為學校課程的主體。提高學術課程的地位也是80年代課程的改革的基本方向。美國國家教育優異委員會在《國家在危急中：教育改革勢在必行》提出的改革建議中，最引人注目的就是要求所有中學畢業生在四年裡必須修完以下「五種新的基礎訓練」課程：(1)四年英語；(2)三年數學；(3)三年自然科學；(4)三年社會科學；(5)半年計算機科學。據美國卡潘教育基金會（Phi Delta Kappa Education Foundation）1988年所做的有關「高質量教育」運動對學校影響的調查研究，1984年，在調查取樣的學校中，100%的學校提高了數學、科學、英語的要求（汪霞，1998，第47頁）。課程內容的革新也是加強科學課程的重要方面。

二十世紀50至60年代，在「學科結構」理論家以及國家主義教育的提倡者的指導下，美國科學課程的內容也沿著現代化的方向進行了重大改革。一大批著名科學家和權威科學組織從教育專業人員那裡奪過教材的編寫權，編出了一大批反映科學的內在邏輯和科學發展的水準與要求的現代化教材。這些教材遍及科學的各領域，其中小學科學常識3套、中學數學2套、高中物理學2套、高中化學2套、高中生物學1套、高中地理學2套，分別由美國「物理科學教學委員會」（PSSC）、「生物科學課程研究會」（BSCS）、「化學教材研究會」（CHEMS）、「普遍學校數學研究會」（SMSG）、「小學科學規劃會」（ESS）編寫，其間還有「全國科學基金會」的資助。新編教材內容豐富而新穎，並強調探究式學習，對傳統教材作了重大改革，增加了許多新的內容。

(三)給天才兒童提供特殊課程

面對蘇聯的挑戰，美國必須既強調教育下平等，又重視天才教育，以盡可能快地培養更多的傑出人才。正如曾任美國教育部長的麥克姆林（S. McMurrin）所指出的那樣，「雖然學校要為全體人民服務，但是，學校的職責則是培養學生具有知識領域中受過訓練的優秀品質（羅伯特·梅遜，陸有銓譯，1984，第142頁）。」學校要極力成為發展優秀智力的機構。曾任美國衛生、教育和福利部部長的加德納（J. Gardner）也說：「為了保持和加強美國在世界上的地位，美國必須利用其所有有才能的人，最充分地發展每一個公民的能力，以便使國家能夠在爭取世界領導地位的競爭中居於領先的地位（羅伯特·梅遜，陸有銓譯，1984，第142-143頁）。」教育要有利於區別和挑選那些有才能的學生，激發其所有潛力，使他們邁入英才行列。《1958年國防教育法》的頒布，使「天才」教育成為國家意志。該法第五編的標題即為「指導、諮詢和測驗；發現和鼓勵有才能的學生」。為給天才教育提供財政支持，該法第501條規定，國家從1959～1971年共撥款3億2,000萬美元補助天才教育。

科南特認為，「有學術才能者」約占中學生的15%，其中「極有天才的學生」約占3%。1960年，在〈改進公立中等教育中建議〉一文中，他

為這些學生分別設計了一個特殊課程方案。「有學術才能者」至少應學「四年數學，四年第一外語，三年科學；除了必修的四年英語和三年社會學科外，上述18個學程在四年中都應配有家庭作業。這個修業計畫要求每週至少有15個小時的家庭作業。」學生如願意，還可以修「第二外語或外加的社會學科的學程」（瞿葆奎、馬驥雄，1990，第152頁）。對於「極有天才的學生」，則要麼給他們指派特殊指導人員充當「導師」。在科南特等人的影響下，給天才兒童提供特殊課程是為「冷戰」時期美國學校教育服務於國家需要的一種重要策略。

(四)嚴格要求課程標準

受進步主義教育的影響，美國學校課程在二十世紀50年代以前缺乏嚴格的標準，甚至沒有基本規範。這種軟弱無力、放任自流、沒有效率的課程，顯然滿足不了「冷戰」時期國家利益的要求。美國人深感這種課程姑息兒童的日子太久了，它「迎合了年輕人的一時興致和眼前利益」，「陷入了一種浮淺的甚至輕舉妄動的『生活適應』之中」，使美國學校變得「與其說是一個學術性機構，倒不如說更像馬戲場」。由此人們主張，美國教育「必須模仿蘇聯的一套『硬性』教育訓練（'hard' educational training）」，惟其如此，才能在科學技術上保持優勢，方可保證在「冷戰」中取得勝利。

嚴格要求學術標準主要從以下兩方面著手。

一是限定選修自由，增加必修課。美國中學選修課太多太濫，一直是學校課程過於鬆散的主要原因。早在二十世紀50年代，人們就批評它使學校課程猶如教育超級市場，學生避重就輕。到80年代，國家教育質量優異委員會在《國家在危急中：教育改革勢在必行》的報告中，指責這種課程是「自助餐式的課程」，它往往使學生「將開胃菜和甜點當作主菜」（科南特，轉引自瞿葆奎、馬驥雄，1990，第601頁）。委員會的調查還表明，全美有13個州規定中學生畢業所需學分的一半甚至一半以上可以通過選修課獲得（瞿葆奎、馬驥雄，1990，第603頁）。在此情況下，必須限制選修自由，以嚴格要求課程標準。據1960年關於北卡羅萊納州、俄亥俄

州、紐約州和厄爾帕索三州一市高中畢業標準的分析表明，必修課的比例
大都達到了三分之二強（汪霞，1998，第27頁）。80年代，美國對選修課
的限制進一步加強，政府改革教育的第一目標就是「用均衡、學術內容充
實的課程替代那些淺薄的、「『自助餐式』的課程」（汪霞，1998，第39
頁）。同時，《國家在危急中：教育改革勢在必行》明確提出要圍繞5門
「新基礎課」建立一個全國性課程框架，進一步促進了課程標準的統一。

　　二是提高課程考核的嚴肅性。科南特曾說：「應說服高深學術性選修
學程——外語、數學、科學——的任課教師的堅持高標準。應告訴他們對
那些未達到他們認爲是掌握上述學科所必需的最低標準的學生，要毫不猶
豫地不讓他們及格（瞿葆奎、馬驥雄，1990，第145頁）。」

第四節
社會中心課程思潮的問題與前景

一、社會中心課程思潮的問題

㈠課程功能受局限

　　學校課程的職能包括兩個基本方面——社會職能和促進個體發展的職
能。不同課程流派對課程職能的認識各有側重：兒童中心課程思潮著重強
調兒童個體的需要，社會中心課程思潮則突出強調課程的社會職能；而在
社會中心課程思潮裡，個體的需要被社會的需要所剝奪，社會的或國家的
需要被當成確定課程價值和課程目標的根本標準，這是它區別於其他課程
思潮的關鍵特徵。

　　需要特別指出的是，社會中心課程思潮內部對課程社會職能的強調也
是各有側重的。課程的社會職能本來是一個相互聯繫的整體：課程既要促
進社會延續，又要關注社會變革；既要滿足政治、軍事的需要，又需顧及
經濟、科技發展的現實要求。但社會中心課程思潮往往只強調其中的某一
方面，而忽視其他社會職能。例如，改造主義者強烈要求賦予課程以改造
社會的職能，對進步主義的「社會適應論」則持批評態度；法西斯性質的

國家主義課程著重要求學校課程爲其軍事擴張服務；美國的國家主義課程主要從軍事和科技競爭的需要來限定學校課程的社會職能。中國大陸二十世紀50年代和「文革」時期的社會本位課程則將課程的政治職能推向了極端。

　　過分強調課程的社會職能，其直接後果是造成學校課程功能的缺損。這不僅表現在課程的社會功能的不完整，更重要的是它使課程忽視了促進學生個體發展的功能。課程的根本價值是「育人」。人儘管是「社會的動物」，但他首先是作爲個體而存在的，並作爲個體而被識別和確認。可是，社會中心課程思潮主張按照「正在發生變化的社會的實質」來設計課程，將社會的需要理想化，並將其推向極端，要求個人服從社會，無視個體發展需要的價值及其與社會需要的某種不可避免的不一致性，突出強調課程的社會職能，其直接後果是導致學校課程功能的缺陷。這種缺陷首先表現在對學生個體發展的忽視，對課程社會功能的強化是以犧牲學生的個體發展需要爲代價的；同時，由於其對「社會」的理解的局限，這種課程思潮令課程的社會功能也存在以偏概全的危險，在整個二十世紀社會中心課程思潮所提示的種種主張裡，人們看到或許只是「社會需求」的某一方面或若干側面，而不是其整體面貌。以麥克・揚（M. F. D. Young）爲代表的「新教育社會學」者們認爲，課程領域在關心「什麼知識最有價值」這一傳統問題的同時，還要回答到底是「誰的知識最有價值」（W. 阿普爾，黃忠敬譯，2001，第6頁）。所以社會中心課程思潮所主張的「社會需求」，到底是誰的需求呢，在不可避免的選擇中由誰來決定呢？這是社會中心課程思潮所未曾回答過的。正因爲這樣，社會中心課程思潮受到了種種批評。從課程實踐上看，社會本位課程確定導致了課程與學生生活世界的疏離，它是「契入」的，而非「生成」的，必然導致教育與學生生活世界相剝離。

㈡課程自主性的迷失

　　接受社會的直接干預是社會中心課程的共同特點。在課程建設上，社會中心課程以社會或國家的需要爲根本目的，同時甘於接受國家和政黨對

課程的直接指揮，這是由社會中心課程思潮的課程價值觀決定的。在社會中心課程的倡導者看來，課程僅僅是實現社會或國家的目的的一種手段。社會、國家甚至政黨的需要是目的，課程是手段。手段完全從屬於目的，並必須始終指向目的。因而在他們眼中，課程是沒有任何自主性的。當學校課程爲社會中心思潮所支配的時候，課程對社會干預的接受往往是主動的，而不是被動的，也就是說，正是教育和學校成爲了社會力量干預學校課程的自主性機制的重要組成部分。這是頗爲耐人尋味的。

沒有自主性的課程，就宛如一具行屍走肉，其命運是危險和令人憂慮的。自主性的喪失意味著社會中心課程喪失了自己的價值主張。課程實踐作爲一完全不同於政治、經濟活動的社會實踐活動，應有自己的價值思考和獨特的價值主張。這種主張來源於教育界人士對外部世界的全面理解和對兒童生活世界的深邃洞察，是學校課程安身之命之根本。而社會中心課程將課程價值的選擇權拱手讓給國家或某一政黨。如果學校的課程完全受控於國家，徹底依附和順從於現存的社會，那教育是要充當維護現存社會的一切的保守勢力呢，還是要在保持社會的延續性的同時，努力促進社會的變革呢？教育的保守性是與其課程的保守性息息相關的，甚至是通過課程來體現和完成的。

(三)課程內容的缺損

無論在課程設置上，還是在選擇課程內容時，社會中心課程思潮都以社會需要爲唯一標準。雖然從課程發展史看，社會需求既可以與學科中心結合，又可與活動（經驗）中心結合。但在某一特定歷史條件下，社會需求是指向某一特定方向的。不論指向哪裡，最終都以社會爲中心。

社會中心課程思潮以社會需要爲選擇課程內容的唯一標準，往往導致課程內容在結構上的失衡，在突出強調某一部分課程的同時，往往疏於對其他課程應有的關注，最終導致課程內容的缺損。例如，社會改造主義課程和前蘇聯二十世紀20年代的問題中心課程重經驗輕學科；納粹時期的德國課程重種族意識、軍事訓練，輕視科學課程；而「冷戰」中的美國則過分突出科學課程的地位，無視人文課程的價值。這種結構如此不合理的課

程，怎能擔負起培養一個完整的人的使命呢？

二、社會中心課程思潮的前景

　　社會中心課程思潮秉承人類課程的歷史傳統，二十世紀以來，在理論的新穎性上，其影響可能不及兒童中心課程思潮，但就課程實踐領域而言，其作用仍是最為廣泛和最為深遠的。之所以如此，是因為社會中心課程及其思潮有其存在的歷史必然性。充滿著民族對抗、國際競爭和社會危機的二十世紀為其滋生和發展提供了天然的土壤，對於某些國家或某一歷史時期而言，社會中心課程的存在甚至有其十分明顯的合理性，給這些國家帶來了一些暫時的好處。例如，美國的國家主義課程使美國在「冷戰」中確保了軍事和科技上的領先地位，而第三世界國家的國家主義課程則是維護其民族獨立的重要盾牌。

　　但是，社會中心課程具有多方面的排斥性，它不僅排斥個人的需要，國家主義課程有時還拒絕知識的影響，排斥他國的利益。社會中心課程在一定時期內可能有積極意義，但從長遠看，它沒有體現課程的全部目的，不能使課程具有完整的價值譜系。可以說，社會中心課程思潮今後將逐步消解，但其影響將長期存在。

㈠社會中心課程思潮的逐步消解

　　在二十世紀裡，課程設計的「指標」一直在社會與個人、知識與經驗之間搖擺，這種「鐘擺現象」暗示著課程設計基礎的失衡。隨著社會的進一步發展，「中心」、「本位」思想勢將式微，社會中心課程思潮必將逐步消解。

　　一方面，世界局勢的緩和與國際理解教育的推行，是推動社會中心課程思潮走向消解重要力量。二十一世紀世界政治局勢的緩和經濟一體化進程的加快；與此同時，人類遇到了一系列世界性問題，如能源危機、生態失衡、環境汙染、人口膨脹及核威脅等，這些問題已「具有普遍性、整體性、複雜性、深刻性和嚴重性五個特徵」（S.・拉塞克、C.・維迪努，馬勝利等譯，1996，第96頁）。其中任何一個都超越了民族和國家的界線，

不可能由哪一個國家獨自解決，而需要各國的共同關心和通力合作，樹立全球意識和世界意識。在此情況下，極端的國家主義課程已不合時宜，以培育「地球市民」爲目的的國際理解教育等具有全球視野的教育和課程方案則產生著日益廣泛的影響。國際理解教育與國家主義教育有根本性的不同，在國際理解教育課程的普遍作用下，極端的國家主義課程必將走向消解。

另一方面，社會中心課程對應付「社會危機」做出了重要貢獻，但對人類面臨的日益深重的「人的危機」的產生都負有不可推卸的責任。在充斥著社會中心課程的「學校工廠」裡個人不再是作爲自我而存在的人，而是完全被社會的政治職能、經濟職能或者其他的職能所吞沒，蛻變爲一個「政治人」、「經濟人」或其他什麼人，總之是一個被異化的、畸形的「單面人」。人愈來愈來非人化，愈來愈沉淪爲「非本質的人」，腦子裡充滿著物欲，精神的家園坍塌，這就是人的危機，人自身的危機！面對這一課題，作爲現代機械文明產物之一的社會中心課程及其理論理當受到清理。

(二)社會中心課程思潮將繼續存在

社會中心課程思潮雖將逐步消解，但作爲一種課程價值取向，它不可能完全消失，其影響必將是長期的。

首先，這是由國家和社會組織的職能決定。著名公民教育論者凱興斯泰納（G. Kerschensteiner）在其1912年的〈公民教育的目的〉一文中引用保爾森（Paulsen）的觀點說：「國家的職能是使公眾的根本利益得到實現，首先是防範國內外的敵人，其次是採取措施掃除那些妨礙或反對個人爲社會利益效勞的實力（凱興斯泰納，轉引自瞿葆奎、丁證霖，1989，第457頁）。」國家和社會幾乎有一種天然的本性，即當個人利益與國家利益和社會利益相矛盾時，犧牲的必定是個人利益，而課程決策往往是由國家或者社會做出的。

其次，國際衝突和社會矛盾總是不可避免的。不論國際關係如何緩和，也不管社會進化到一個什麼樣的高度，國際衝突和社會矛盾總是不可

避免的。因爲國家利益和民族利益終究不可能完全淡化爲世界利益，社會矛盾則是社會進化的必要條件。國際衝突和社會危機是社會中心課程思潮存在的天然土壤，一旦有風吹草動，社會中心課程就是很容易贏得人們認同，獲得存在的市場。

所以，無論如何看待課程，社會的需要及其變化都是考察學校課程的重要視角，也是構建課程的必要依據。關於這一點，即便是後現代主義的課程觀也不否認。多爾（W. E. Doll）在《後現代課程觀》一書的最後，曾回憶了自己在二十世紀30年代就讀小學時接受「三R」（讀、寫、算）訓練的情況，認爲那純粹是爲了「適應發展中的工業化社會的需要」（小威廉姆·E.·多爾，王紅宇譯，2000，第248頁）。但他的後現代課程觀所眞正反對的，是課程的絕對確定性、預設性和封閉性，而不是「社會需要」本身。

第五節
社會中心課程思潮對中國的啓示

中國的課程變革雖未必完全受國外課程思潮的直接制約，但由於文化和歷史的原因，在學校課程的建構過程中，社會需求始終是最重要的考慮因素。因此，西方社會中心課程思潮的利弊得失對於反思中國的課程變遷及未來的發展，就顯得尤爲重要。

一、警惕社會中心觀對學校課程的扭曲

從文化的角度講，中國的教育歷來比較多地從社會的角度看待問題，這一點與西方存在較大差別。中國的教育雖然強調「成人」，孔門的教育內容凡四科——「文」、「行」、「忠」、「信」，都著眼於「成人」，以培養「君子」爲目的。但這裡的「人」作爲個體不是自成目的的，所謂「修身」、「齊家」、「治國」、「平天下」，「個人」所背負的首先是家、國及天下的責任。所以，中國傳統教育的內容與課程一向崇尙經典、傳統，體現出「父權文化」的特徵，「教」字本身就意味著孩童對經典的

服從，傳統的「六藝」（禮、樂、射、御、書、數）所強調的無一不是教育的社會功能。到科舉制度興起，教育成為國家納賢舉士的附屬品，無論哪一級的學校，課程的社會屬性就更加明確了。及至近代，經歷了兩次鴉片戰爭的失敗，國家陷入被西方列強瓜分的危險境地，無論是洋務運動時期舉辦的新教育，還是清末「廢科舉」之後興起的新學堂，都肩負著「師夷長技」和救亡圖存的使命。之後的新文化運動和「五四」雖然帶來了與西方類似的啟蒙，但「革命」很快壓倒了「啟蒙」（李澤厚，1999，第842-859頁），在整個二十世紀裡，教育基本成為社會運動和國家復興的工具。儘管有其必要性，甚至是歷史的必然，但教育及其課程不可避免地要服務於社會的需求，這是今天的我們不能不面對的事實，也是在檢討我們今天的課程時不能不警惕的。

今天，我們再提出要警惕社會本位觀對學校課程扭曲的觀點，許多人也許不以為意，甚至認為多餘。因為中國今天的主題早已轉換為經濟的增長和民生的改善，政治的環境也日趨開明、寬鬆，文化的多元性尤其是西方文化對於個體的尊重與肯定、對於自由和民主的強調已得到普遍認同，教育及課程領域中包括後現代的思想也得到了廣泛宣揚，並為愈來愈多的人所接受。但我們不要忘記的一點是，文化和教育的傳統作為積澱在民族的行為模式、思想方法及情感態度中的文化心理結構，不是說改就可改、想保存就可保存的身外之物，短時間內很難實現質的調整。中國思想界對啟蒙的呼喚從近代就已開始，即便從新文化運動和「五四」時期算起，也已花去一百年光陰，可是中國傳統的「創造性轉化」的工作至今仍未取得令人滿意的成果。最近十年來，中國大陸課程改革所引起的爭論林林總總，其背後的觀念衝突是不言而喻的。尤其在課程—社會觀、課程—文化觀及課程—知識觀方面，分歧尤為明顯。而在這些衝突中，我們處處可見中國傳統教育思維和課程文化的慣性作用。

從前文分析可見，社會中心課程的最大問題就在於傾向將學生簡單地加工成「符合成人世界需要的人」。而要避免這種扭曲，首先要關注課程體制的變革。社會中心課程天然地傾向於集中式乃至集權式的課程領導，傾向於「自上而下」的課程改革。要避免社會因素對課程的過分強制，就

必須強調並實現「多元參與」。一方面，要實現分級的課程領導與管理。自二十世紀90年代中期以來，中國大陸已經實施三級課程管理，這有助於化解國家一元化的課程霸權，這在中國是具有特別重要的意義的。

其次，在課程的開發體制上，也要建立課程相關利益主體的多元參與機制。課程的利益相關主體不僅有國家和整個社會，也有社群、學生、家長和學校，乃至教材編訂者和教育行政部門。上述主體的利益、需求和關切，既存在一致的一面，但無疑也有矛盾及衝突。在此情況下，若要避免國家及社會利益的一邊倒的影響，就必須讓所有主體都有發表意見、表達訴求的機會，更重要的是要在制度上為他們提供同時參與的可能。在這方面，我們的研究甚少，甚至尚未引起人們的足夠重視。中國的課程知識供應制度歷來帶有專制主義的性質，建立在君權專制基礎上的教育有一套嚴密的、由皇權控制的課程知識合法化機制；1949年以後的課程知識供應制度也仍然是「國家主導型」的，並帶有過分的意識形態色彩。今天的中國，社會結構正經歷著急劇的變化，課程需求的多元化已非常明顯，國家對於知識的控制因訊息化社會的到來，以及知識供應管道的多元化而變得幾乎不太可能，更重要的是教育民主化的呼聲已演變成實際的行動。在此情況下，我們必須建立一種新的課程發展機制，允許並鼓勵相關利益主體共同參與學校課程的討論，尤其要將課程問題納入公共領域，實現包括政府、學校、教師、學生、家長、課程專家及社會團體的平等協商，最終達成多元權力主體的合作。

除了課程體制的變革，文化心理和課程觀念層面的創造性轉化也是十分重要的。社會中心課程往往體現為以國家為主導的課程，是「國家全能主義」的反映。但問題在於，如果國家不「全能」了，我們的學校、教師、家長和地方教育行政當局能否將課程發展視為自己的責任呢？自由是一種責任，弗洛姆（E. Fromm）曾提出一個概念，叫「受虐狂」，意指那些因不願意承擔甚至意識不到自由的責任而甘願作權威的奴隸或他人的附屬物的人。從歷史上看，中國人的國民性中程度不同地存在著「受虐」的心理，這早已為梁啟超和魯迅等人所揭示。這在教育和課程領域的重要表現之一，就是我們已經習慣凡事都由「上」（國家）來作決定和安排。這

當中，體制是原因的一方面，文化心態和教育慣習也是根源之一。事實一再告訴我們，要改變這一點，還有很長的路要走。

二、學校課程不能放棄社會的使命

　　教育永遠是一定社會中的教育，其價值雖然不像社會本位論者所想像的那樣只限於社會這一個向度，但對社會的需要的響應和對社會變革的引導，永遠是教育所應體現的精神氣質。課程也是如此，「社會中心」的危險性固然需要防範，但學校課程無疑需要勇敢地、主動地承擔起自己的社會使命，這是我們在討論社會中心課程思潮時務必需要強調的。從中國現今課程改革的情狀和未來發展看，這尤其顯得重要。

　　強調這一點有多方面的原因。首先是教育本身的特性。有人說：「任何一種教育制度都是一種活生生的現實」，其目的、結構、過程、內容和方法都受到「外部因素」（即社會經濟和文化條件）和「內部因素」（及制度自身的活力）的影響，而「教育系統內部因素在對自身系統作必要調整時常常起阻礙作用，而不是促進作用（S.·拉塞克、G.·維迪努，馬勝利等譯，1996，第9頁）。」這一點，已為教育史所證明。更需要指出的是，教育系統的保守性不僅體現在自身系統的更新上，更反映在其社會職能的發揮上，教育往往更傾向於充當既有社會制度、文化、習俗和文化心理的複製者和維護者，而非促進者和革新者。另一方面，強調課程的社會使命也是當今中國發展的內在要求。中國正在經歷一個「千年未有之大變局」，無論是經濟的騰飛、政治的突破、傳統文化的轉化、民族心理的再造，還是新一代理性精神的培育、自信心的確立以及開放個性和獨立精神的養成，其所需要的教育都是積極的、進取的和有社會承擔的，而不是保守的、退縮的和回避現實矛盾的。沒有教育的更新，就不會有社會的發展。

　　但問題的關鍵還在於，學校課程如何承擔起社會的責任。

　　首先，我們要提倡一種積極的課程—社會觀。在課程與社會的關係上，我們不僅要承認課程與社會的聯繫，而且要考慮：課程是簡單地反映和維持現在的社會，還是要根據時代的要求積極、主動地變革社會。前者

是消極的課程—社會觀，後者是積極的課程—社會觀。正如杜威所相信的那樣，「教育是社會進步和社會改革的基本方法」，「堅持學校是社會進步和改革的最基本的和最有效的工具，是每個對教育事業感興趣的人的任務（趙祥麟、王承緒，2006，第9-10頁）」。這是一種積極的教育—社會觀。中國正處於一個急劇變革的時代，向後看的教育和維持性的教育都不符合時代的品格。課程領域應提倡改變和進步，我們需要一種「前進的意識」和「進步的氣質」，應敏銳觀察社會的問題，準確把握時代的發展方向，並主動尋求課程的改變與突破。倘若對於學校課程及教育內部已經暴露出來的問題（如應試教育），都不願正視和面對，我們又如何能承擔起社會的責任，有預見性地引導社會變革呢？

　　其次，學校課程應致力於培養擁有變革社會的意識和責任感並具有相應能力的人。《學會生存》一書的作者（聯合國教科文組織國際教育發展委員會，1996，第84頁）指出，「如果人們集中力量培養『完善的人』，而這種人又會自覺地爭取他們個人和集體的解放，那麼，教育就可以對改變社會和使社會具有人性做出巨大貢獻。」美國的社會學家英克爾斯（A. Inkeles）也指出，人的現代化才是現代化的關鍵（Inkeles, A. & Smith, D. H.，殷陸君譯，1985，第22-36頁）。正因為這樣，中國大陸近年課程改革所提倡的很多方面具有重要意義，應予充分肯定並繼續堅持。特別是要「改變課程過於注重知識傳授的傾向，強調形成積極主動的學習態度，使獲得基礎知識與基本技能的過程同時成為學會學習和形成正確價值觀的過程」；「改變課程內容『難、繁、偏、舊』和過於注重書本知識的現狀，加強課程內容與學生生活以及現代社會和科技發展的聯繫，關注學生的學習興趣和經驗，精選終身學習必備的基礎知識和技能」；「改變課程實施過於強調接受學習、死記硬背、機械訓練的現狀，倡導學生主動參與、樂於探究、勤於動手，培養學生蒐集和處理信息的能力、獲取新知識的能力、分析和解決問題的能力以及交流與合作的能力（中國大陸教育部，2001）」。為此，我們還應關注學生個體精神的傾向性，喚起他們對於個體精神自由的渴望。在教材的設計方面，要致力於實現課程知識和課程內容的「動姿化」存在（郭曉明，2005，第129-164頁）。

　　最後，「課程人」也應肩負起自己的社會責任。現代社會的教育已經是公共的教育，再也不是一個私人的領域。在這個領域裡，「課程人」應承擔起社會的責任。課程人不只是擁有知識，其顯著特點是時刻表現出足夠的「公共關懷」，以「打天下之不平」為志業，一切專業的活動與立場均以公共利益為目的，而非為蠅頭私利。在這裡，「課程人」的範圍顯然是比較廣泛的（鍾啓泉，2006，第16-22頁），既包括專業的課程研究人員，也包括各級學校的教師，還包括相關的教育行政人員。教師應做公共知識分子，這是毫無疑義的，現代學校的公共性決定了這一點。有必要進一步強調的是，所有的課程研究人員，尤其是參與國家和地方課程改革與課程編製的人員，以及負責課程管理的教育行政人員，必須用一個「公共知識分子」的尺度來要求自己，承擔起社會的責任。近年課程改革實踐的種種情況表明，強調這一點顯得尤為重要。中國的知識分子有好的傳統，這就是入世的傳統，修身、齊家、治國、平天下，樣樣都裝在士人們的心裡。古有孔了、屈原，近代以來如梁啓超、魯迅，都是我們的楷模。但真正的「公共知識分子」，是近、現代才有的尺度。這裡的關鍵，不是專業能力的問題，而是專業精神和專業責任的問題。試想，如果課程領域在「課程人」的心目中完全成為一個消費的領域或經濟的領域，我們還能寄望課程去承擔社會的責任嗎？

▌第五章▌▌▌

技術本位課程思潮[1]

1　本章由李臣之、張家軍、黃慧丹共同完成。帥飛飛提供了部分資料。

「技術本位課程思潮」，或稱開發本位課程思潮，把課程視爲「學校材料」（school materials），將「怎樣科學有效地開發課程」作爲探究主題，認爲課程研究即探究「價値中立的」課程開發的理性程序，強調有效控制課程開發環節，使課程開發過程成爲一種理性化、科學化、具有普適性的程式，有其獨特的社會背景、理論基礎、發展歷程、基本主張，對課程理論與實踐產生了廣泛影響。

第一節
技術本位課程思潮的生成背景

課程開發實踐有悠久的歷史，課程研究卻只有短暫的存在。進入二十世紀，由於社會經濟和科技的迅速發展，教育制度不斷完善，學校課程日趨定型，課程問題開始得到系統而專門的研究，技術本位課程思潮正是在這種社會歷史背景下逐漸生成，並在其他研究領域的影響與推動下發展迅速，展示自身不斷追求課程開發科學化的歷史進程。

一、社會背景

技術本位課程思潮是特定社會歷史環境下的產物。「工業化和城市化、新的移民潮、本土文化意識的成熟、進步主義改革的全面實施，不僅是構成十九世紀末至二十世紀初美國社會變遷的基本要素，也是引發包括進步主義教育運動在內的各種教育改革的主要社會原因（張斌賢，1998，第19頁）。」十九世紀末二十世紀初，美國作爲資本主義發展的後起之秀，在工業和經濟領域逐漸趕上並超過英國、法國和德國，居世界首位。1890年美國全國工業製品總值超過農產品總值，1900年工業製品總值已經是農產品總值的兩倍（梅里亞姆，朱曾汶譯，1984，第17頁）。美國已從一個農業國轉變爲一個工業國，基本實現了工業化，而工業化進一步加速了美國的城市化進程。工業化、城市化所推動的社會全面變革，使建立在傳統的鄉村—農業社會基礎上的美國教育表現出多方面的不適應性。工業和科技的發展需要大批掌握實用知識的人才和有文化懂技術的熟練和半熟

練勞動力，而當時學校教育卻嚴重脫離社會實際和兒童實際，難以適應社會發展需要。於是美國學校教育產生了全面而根本的變革，包括初等義務教育的普及、中等教育的大眾化和職業教育的興起。教育理論界掀起了一場對傳統教育進行徹底改革的進步教育運動。

　　進步主義教育運動爲教育革新創造了有利的社會環境，同時它所追求社會文化重建也需要借助於教育來實現。1919年進步教育促進會（Association for the Advancement of Progressive Education）宣告成立，1920年該協會公布了七點原則聲明（黃濟，1998，第209頁）：學生有自然發展的自由；興趣是全部活動的動機；教師是一個指導者而不是布置作業的監工；注重學生發展的科學研究；對兒童身體發展給予更大的注意；適應兒童生活的需要，加強學校與家庭之間的合作；在教育運動中，進步學校是一個領導。這幾條原則是該協會的綱領，在美國二十世紀30年代前的課程改革中，起著舉足輕重的作用。杜威、克伯屈、帕克赫斯特等人的課程改革都體現了這些原則。

　　就在這一時期，美國社會出現了一股追求「功效」和「唯科學主義」思潮。這一思潮使人們的價值觀念和文化觀念發生了根本變化，也影響到社會科學的研究方法，教育科學研究領域相應出現了「教育功效運動」和「教育科學運動」，這兩個運動直接促進了當時的教育研究和改革（陳揚光，1990，第122頁）。同時，心理學研究有了新的突破，並成爲課程編製的必要條件，教育科學運動的倡導者、心理學家桑代克就提出了關於「訓練遷移」的「共同要素」說，促使人們去考慮課程內容與當代生活的關聯。

　　此外，從十九世紀60年代開始美國迎來了一個移民浪潮。在短短幾十年間，新增移民1,300多萬。移民占據城市部分土地，並擁有不同的政治、文化和宗教傳統，對同質文化構成威脅，不斷增加的移民使當時的社會穩定受到挑戰。學校的作用、課程的實質及其所表達的價值，開始成爲人們特別關心的問題。學校從一種自十九世紀形成的追求學問的裝飾功能、主要關注通過心智訓練增加理智能力的機構，逐漸被看作滿足社會需要、實施社會控制的機構。

整體而言，當時的社會歷史背景滋生教育需求急劇「膨脹」，「有用便是眞理」的實用主義哲學在美國已深入人心，人們普遍關心務實的眼前利益。實用主義教育所主張的正是要求學生具有獲得實惠的「做工」、「做事」的本領，所以很容易被人接受，正如實用主義教育家杜威所承認的，當時美國人之所以送子女上學，是因爲他們把教育當作獲得足夠的麵包和牛油，以維持一定生活的狹隘的實用手段（趙祥麟、王承緒，1981，第27頁）。課程研究也朝著有效解決問題的方向發展。

二、學術實踐背景

如果說複雜而特殊的社會歷史環境形成了技術本位課程思潮生長的良好土壤，那麼學術團體的形成及其學術研究迅速展開，爲技術本位課程思潮的產生提供了新鮮的空氣與充足的養分。在徹底變革傳統教育的呼聲中，美國全國教育協會（NEA）成立了各種「委員會」，這些委員會對課程研究有著直接的影響。

由於社會思考一切問題都是從「功效」、「經濟」的角度出發，教育理當順應社會價值觀的變化，從「功效」、「經濟」角度重新審視，重新編排學校課程。1911年成立的「時間經濟委員會」基於這一認識，著手全面修訂學校課程，「消除課程乃至全部教育計畫中的一切浪費」（陳揚光，1990，第123頁），剔除多餘的學科以及各門學科多餘的內容。委員會在研究過程中大量採用自然科學定量研究法，力求占有定量研究的證據，以避免修訂課程的主觀武斷。在時間經濟委員會的推動下，人們開始按照委員會提出的效用原則，力求從理論上探討「最低限度基礎」的抽取標準，並尋找編製課程的科學方法（陳揚光，1990，第123頁）。

1893年，哈佛大學校長艾略特（C. W. Eliot）領導了「全美教育聯合會」的「十人委員會」（Committee of Ten），調查研究如何拓寬中學生的學習範圍，使他們有機會學到一些當代研究領域中的知識，而不僅僅只是一些爲「功能心理學」（faculty psychology）所支持辯護的古典學科。委員會認爲，讓學生學習拓寬的科目，不僅爲進大學做好準備，還爲以後的生活奠定廣泛的基礎。同年，該委員會發布了一份引起爭議的報告，報

告主題是大學和中學的銜接，試圖解決高中課程與大學入學標準不適應的問題。報告論及的具體內容包括必修課、選修課、大學預備科目和實用科目。儘管報告發表後受到了來自不同方面的指責，認為報告會使高中課程處於大學的支配之下，但它確實為現代課程發展提供了有益的探討。

不過，小學的課程問題依然存在。於是，全美教育聯合會又組織了一個「十五人委員會」（Committee of Fifteen）對此展開研究。在委員會提供的研究平臺上，赫爾巴特主義論者和哈里斯（William T. Harris）進行了激烈的爭論。前者持發展論，而後者是黑格爾學科知識觀的鼓吹者。最後，哈里斯以心靈的五扇窗戶」（five windows of the soul）的學科理念在委員會1895年的報告中取得了勝利。哈里斯堅持人文主義的課程觀，將文法、文學和藝術、數學、地理及歷史稱作心靈的五扇窗戶，這五門相互協調的學科是西方文化遺產內在聯繫的體現。學校作為專門教育機構旨在通過上述課程傳遞優秀的西方文化遺產。

1918年，中等教育改組委員會（Commission on the Reorganization of Secondary Education）發表了著名的《中等教育基本原則》（*Cardinal Principles of Secondary Education*）。報告受實用主義教育思想的影響，強調中等教育要面向全體青年。具體探討的內容包括課程目標、教育組織形式和課程設置。《中等教育基本原則》被認為是美國現代中學教育的分水嶺，其中關於課程目標以及加強中學課程實用性、多樣性的主張，奠定了現代中等教育的基礎。就前者而言，這篇報告開啟了課程目標研究的大門。

由中學、大學組成的「評鑑委員會」，對30所實驗學校的學生發展情況進行追蹤評鑑。評鑑委員會的工作也分為兩個階段：第一階段主要對實驗學校的新編課程和教材進行評鑑；第二階段主要對升入大學的原實驗學校畢業生的學業和能力進行評鑑，並與普通學校畢業生的有關情況進行比較，進而得出實驗研究的最終結論。評鑑委員會所進行的一系列評鑑活動成為「八年研究」的關鍵工作，為技術本位課程思潮的形成奠定了重要基礎。

第二節
理論基礎

各種學術團體所進行的工作極大程度地影響著教育理論與教育實踐。一批致力於科學理論應用的教育家堅信，科學思想、方法和技術完全可以應用於教育研究，進而依據各自任何有用的理論，嘗試提出科學而有效編製課程的種種設想，其中，邏輯實證主義、行為主義，尤其是科學管理理論成為這些設想提出的主要依據，為技術本位課程思潮的產生奠定了理論基礎。

一、科學管理理論：最為直接的理論基礎

技術本位課程思潮的早期代表巴比特，較早運用美國工業管理學家泰羅（F. W. Taylor）的工業科學管理理論中的重要原則，主張透過分析社會需要和人類生活活動來確定課程內容。作為對工業主義和社會制度變革的一個反應，「工業科學管理理論」是「社會效率運動」（social efficiency movement）的產物，該理論以泰羅為代表，盛極一時，主張分析工作並對工業生產勞動進行科學的監督管理。所謂「科學管理」，探討和試圖解決的主要問題是如何提高企業勞動生產率。「生產率」是科學管理原理一個核心概念，認為人是受經濟利益驅動的，若要提高生產率，就須用科學原理來管理，即要分析工人的「特殊能力和限制條件」，以便使每個工人都處於自己最高效率和最大生產能力的狀態。

1911年泰羅出版了《科學管理原理》，較全面地闡述了科學管理理論。經過長期的實驗研究，他提出，一切管理問題都能夠採用科學的方法，一切工作方法都應由管理者經過考察而決定。泰羅的管理理論可以概括為四項原則：第一，用嚴格的科學方法對工人勞動的每一要素做出規定；第二，科學地挑選工人，並加以訓練和教育；第三，培養工人和管理人員之間的合作精神，以保證工人按科學方法完成任務；第四，將計畫職能與執行職能分開，在管理人員和工人之間進行分工，明確各自的責任。泰羅的管理理論經同時期一些學者如坎特（H. L. Cantt）、吉爾布雷斯夫

婦的進一步完善，對當時及其後的工業生產和管理產生了極爲顯著的影響。爲提高生產效率，管理者們紛紛轉向科學管理，並力圖在管理中實現「四化」，即制度化、簡單化、效率化和標準化。

科學管理的思想和方法顯著地表現在博比特的課程研究中，他率先將泰羅的《科學管理原則》擴展到課程研究領域，其課程思想集中體現於《課程》和《怎樣編製課程》。博比特對教育特性的理解極大地影響了其課程觀和以後的課程研究。他認爲，教育有基礎性和功能性兩個層面。前者主要是遊戲經驗的副產品，是展現兒童能力的自然過程；後者是學校教育的目標所在，主要在於爲兒童將來履行特定的成人生活作有益的準備。博比特明確提出如何編製課程是課程專家的工作，其職責是類似於生產機械部門的研究人員，一方面要能及時發現消費市場對於產品的需求；另一方面要善於研製產品生產的最有效方法。他提出了課程開發的五個步驟，依次是人類經驗分析、工作分析、推導目標、選擇目標和制定詳細計畫。課程學者的主要任務是運用科學的分析精神和方法，從事成人社會的活動分析，將其轉化爲簡單的、詳細的目標，並盡可能使這些目標、經驗、活動標準化。

博比特課程理論問世，引起廣泛的反響。美國全國教育研究會（NSSE）發表第26部年鑑，明確承認課程決策可以通過科學方法得以改進。這一理論一直是二戰前美國地方課程改革的依據，標誌著一代教育家尋找科學課程理論，追求課程效率的最初嘗試，使課程開發進入了眞正獨立發展的歷史。

作爲博比特重要呼應者，查特斯遵循了相同的思想路線，只不過在具體的設計中，將目標分析限定爲工作分析。也主張透過「活動分析」、「職業分析」來確定課程。所不同的是，查特斯還對課程活動作結構——功能分析，將「理想」和系統知識作爲確定課程目標和內容的基礎，以此確定課程活動中目標與內容的邏輯關係，除博比特、查特斯外，還有一批信奉者和推動者，如斯內登、哈拉普等，都是科學化課程研究的早期代表。

科學化課程研究的典範人物或集大成者當屬泰勒（Ralph W. Tyler）。

泰勒所處實踐和理論背景使其研究獲益匪淺。泰勒沿著博比特、查特斯等人的足跡，繼續將科學管理觀念運用於課程研究，他提出了課程研究的四個基本問題，明確界定了課程開發的四個基本步驟。通過對目標範圍的補充和對評鑑工作的重視，他在一定程度上延伸、擴展和改善了早期課程學家們的研究理念，但其步驟的規定性、預設性和計畫性最終指向的仍然是制度化和標準化，意在發揮管理和控制的功能。在派納看來，泰勒原理四個問題發出的就是「能順利實施的管理方面的」信號（Hlebowitsh, 1993, p.64）。而泰勒所總結的泰勒原理則影響了整個二十世紀的課程專家。

二、邏輯實證主義理論與技術本位課程思潮

邏輯實證主義形成於二十世紀20年代，羅素（Bertrand Russell）是邏輯實證主義的理論先驅。羅素和維根斯坦（Ludwig Wittgenstein）是邏輯原子主義的創始人。羅素把經驗世界歸結為許多孤立的原子事實（主觀感覺）的機械集合，而要瞭解任何事物的實質，唯一的途徑是分析，即對某一事物不斷進行分析，直至無可分析為止，那時所剩的就是邏輯原子。顯然，在羅素看來，認識世界的方法是分析、還原的方法，即把複雜的經驗世界分解為各個最基本的原子單位，然後對這些原子單位逐一認識。早期課程研究可以說在很大程度上受到邏輯還原主義的影響。無論是博比特的「活動分析」還是查特斯的「工作分析」，遵循的都是一種「簡單理智」，體現為還原主義的思想，人類的生活、工作再複雜、多樣，總是能加以區分或分類，課程目標也總是可以用分析方法發現。在羅素和維根斯坦的邏輯原子主義思想的哺育下邏輯實證主義得以形成，30年代是其鼎盛時期，至60年代由於批判理性主義和歷史學派的興起而走向衰落。邏輯實證主義關心的主要問題是：命題的經驗證實、知識的本質和基礎、科學的假定。邏輯實證主義反對討論傳統的本體論問題，認為形而上學的命題含混不清，無法進行邏輯分析和經驗證實（薛文華，1994，第150頁）。所以，強調經驗。邏輯實證主義是注重命題的經驗證實，即命題有無意義，在於它是否可以得到證實。

　　在邏輯實證主義者看來，知識的本質是概括。「科學知識，尤其是那些科學規律都是概括，都有一定的普遍性。人們之所以要求知，就是因為大量觀察到的個別事實滿足不了人的需要。人們要求普遍性知識，以便用它來解釋眾多的個別事實，並且預見未來，指導行動（趙修義、邵瑞欣，1990，第114頁）。」邏輯實證主義學派認為，這種概括是通過歸納推理，特別是列舉歸納得到。邏輯實證主義視各門科學有統一的基礎——經驗。卡爾納普（R. Carnap）是邏輯實證主義的代表人物之一，他認為，「對科學概念的分析表明：不管按照通常的分類，這些概念屬於自然科學還是心理學或社會科學，它們全部可以復歸到一個共同的基礎上。它們可以歸結為一些用來表示『給予』、表示直接經驗內容的原始概念（鄭杭生，1988，第125頁）。」經由歸納得出的知識，並不告訴我們絕對確定的真理，只是作為一種假定，但邏輯實證主義者認為，假定乃是一個有效的預言工具，想要行動的人是等不及未來成為可觀察的知識的，它只能依靠預言，以一種預見性的知識為前提。

　　邏輯實證主義為包括課程研究在內的社會科學提供了新的認識論和方法論假設。從早期的博比特、查特斯到泰勒和塔巴等，其研究無不打上邏輯實證主義的烙印。在他們的課程研究中，一個基本的假定就是知識是通過一套和科學方法緊密相連的經驗分析規則而很好地產生的，它公開地忠於「客觀和價值中立」的事實觀，並根據效率行事。當他們進行課程開發時，一致地固守這樣的信念：必須處理事實；方法和目標是各自獨立的，後者應被明確設計；解決問題的方法應該建立在經驗資料的基礎上；課程是一個邏輯設計的能有效實現預定目標的手段。當然，對於如何確定目標、如何設計開發過程等具體問題，他們各抒己見。

三、行為主義理論：主要的心理學基礎

　　行為主義（behaviorism）是二十世紀初心理學中的一個主要學派，其代表人物有華生（John B. Watson）、賈德（Charles H. Judd）、桑代克（E. L.Thorndike）和斯金納（B. F. Skinner）。泰勒把桑代克的工作對課程的重要性歸結為二十世紀最重要的五大課程事件之一，認為桑代克使課程探究

從討論不同學科的相對價值轉向對當代生活的經驗研究，以便能夠有助於學生更有效地從事自己生活的學習活動（Tyler, R. W., 1987, p.37）。作為泰勒博士學位論文指導老師，賈德關於學習遷移的實質在於經驗的類化或概括化理論，對泰勒課程目標確定影響很大。但從總體上看，對泰勒課程開發研究產生影響的主要是行為主義所倡導的行為科學研究方法。

行為主義者認為心理學的目的在於科學地研究人的行為，以便瞭解、預測和控制。認為行為是習得的，是個體在與環境（包括他人）的交互作用過程中習得的，是制約的結果。教育也是一種制約的過程，或者說是一種行為改變的技術。由此觀之，行為主義關注的是如何改變人的行為，而不是如何把人改變。行為主義者把所有知識看作直接或間接源自感官經驗，對人的行為要採用觀察的方式，這種觀察是客觀的，合乎科學的，對問題能作客觀的陳述。誠如有學者提出的，「培根在發展『歸納的科學方法』時，堅持人們必須揚棄那些不能懷疑的教條，探索和尋找所發現的事實的意義。因此，行為主義必須找尋那些人的行為的事實，也就是可觀察的和有知識的經驗的證明（Gutek, G. L., 1974, p.28）。」

受決定論哲學思想的影響，行為主義者提出所有的行為都是被決定的。決定的因素，一是外在的刺激，二是過去的歷史和個體當前的情況。總體上說，人不是「自主的人」，無法不受到控制。既然行為是習得的，那麼行為既可以採取一定的技術使之增加，也可以借助一定的方法使之減少，也可以借助特定的方法使之改變。華生積極倡導行為控制，根據他的分析，「教育便是一種行為控制，使教育能按照期望進行。由於人的行為可以控制，因此基於行為主義的原則，人們應該從小就要控制兒童的行為，加以有計畫的訓練，以便改造未來社會（詹棟樑，1995，第129頁）。」桑代克在關注行為控制的同時，大力倡導測量和測驗的方法，在教育上嘗試各種科學測驗。他編製了很多的測驗和量表，推動了量化研究的方法。行為主義的研究推動了科學化課程研究活動，影響了行為目標的制定。就目標的表達方式而言，博比特、查特斯、泰勒等均主張課程目標應予以操作性定義，用行為術語描述，使其明確、具體、詳盡。博比特（1918, p.42）認為「人類生活不管怎樣變化，總包含著許多特定活

動的履行。」泰勒（1949, pp.5-6）則認為「教育是一種改變人的行為方式（behavior patterns）的過程……教育目標代表著教育機構尋求使它的學生所發生的各種行為變化。」主張應使教育過程、教育目標客觀化、定量化和具體化。

　　二十世紀30～40年代，由於經濟大危機的影響，社會進步人士開始呼籲由社會來掌握生產資料，要求借助教育來控制和預測人的行為，從而建立沒有經濟蕭條的新的社會秩序。面對這一社會挑戰，人們著手重新研究杜威教育哲學中關於教育控制的概念，關於實現兒童創造自由的社會條件，關於有組織、有目的的學校教育和課程對建立沒有經濟蕭條新社會的意義。此時，美國行為主義心理學的新發展也給研究教育控制以強有力的理論支持。行為主義心理學以嘗試錯誤來解釋學習過程，以反射現象來說明學習活動，因而注重訓練，注重學業測驗，並企圖通過各種標準化測驗來達到控制和預測學生行為，改變學校教育方向的目的（陳揚光，1990，第124頁）。

　　泰勒的思想與桑代克的一致性在於他們都認同學習具有應用性，能夠遷移到其他情境中。這表示死記硬背式學習和知識誦記是不必要的。學生可以組織訊息並對訊息進行分類，使之成為現存的心智圖式或模式，並在不同的場合加以運用。泰勒和塔巴所勾勒出的行為主義邏輯方法顯然是受到了桑代克學習理論的影響。但是，他們都不同意桑代克關於特殊刺激與特殊反應之間的聯結的觀點。他們概述了一個更為一般化的學習觀點，這個觀點更接近認知方法。博比特和查特斯選擇學習的更為精確的行為方法，與桑代克是一脈相承的。相對兩者來說，泰勒和塔巴更傾向於杜威和賈德的理論：學習是建立在概括的基礎上的，教給學生重要的原理是為了解釋具體的現象（奧恩斯坦等，柯森等譯，2002，第109頁）。

　　泰勒還根據「刺激—反應」聯結論，把教育目標劃分為一一對應的「行為」方面和「內容」方面，於是教育目標成為「行為目標」。而實現目標的過程即是尋找合適的預定行為，從而引起預定的行為發生的過程。科學化的課程研究把行為化的教育目標置於課程開發的中心地位，把課程視為序列化的活動計畫。課程開發中，十分重視探討分析人類社會行為的

技術原理和方法，尤其是在早期的課程研究中，往往表現爲一種技術過程，或者說呈技術式的態勢。

第三節
技術本位課程思潮的發展階段及基本主張

　　技術本位課程思潮經歷了三個階段：1918～1949年是「科學化課程開發早期發展」階段，這個時期國外一些著作用「curriculum making」一詞，國內翻譯爲「課程編製」、「課程編訂」。其代表人物有：博比特（F. Bobbitt）、查特斯（W. Charters）、克伯屈（W. Kilpatrick）、拉格（Rugg）、卡斯威爾（H. L. Caswell）與坎貝爾（D. S. Campbell）。1949年開始到70年代，進入了「科學化課程開發成熟階段」。這個時期「curriculum development」逐步代替了「curriculum making」一詞，國內翻譯爲「課程開發」，但也有人沿用了「課程編製」或「課程編訂」。其代表人物有泰勒、史密斯、塞勒、塔巴、惠勒等。70年代之後技術本位課程思潮進一步深化階段。

一、技術本位課程思潮的早期發展及主張

　　博比特是技術本位課程思潮的奠基人和開創者。他於1918年出版的《課程》被視爲課程理論構建的起點，也被看作是科學化課程理論構建的早期代表著作之一。博比特的課程理論與其教育價值觀一脈相承。他的教育觀集中體現在其對教育本質的認識。

　　綜觀博比特的諸種著作，可將其教育本質觀歸結爲三點。其一，教育是要讓學生爲成人生活做好準備。博比特在《怎樣編製課程》（*How to Make a Curriculum*）一書中就強調，教育的基本責任是準備50年的成人生活，而不是爲了20年的童年及青年生活。因此，學校中的兒童生活只是手段，未來社會中成功的成人生活才是目的。所以學校教育應以理想的成人生活爲目的來組織，而理想的成人生活歸根結底是由社會決定的。其二，教育是促進兒童的活動經驗發展的過程。教育並不是一個在兒童心智中存

儲成人生活所需要的諸種知識的過程，而應是促進兒童恰當的從事生活中諸種活動並取得相應經驗的過程，學習者在教育過程中應是一個「行動者」（doer），而不是一個接受者。其三，教育即生產。博比特深受「泰羅主義」的影響，把教育過程比擬爲生產過程：「教育是一個塑造過程，如同鋼軌的製造一樣。經由這種塑造過程，人格將塑造成所需要的形態。當然，人格的塑造要比鋼軌的製造更爲精密，而且包含更多非物質成分，然而塑造過程並沒有兩樣（張華，2000，第4頁）。」他把二十世紀初工業科學管理的原則用到學校教育，學校就變成了「學校工廠」（school-factory），學生就成了「原料」，教師就成了「教師工人」（teacher-worker），教育正是爲了獲得理想成人這個「成品」而對「原料」（學生）不斷加工改造的過程。那麼，課程是什麼呢？博比特在《課程》一書中這樣寫道：「人們從事（成人）事務所需的能力、態度、習慣、鑑賞力和知識形式將會顯現出來而成爲課程目標。這些目標將是眾多的、明確的、詳盡的。因此課程是兒童及青年獲得這些目標所必須具有的一系列經驗（張華，2000，第4頁）。」

博比特的課程本質觀是以完美的成人生活爲出發點，卻落實於兒童的經驗與活動。他指出，學習經驗是達到目標的手段，爲了使目標科學化，必須使教育目標具體化，因爲科學的時代要求精確性和具體性。相應地，強調教育目標的具體化和標準化，成爲二十世紀20年代初課程科學化運動的一個重要標誌。在博比特看來，課程是通過對人類活動的分析而被逐漸發現的東西。所以，「課程發現者首先是對人性和人類事務的分析者」，即要發現當代人類社會所需要的特定的能力、態度、習慣、鑑賞力和知識的形式。

這種把人的活動分析成具體的和特定的行爲單位的方法，即著名的「活動分析法」（active analysis）。在博比特1924年出版的《怎樣編製課程》中，具體闡述了五大課程編製理論。第一，人類經驗的分析（analysis of human experience），這是課程編製的第一步。指將人類的經驗分爲若干主要領域，其中一類包括語言、衛生保健、公民、社交、娛樂、宗教、家庭、職業等。分析人類經驗的全部領域，是爲了能夠把屬於學校

的那些部分同整個人類經驗聯繫起來。第二,工作分析（job analysis）,是將已經分類的領域進一步分成更爲具體的活動。博比特認爲,以往只進行過少量的活動分析,且這些分析大都集中在拼寫、語言、算術、歷史、地理和職業等領域。但他堅信使用科學的分析方法具有優勢,而且活動分析作爲課程編製的具體基礎,是一種很有前途的方法。第三,導出目標（deriving objectives）,目標說明了完成活動所需要的能力。在將人類經驗分成若干類別且進一步做出活動的基礎上,便可以提出教育目標。第四,選擇目標（selecting objective）,是從目標中選出那些在計畫學生活動時可作爲基礎的目標。因爲並非所有的目標都對課程編製具有意義,必須對提出的各種目標進行選擇,並以此作爲教育計畫的基礎和行動綱領。第五,制訂詳細計畫（planning in detail）,設計實現目標所需要的活動經驗和機會。博比特認爲必須爲每一年齡或年級的兒童每天的活動制訂詳細計畫,這些詳細計畫引起的活動構成了課程。

　　同博比特一樣,查特斯也把確定人類活動的基本單位作爲課程編製過程的第一個步驟。查特斯認爲,課程工作者的首要任務是要發現人們必須做些什麼,然後向他們展示如何去做。他注重考察學生在學習過程中容易出差錯的地方,以便所選擇的課程內容能夠克服或糾正他們。由於學生在學習中所犯的錯誤和所遇到的困難在「決定課程與教學的重點應放在哪裡」時產生重要作用,所以他主張採用錯誤分析法（analysis of errors）或困難分析法（difficulty analysis）。

　　查特斯主張應該把理想（ideals）作爲課程內容的一個重要組成部分,這不同於博比特,因爲理想不是從對人類活動的分析中提煉出來的。查特斯認爲教育不僅要向年輕人展示怎樣控制目標,而且也要向他們展示應該如何去控制目標。每個教育工作者都希望把理想注入到學生的生活中去,這就需要瞭解適用於理想的各種活動,並要分析選擇理想在學生活動中運用出來的情況。在他看來,課程是由理想和完成理想的活動這兩者構成的（羅明東,1990,第22頁）。主張編製課程必須先制定目標,然後選擇課程內容,在選擇過程中,必須始終根據目標對課程內容進行評鑑。

　　博比特和查特斯作爲課程編製科學運動的早期代表人物,二者在理

論與實踐的卓越貢獻將在課程研究的發展史上熠熠生輝。他們提出了重要的課程思想和研究領域，諸如：課程是一種過程，如果遵循這一過程，將導致一種演變的課程；課程編製過程本身就是一個研究領域，目的（或理想）、目標和活動之間的關係，是課程所關注的問題；目的的選擇是一個規範性的過程，而目標和活動的選擇則是一種實驗性和科學性的過程；目標和活動要經過科學的分析和驗證；知識與生活實際需要之間的聯繫，是課程研究者要解決的一個核心問題；等等。這些問題長期以來一直是課程研究的基本問題。

　　當然，我們不難列出科學方法運用到課程中的諸多缺點，關於教學是科學還是藝術的爭論聲也一直不絕於耳。但有一點我們是不可否認的，那就是將科學、效率思想引入教育領域是一場巨大的變革。正如韋斯利所說，課程編製歷史中最大的進步，是科學方法的運用。

　　曾經擔任哥倫比亞大學師範學院教授及林肯學校校長的拉格（H. O. Rugg）也對技術本位課程思潮產生過一定影響。克雷明（單中惠、馬曉斌譯，1994，第201頁）在總結拉格的經歷時曾說：「如果某個個人的經歷象徵著進步主義教育在第一次大戰後幾十年間的不斷變化，那麼這個人肯定是拉格。」在二十世紀20年代，課程研究與實驗主要有兩種傾向：一種傾向是從兒童出發，強調課程設置應以兒童多方面的發展為基礎；另一種傾向則主要通過分析社會活動，以確定教育的一般目的，進而制定課程。當時美國中小學課程最為突出的問題是課程設置的隨意性。全國教育協會下屬的督學部在1925年的報告中就說，修修補補的增加、補充教材不再符合社會需要，要徹底地修改課程。為適應這個要求，拉格等人在1921～1922年編成一套新的教材發行，該教材又於1929年以《人類及其變化中的社會》（*Man and His Changing Society*）為名正式出版。拉格的課程改革實驗與上述兩種傾向都有一定的聯繫。他的實驗始於1920年，並一直持續到1936年，以林肯學校為中心。實驗的指導思想是加強學校與社會的聯繫，使初中的社會學科教學充分反映二十世紀美國民主主義——工業文明的要求。在實驗取向上，它既不簡單的排斥或否定傳統的教育目標，也不盲目的接受兒童中心論。在林肯學校，兒童發展仍是主要的、根本

的，是目的；而社會意識、社會目標、社會要求等等，是作爲這種發展的內容、手段。

二十世紀20年代後期，「全國教育研究學會」（NSSE）編撰了第26部《年鑑》。作爲此時該委員會的主席，拉格在《年鑑》的第一篇《課程編製：過去與現在》（*Curriculum Making: Past and Present*）中提出了課程編製過程的三項任務，或者說三個階段，即：確定基本的目標；選擇活動和其他教學材料；發現最有效的教材組織方式。

從二十世紀30年代初開始，拉格的思想轉向社會改造主義。在30～40年代出版的《美國的文化和教育》（1931年）、《偉大的工程》（1933年）、《美國生活和學校課程》（1936年）和《美國教育的基礎》（1947年）等一系列著作中，拉格從不同方面闡明了他的社會改造主義主張。

二十世紀30年代課程領域出現的比較重要的事件是「綱領性文本」（課程教科書）的出現。卡斯威爾和坎貝爾的《課程開發》（1935年）在美國課程領域建立了一種綱領性文本的傳統。在《課程開發》（*Curriculum Development*）中包含了以下單元：當代生活對學校的挑戰、學校的社會責任、對課程開發的重要影響、課程的概念、課程開發的基本原理、教育目的、課程範圍、組織教學的單位基礎、學程、課程開發中管理方面。他們構建的概念框架，幾乎把以前課程編製中的方方面面都包括進來了。此後，課程開發成爲人們關注的對象。卡斯威爾等主張以「社會功能法」劃分生活領域，其中有些功能是：保護和保存生命財產與自然資源、娛樂、表現審美衝動及分配生產報酬等。他試圖通過給教師提供一個經過仔細選擇的、包括七個題目的閱讀提綱，來幫助教師改進課程（約翰・D・麥克尼爾，施良方等譯，1990，第361頁）。這個閱讀提綱是：(1)課程是什麼？(2)哪些發展導致了需要進行的課程修訂？(3)教材的作用是什麼？(4)我們怎樣確定教育目標？(5)把教學組織起來的最好辦法是什麼？(6)我們應該怎樣選擇教材？(7)我們應該怎樣測量教學的結果？

卡斯威爾相信課程是比兒童能夠得到的經驗更豐富，課程是由兒童實際經歷著的經驗組成。因此，教師與學生的相互作用是課程中極其重要的方面。同時，他相信爲了使學校更符合社會和個人的需要，修訂課程是

必需的。他提出必須對改變課程的要求予以評價。只有具備下列幾個條件時，方可接受改革：(1)與民主的價值觀相一致；(2)與學習者發展的需要相一致；(3)其他機構無法完成的事；(4)已獲得或將獲得社區領導人支持的事；(5)不能取代具有較高價值的其他現有課程領域的事。卡斯威爾贊同，課程設計應該綜合課程的三個基本要素——兒童的興趣、社會的功用和有組織的知識，也認識到課程研製的中心任務是對來自教材領域、哲學、心理學和社會學的材料加以綜合。

二、技術本位課程思潮的成熟階段及主張

技術本位課程思潮的正式形成當歸功於「八年研究」（1934～1942年）形成的「泰勒原理」（Tyler Rational），泰勒（1949, p.1）在《課程與教學的基本原理》（*Basic Principles of Curriculum and Instruction*）中開宗明義，指出他的這本書就是要闡明觀察、分析、解釋教育機構中課程與教學計畫的原理。參與「八年研究」這項實驗研究的除了專業研究人員外，還有橫貫美國的300所大學、學院和選擇出來的30所中學。「八年研究」不僅對美國大學入學要求和中學課程產生了深遠的影響，同時由於它指出了教育目標、課程設計和評鑑過程之間存在著密切的聯繫，既孕育了教育評鑑原理，又為現代課程理論奠定了基礎。

泰勒的課程與教學基本原理圍繞著四個中心問題運轉：學校應該達到哪些目標？（What educational purpose should the school seek to attain?）提供哪些教育經驗才能實現這些目標？（What educational experiences can be provided that are likely to attain these purpose?）怎樣才能有效地組織這些經驗？（How can these educational experiences be effectively organized?）怎樣才能確定這些目標正在得到實現？（How can we determine whether these purposes are being attained?）這四個基本問題經受住歷史的考驗，從這四個問題所歸納出的目標、內容、組織和評鑑被舒伯特稱為「永恆的分析範疇」。依據這四個問題形成的課程開發技術路線，成為經典的課程開發模式。

(一)**確定教育目標是課程開發的首要環節**

泰勒時代，效率等同於科學。學校課程圍繞「效率」這個軌道運轉，為使課程科學化，就必須使教育目標具體化，這是課程科學化運動的重要標誌，是技術本位課程思潮的關鍵。

在技術本位課程論者看來，確定教育目標是指導課程編製所有活動的最為關鍵的首要環節（見表5-1）。要對教育目標的抉擇做出明智的判斷，必須有來自三個方面的訊息：對學生的研究；對當代社會生活的研究；學科專家的建議（見表5-2）。任何單一的訊息來源都不足以為明智地選擇教育目標提供幫助。學校教育的時間、精力有限，需要聚焦非常重要的目標，就要對選擇出來的目標進行篩選或過濾，剔除不太重要或相互矛盾的目標。教育哲學和學習理論是目標篩選的篩子，可對已選擇出來的目標進行篩選（拉爾夫・泰勒，施良方譯，1994，第18頁）。

表5-1　技術本位課程開發的基本環節

博比特 （1924）	拉格 （1927）	吉爾斯等人 （1942）	泰勒 （1949）	塔巴 （1962）	
1.分析人類經驗	1.確定基本目標	1.確定目標	1.確定目標	1.需要診斷	5.選擇學習經驗
2.工作分析	2.選擇活動和教學材料	2.選擇達到目標的手段	2.選擇經驗	2.闡述目標	6.組織學習經驗
3.推導目標 4.選擇目標	3.發現最有效的組織方式	3.組織這些手段	3.組織經驗	3.選擇內容	7.評鑑
5.制定詳細計畫		4.評鑑結果	4.評鑑結果	4.組織內容	8.檢查平衡性和順序性

表5-2　選擇教育目標的訊息來源

拉格 （1927）	波特 （1931）	吉爾斯等人 （1942）	泰勒 （1949）	塔巴 （1962）
學生	學生	青少年的需要	學生	學生
成人生活	實踐工作者	社會的要求	社會生活	社會
課程	教材專家	教材	學科專家	教材

　　選定教育目標以後，需要用有助於選擇學習經驗和指導教學的方式來陳述目標。如果僅僅用「發展批判性思維」這種形式陳述目標，指出希望通過教育在學生身上引起哪些變化，不涉及從事批判性思維所需要的內容和所涉及的方式，目標就難以達成。同樣，僅僅把「形成廣泛的興趣」作爲目標，而沒有具體指出喚起和刺激這些興趣的各個方面，這樣的目標闡述仍然不夠清晰。最爲有效的陳述目標的形式是，既指出要使學生養成的那種行爲，又言明這種行爲能在其中運用的生活領域或內容（Tyler, R. W., 1949, p.46）。通過盡可能清晰地界說那些預期的教育結果，努力使教育目標具體化和標準化，才有助於教育目標的達成和落實。

(二)選擇學習經驗是關鍵

　　決定提供哪些特定的教育經驗，是教育目標確定之後面臨的關鍵問題。因爲只有通過這些經驗，才會產生學習，進而才有可能達到教育目標（拉爾夫・泰勒，施良方譯，1994，第22頁）。泰勒認爲，學習經驗是指學習者與他做出反應的環境中的外部條件之間的相互作用。學習是通過學生的主動行爲而發生的，學生的學習取決於他自己做了些什麼，而不是教師做了些什麼。因此，坐在同一個班上的兩個學生，可能會有兩種不同的經驗（拉爾夫・泰勒，施良方譯，1994，第23頁）。在泰勒看來，選擇學習經驗的問題，是一個確定哪些種類的經驗有可能達到既定教育目標的問題，也是一個如何構建獲得所期望的學習經驗的情境的問題。選擇學習經驗有五條原則（拉爾夫・泰勒，施良方譯，1994，第23-24頁）：

1. 爲了達到某一目標，學生必須實踐這個目標所隱含的那種行爲。
2. 必須使學生由於實踐教育目標所隱含的那種行爲而獲得滿足感。
3. 學習經驗所期望的反應，是在學生力所能及的範圍之內的。
4. 有許多特定的經驗可用來達到同樣的教育目標。
5. 同樣的學習經驗往往會產生幾種不同的結果。

　　能有效地達到教育目標的學習經驗眾多，需要把注意力放在一些主要特徵上，即學習經驗是否有助於培養思維技能，有助於獲得訊息，有助於形成社會態度，有助於培養興趣等。可用多種學習經驗達到某一目標，同

一學習經驗也可以用來達到多個目標。因此，設計學習經驗的過程，並不是用一種機械方法為每個特定目標制定明確規定的學習經驗。相反，這是一種比較富有創造性的過程。

隨著泰勒對學習者和知識看法的改變，強調把學生看作能動的、有目的的人，進一步對這五條原則進行修改，提出了十條原則（拉爾夫‧泰勒，施良方譯，1994，第111-112頁）：

1. 學生必須具有使他有機會實踐目標所蘊涵的那種行為的經驗。
2. 學習經驗必須使學生由於實踐目標所蘊涵的那種行為而獲得滿足感。
3. 使學生具有積極投入的動機。
4. 使學生看到自己以往反應方式的不當之處，以便激勵他去嘗試新的反應方式。
5. 學生在嘗試新行為時，應該得到某種指導。
6. 學生應該有從事這種活動的足夠的和適當的材料。
7. 學生應該有時間學習和實踐這種行為，直到成為他全部技能中的一部分為止。
8. 學生應該有機會循序漸進地從事大量實踐活動，而不只是簡單重複。
9. 要為每個學生制定超出他原有水準但又達到的標準。
10.使學生在沒有老師的情況下也能繼續學習，即要讓學生掌握自己成績的手段，從而能夠知道自己做得如何。

泰勒對選擇學習經驗的原則做了非常大的變動，僅保留了原有原則中的兩條，新增加了八條，這說明他對學習經驗選擇的重視程度。後來，泰勒進一步認識到學習不僅發生在學校裡，而且發生在家庭和社會中，也主張教育的目的是為了學生將來能夠建設性地參與到社會中去，習得必要的知識和技能，以便為社會發展和個人的完善充分發揮自己的才能。基於泰勒這樣一些認識上的發展，泰勒關於學習經驗選擇的範圍也進一步擴大，他主張對學生發展有重要意義的教育經驗必須由社會各行業提供。

(三)有效地組織經驗

在泰勒看來，教育經驗以一種滴水穿石的方式產生效用。任何單一的學習經驗都不可能對學習者產生非常深遠的影響。思維方式、基本習慣、起主要作用的概念和態度以及持久的興趣等方面的改變，都是緩慢形成的（Tyler, R. W., 1949, p.83）。為了使教育經驗產生累積效應，必須對它們加以組織，使經驗得到相互強化。

如何組織教育經驗？泰勒提出在編製有效地組織起來的學習經驗時，必須符合三項準則：連續性（continuity）、順序性（sequence）和整合性（integration）。連續性是指直線式地重申主要的課程要素。如果認為培養學生閱讀社會學科技能是個重要目標，課程安排就必須使學生有機會反覆地、連續地練習這些技能，從而掌握這些技能。順序性則強調把後繼經驗建立在前面經驗的基礎之上，同時又對有關內容作更深入而廣泛的探討。整合性是指課程經驗的橫向關係，以便於學生逐漸獲得統一的觀點，並把自己的行為與所學習的課程要素統一起來。做到這三條規定，也就構建了一種組織學習經驗的有效框架。

此外，在為課程組織方案擬訂時，需要確定用來作為組織線索的課程要素（如數學領域的組織要素經常是概念和定理）。各種要素猶如供編織用的線，而教學則是經過仔細編織的織物。把學習經驗組織起來，以實現課程的連續性、順序性、整合性，不僅需要確定主要課程要素，而且還必須確定把這些線索編織在一起的組織原則（Tyler, R. W., 1949, p.95）。如學校課程中最常見的組織原則是以年代順序為線索。因為可行的組織原則很多，在研製任何特定課程時，需要考察各種可行的組織原則，並做出嘗試性的決定，再根據實際嘗試加以檢驗，以便瞭解這些原則在編製一種具有連續性、順序性和整合性的課程時，令人滿意到何種程度（Tyler, R. W., 1949, pp.97-98）。

為使經驗組織得更加有效，泰勒還從「結構」的角度，提出層次性的結構設計，把經驗分成高層、中間層和低層次的組織結構，如「科目的組合」、「學程」、「課」、「課題」、「單元」。但是，每一組織結構

都有其優缺點，從一種結構到另一種結構之間存在太多界限，不利於順利遷移。

㈣評鑑是課程開發的重要步驟

把評鑑引入課程編製過程是泰勒原理的一個最大貢獻，因爲它指出了目標制定、課程內容選擇、教學組織形式與結果評鑑之間的不可分割的聯繫（拉爾夫·泰勒，施良方譯，1994，第38頁）。在泰勒（Tyler, R. W., 1949, p.105）看來，評鑑有助於檢測已組織和已編製教學計畫的基本假設的效度，同時也檢測了特定的手段——也就是教師和用於實施教學計畫的其他條件——的有效性，評鑑的結果能夠使人們注意到課程的哪些方面有效，哪些方面需要改進。可見，泰勒重視評鑑在課程開發中的地位，認爲評鑑是課程編製過程中的一個重要的步驟。

在泰勒看來，評鑑過程實質上是一個確定課程與教學計畫實際達到教育目標程度的過程。因此，評鑑過程的第一步就是要界說目標，以便瞭解這些目標實際上達到的程度；第二步是要確定使學生有機會表現教育目標所隱含的那種行爲的情境。只有在目標得到確定和清晰的界說，並把學生有機會表現所期望行爲的各種情境羅列出來之後，才有可能考察現行的評鑑手段，以便瞭解這些評鑑手段爲預期的評鑑目標服務得怎樣。所有這些都意味著課程設計是一個連續不斷的過程，當編製材料和程序時，要進行試驗，評鑑結果，發現缺陷，提出改進措施。也就是說，它有一個再設計、再編製和再評鑑的過程。在這種連續環中，課程與教學計畫就能一年年不斷地得到改進（Tyler, R. W., 1949, p.123）。評鑑與目標緊密聯繫，評鑑過程的展開以目標爲基礎。這種關係，明顯出現在泰勒四個課程問題的描述中，也被惠勒圓周式課程開發模式所解釋，更被布盧姆通過目標分類學完全結合起來。後來，清楚地陳述目標在英美國家成爲一場運動，這主要歸功於泰勒、惠勒和布盧姆的研究成果。

泰勒還指出評鑑的其他價值，如評鑑對學習也有重大影響，對學生的個別指導也有重大意義，評鑑也是學校爲委託人提供學校辦得是否成功的訊息的一條重要途徑。隨著評鑑涵義的擴展，除用於課程及教師活動之

外，確定和評估環境中對學生學習有重大影響的因素也很重要，表明泰勒對評鑑的看法也在逐漸擴展。他甚至相信對評鑑的目的、程序和適當工具的看法也將會不斷擴充並日益深入（拉爾夫・泰勒，施良方譯，1994，第166頁）。

三、技術本位課程思潮的進一步深化階段及主張

　　泰勒原理是圍繞行爲目標進行課程研製的思想和方法，是在二十世紀初課程實驗經驗總結基礎上形成的課程研製模式，也可以說是對跨越幾十年的進步教育思想系統的再整合，爲課程研究提供了一個經典範式。泰勒的學生圍繞這一經典範式所包含的四個關鍵問題，進一步展開細化和深化研究，使其進一步完善和成熟。不少課程學者針對泰勒原理存在的問題，也進一步展開探索，逐步形成新的模式。

　　作爲泰勒的學生和助手，塔巴（H. Taba）把泰勒提出的四個步驟擴展爲包含八個細節的模式。第一，課程開發者要確定學生的需求，瞭解學生的不足、缺陷及其背景差異；第二，在確定學生需求的基礎上，確立所要達成的目標；第三，依據所確立的目標，同時參考題材或主題本身的效度和重要性，選擇學習的題材和主題；第四，按照學習者的成熟度和學業成就水準，安排學習題材和主題的恰當順序；第五，選擇完成題材或主題學習活動；第六，對選定的學習活動經驗加以組織，合理安排其內涵及實施順序；第七，設計適當的方法和工具，評鑑學生的學業成就，確定目標達成程度；第八，上述步驟通常是針對各年級和各學科的教學單元的，這些單元設計完成後，應加以試用，以驗證其效度和可教性，然後依學生需要和能力、教學資源和教學方式加以修正，使其符合各個課堂的需要，在多個單元完成後，還要檢視這些單元的範圍和順序，歸納這些單元設計所依據的法則，使教師能有效地付諸實施。

　　惠勒認爲，「泰勒原理」是直線式的，如果評鑑結果不符合預定目標，就不能實現回饋，這不利於重新修訂和編製課程。惠勒本人的循環模式則突出了評鑑的這種回饋作用。惠勒對目標模式的發展，在於將泰勒的直線式轉變成循環式（見圖5-1）。

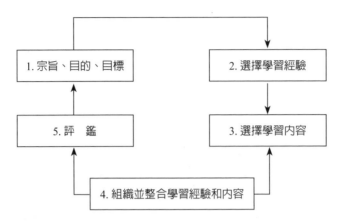

圖5-1 惠勒的課程開發模式

　　D. 坦納和L. N. 坦納也認為「泰勒原理」中對基本問題的直線式排列是錯誤的，因為這些問題本應相互依賴，直線式排列顯然不能說明這種依賴關係。因此，他們把「泰勒原理」修改成一種立體的模式，強調在課程開發過程中，目標、內容、教學方法與組織、評鑑等諸要素相互聯繫、相互依賴、相互作用，它們之間這種關係的基礎是某種教育哲學。他們認為，從分析的角度看，「泰勒原理」的四個步驟符合邏輯，但在課程開發的實際過程中，必須把四種因素改看作一種「社會生態學的關係」（Tanner, D. & Tanner, L., 1995, p.88），形成一種動態的系統。

　　從早期博比特的活動分析法，到查特斯的工作分析法，再到泰勒原理，最後經過惠勒、坦納等人的進一步改造和發展，科學化課程開發模式日趨完善，成功地解決了不少課程開發難題。尤其是布盧姆等人對目標分類的深入研究，極大程度地為教師設計教學目標提供了直接幫助。科學化課程開發模式的發展，始終圍繞「科學」、「效率」的理想追求，致力於預測與控制，把一切課程活動都化約為程序化的「技術性」問題，注重程序化操作，講求效率、效能的提升，為技術本位課程思潮的發展奠定了堅實的基礎。但是，任何時代的課程理論總是打上時代的烙印，總是針對時代最緊迫的需要提出相應的對策，不可能是萬能的鑰匙，解決任何時代出現的任何問題。技術本位課程思潮的局限性，為理解本位課程思潮的產生

提供了批判的原料與素材。

第四節
技術本位課程思潮的特徵與質疑

技術本位課程思潮是一種現代性的產物，有其基本特徵，同時也難免有其自身無法克服的矛盾性或局限性，因而引起了課程理論研究者的不少質疑。

一、技術本位課程思潮的基本特徵

特定的社會和學術背景、特定的理論基礎，鍛造了技術本位課程思潮總體的基本特徵。主要表現爲課程目標的預設性與概括化、課程開發的程序性、課程評鑑的控制性及中立知識觀。

㈠課程目標的「預設性」與「概括化」

泰勒十分重視目標，《課程與教學的基本原理》用了近一半篇幅闡述如何確定教育目標，關於課程開發的其他環節也基本圍繞目標展開。泰勒關於目標的預設性與概括化是泰勒原理最爲重要的特徵。

在泰勒模式中，目標既是選擇、創造和組織學習經驗的決定因素，又是開發評鑑程序和評鑑工具的規範，也是課程過程的起點和歸宿。對此，史點豪思針鋒相對，他主張課程不應該以事先規定好的結果爲中心，而應以過程爲中心，即以學生的行爲爲中心。況且，教師的教和學生的學本身就構成了目標，即目標內在於過程，具有生成性。史點豪思甚至認爲，「知識不是需要學生接受的現成的東西，而是要學生思考的對象；它不能被作爲必須達到的目標來束縛人，教育是要通過促使人思考知識來解放人，使人變得更自由（施良方，1996，第187頁）。」由於泰勒原理中課程目標過強的預設性，使它在實際運用中走向程序化和機械化，並進一步限制師生主體性的發揮，使課程與學生生活脫節，正如奧凱所說，「以效率爲本位的課程世界中丟失的是教師和學生的生活世界（黃志成，2008，

第149頁）」，這爲課程即體驗（curriculum as lived-experience）觀的誕生提供了機會。

關於目標的一般化與具體化的問題也受到一定程度的關注。與博比特提出的專門的、大量的目標相反，泰勒提出的目標是爲數較少的、高度概括化的形式，他把目標視爲要發展的一般反應方式，而不是要獲得的高度具體化的行爲。一般化的目標不易於表達，泰勒在其二維表格中就採用了行爲與內容的相對具體的表達方式，這爲後現代課程論者對他的批判留下了話柄。實際上，泰勒本人在目標的具體化與一般化之間的確有一個搖擺的過程，如他對「aim」和「goal」、「objective」區分不夠，經常混用，他後來也承認目標的具體化程度要透過實驗來確定。不過，泰勒的學生塔巴很好地解決了這個問題，也對目標和目的進行了區分。

㈡ 課程開發的「技術理性」

技術本位課程思潮產生的時代制約了學科發展，人們從哲學和心理學方面對課程編製的一些認識僅停留在一個比較粗糙的層次，社會學層面的探討也只隱隱約約涵蓋在哲學的探討中。受當時美國盛行的行爲主義心理學和實用主義哲學的影響，技術本位課程崇尚科學和效率，主張效率即科學，泰勒把尋找普遍意義的課程開發程序作爲課程研究的使命，是當時時代「技術理性」在課程研究領域的體現。

同時，「泰勒原理」所體現的是科學主義世界觀，在其「制度課程」的視野中，課程是分門別類的「學校材料」，課程研究即是尋找開發這些「學校材料」的有效的程序的過程，這種研究必然具有「反理論」、「反歷史」的性格（張華，2001，第40頁）。儘管泰勒原理本身並不是一種機械加工程序，處於「工業主義」時代語境的「效果歷史」中，堅守泰勒原理的人難免沒有完全理解泰勒原理的精髓，過分追求「技術興趣」和「科學理性」，在實際運用過程中，過分誇大泰勒原理中的「行爲主義」、「系統管理」、「效率驅動」、「目標控制」的基本特徵，使之線性地、機械地規劃「確定教育目標」、「選擇學習經驗」、「組織學習經驗」以及「評鑑教育計畫」，從而把課程開發過程變成了一種機械加工程序。因

此，二十世紀70年代以來，該範式受到各方的批評。

㈢課程評鑑的「控制性」

技術本位課程崇尚科學和效率，主張效率即科學，在研究中堅持科學的方法和程序，尤其從量化的角度分析和處理課程問題，「課程就被看成是一個裝著將被發送到學習者手中去的普通知識的包裹，所強調的是目的與方法間存在的線性關係。在這種視角下，課程成為一種產品，由內容、目標、範圍、次序、結構、行動、評鑑正確地混合而成，那些東西都可以被包起來傳遞到學習者手中（Dobson, R. L. & Dobson, J. E., 1987, p.275）。」強調目標之於評鑑的重要性。泰勒認為，評鑑應該建立在目標基礎上，適合於學生個體，而不是成為一種時尚。艾斯納（1994, pp.8-10）在《教育想像力：教育項目的設計與評鑑》一書中對技術本位課程評鑑觀進行批評，認為追求預測與控制的評鑑往往通過預先確定的標準、常模，將評鑑對象強行納入一定的框架，不符合預定框架的卻被排除在評鑑範圍之外；追求一元化的價值觀，採用評鑑者認可的價值觀評鑑對象，以利於有效控制，看不到評鑑對象個性的複雜性和豐富性；重視結果評鑑，輕視過程評鑑，課程、教學和評鑑之間線性化，缺乏有效的回饋機制（Eisner, E. W., 1994, pp.8-10）。實際上，教育教學真實過程充滿了複雜性和豐富性，過程與目標必然存在差距，如果將評鑑緊緊地捆綁在預先設計的目標上面，必然也將教育過程捆綁起來，使教育教學過程失去應有的活力，少了許多精彩的誕生。

技術本位課程思潮將教育經驗與教學經驗的混用。在《課程與教學的基本原理》中，泰勒對「learning experiences」和「educational experiences」的區分也不甚清楚，為後人留下口舌，批判他對學生的控制以及對學生主體性重視不夠。在前面提的四個問題中，他採用了「educational experiences」一詞，而在第二、第三部分的標題中又把它替換「learning experiences」，並在文中的多處混用。根據他的解釋，「learning experiences」是學生與他所處其中的學習情境的互動，他又提到提供學習經驗、組織學習經驗。按照泰勒重視學生積極主動的參與學習，與情境互動，生成學習

經驗的理解來看，老師提供和組織的應該是教育經驗，而非學習經驗。

㈣知識的「中立性」

「價值中立」並非泰勒原理的內容，但是泰勒原理與價值中立的知識觀密切相關。知識觀是指對什麼是知識、知識應當通過什麼樣的手段獲得、什麼樣的知識最有價值等一系列問題的看法或觀念。有什麼樣的知識觀就有什麼樣的課程觀。如前所述，從博比特、查特斯到泰勒、塔巴等，他們的課程研究深受邏輯實證主義的影響，強調科學方法，強調脫離人類價值的客觀分析，認為知識是通過一套和科學方法緊密相連的經驗分析規則而產生，忠於「客觀和價值中立」的事實觀。這種知識觀主張知識正確地反映了事物的本質屬性或事物與事物之間的本質聯繫，強調知識是純粹經驗和理智的產物，它只與認識對象的客觀屬性和認識主體的認識能力有關，而不與認識主體的性別、種族以及所持的意識形態等有關。從技術本位課程論者關於課程開發的系列主張可以看出，技術本位課程思潮上述三方面的特徵與其課程論者的知識觀是密不可分的，知識的客觀性、中立性直接影響到課程觀以及對課程開發過程的理解。技術本位課程論者將課程作為確定的產品，是一個邏輯設計的能有效實現預定目標的手段。在價值觀上追求的是工具理性；在認識論上注重目的，強調結果與目標的達成程度；在方法論上注重單一、線性的開發程序，強調量化、標準化。這些看法與知識的中立性都有一定的聯繫。

泰勒（施良方譯，1994，第109頁）1966年回顧自己的研究後，認為自己思想變化最大的是對學習者和知識的看法。關於學習者，泰勒傾向於把學習者理解為一個能動的、有志願的人。關於知識，知識是指人已經發現的獨立於人類之外的、現在可供學習者學習的東西，還是指人解釋他們所接觸的各種現象的一種努力，以便學習者能夠產生知識？泰勒引述懷特海關於「知識好比魚，必須每天抓到新鮮的魚」，來表達自己的看法，那就是後一種理解更有利於課程工作者。這種理解開啟了知識獲得主體參與知識獲得過程的新的認識大門，顯示出泰勒後來知識觀的積極改變。相比之下，施瓦布則建議課程工作者參與課程實踐，在實踐中尋找課程的解決

辦法，顯示出施瓦布對課程編製邏輯程序的不滿。這對後來課程研究走向開放、系統、交互、過程奠定了基礎。

二、技術本位課程思潮的質疑

　　一種理論太占主導地位，導致其他理論受到抑制之後，理論和實踐領域就會出現問題。美國二十世紀60年代課程改革失敗以後，人們開始對「泰勒原理」為教育實踐所提供的一種普適性的課程開發模式產生質疑。隨著時代發展和情境的轉化，技術本位課程思潮無法充分描述、解釋和預測課程實踐。同時，因為其自身的理論追求和理論框架的局限，在形成與發展過程中特受到不少學者的質疑。主要集中於以下幾個方面：

㈠目標是否全面以及可測

　　泰勒認為教育是改變人的行為方式的過程，並採用了行為目標（behavioral objective）這一術語。泰勒的行為目標既包括了外顯的行為，又包括了思維和情感等因素，試圖把它們行為化，並置於目標模式的框架之內。針對泰勒所主張的「行為目標」，許多學者提出了質疑（孔企平，1998，第31-32頁），認為：(1)行為目標比較狹窄，不能包含許多重要的教育目的。(2)有的學者認為行為目標是側重結果而不是過程，這在一定程度上忽略了過程（Noddings, 1974）。(3)斯克里文（Scriven, 1973）認為，評鑑不一定係於課程目標，而應該調查所有課程的結果。(4)目標過於細分。儘管波奮（Popham, 1993）支持行為目標的理論，但波奮也認為，行為目標的不足在於行為目標的具體化和細小的趨勢。這種做法會影響教師和學生的教學決定，因此他主張使用一種廣域的目標（孔企平，1998，第32頁）。在不少學者看來，儘管目標預先設計很必要，但教育目的與教育過程是聯繫在一起的。用杜威的話來說：「完整而連續的教育過程應該決定目標。」杜威告誡人們，不要把這些要素割裂開來，不要因為堅持一種要素而犧牲其他要素，而是要把它們看作是有機地相互作用的整體。

　　泰勒之所以提倡「行為目標」，就是想對這種清晰地行為目標進行

測量。而目標的概念在以後的發展中也逐步地和「可測量」密切聯繫起來了。這種思想在馬傑、布盧姆等人的論述中得到了更爲清楚的體現。馬傑（Mager, 1962）把可測和目標等同起來，提出了「可測目標」的概念（孔企平，1998，第30頁）。在布盧姆看來，「目標＝行爲＝評鑑技術＝測驗問題」（克拉斯沃爾，施良方等譯，1986，第7頁）。對於這種「目標可測」的觀點，有許多學者也提出了自己的看法。(1)目標並非都可測量。有學者明確指出：「評鑑教學計畫的價值時，不能預計的結果往往是眞正重要的教學結果，但是預先設定的目標或許會使評鑑者忽視不可預見的結果（鄭國民，2002，第3頁）。」如果以顯性的行爲來界定課程目標，將會使整個課程只強調那些能夠明確界定的因素，並把其當作構成課程的全部。而把那些不能轉化爲行爲的內容排除在課程目標之外，從而導致只剩下乾枯的可測行爲，使人蛻變成僅有某種功能性的東西，教育變成了訓練，這也違反了教育的初衷。(2)目標不一定都要評鑑。或者說，在教育目標的體系中，有一些目標根本不需要評鑑。波奮認爲，當然有一些教育目標不需要一些評估工具來表示是否達到要求（Popham, W. J., p.65；孔企平，1998，第32頁）。(3)過分量化的測驗，就容易造成一種「倒流效應」，即不是目標領導課程，而是測驗領導課程的情況。更有甚者，教師面向考試教學，甚至是教學生如何考試，造成一種測量驅動的教學。艾斯納甚至認爲，目前所崇尙的科學評鑑的方法已經產生幾個缺點：(1)科學方法運用於教育，強調的是控制和預測，然而社會現象具有非控制的一面；(2)將複雜的教育現象簡化爲數字，將質的屬性還原爲量；(3)爲了追求數字，把不易量化的全扔掉；(4)這樣的評鑑忽略了影響學習結果的條件——過程和互動因素；(5)對於學習結果的評鑑用了相同的標準；(6)學習成了標準化的模式；(7)重未來而輕現在；(8)實驗處理的運用不當（黃政傑，1987，第160-164頁）。這些質疑値得重視。

㈡ **學生是否是被動的旁觀者**

在泰勒模式中，將「對學習者本身的研究」視爲目標的首要來源，認爲「年輕人在家庭和社區中的日常環境，通常都爲學生提供了相當大的

一部分教育的發展，學校沒有必要重複校外已充分提供的教育經驗。學校的努力應該主要聚焦於學生目前發展中的巨大差距（serious gaps）上。因此，確認這些差距（即教育的需要）的研究是必要的，它為學校計畫應該予以特別關注的教育目標的選擇提供了基礎（Tyler, R. W., 1949, p.8）。」這在某種程度上提升了學生的主體地位。但是，在泰勒模式中，目標是課程的中心和靈魂，目標控制著課程，也同樣控制著教育過程和學生，因而學生的這種自主性是極為有限的。儘管泰勒將「對學習者本身的研究」視為目標的重要來源之一，認為確定課程目標就要瞭解學生的現狀。「我們只需把有關學生目前的狀況與理想的常模加以比較，確認其中存在的差距，就可以發現教育上的需要，從而提示出教育目標（拉爾夫・泰勒，施良方譯，1994，引言，第19頁）。」但是，這種「可接受的常模」是什麼呢？泰勒說：「常模即指導教師的人生哲學和教育哲學（張華，2000，第201頁）。」由此看來，學生的需要仍是由教師來確定的，而這種確定是否為學生所認同呢？這個常模是否與學生的需要相一致呢？恐怕還是要打上一個大大的問號。從這個角度來看，在泰勒原理中，學生的需要、學生的主體性並未給予充分的重視。學生可以遵循泰勒的四個步驟完成課程的基本過程，但並沒有實質性的參與到課程中來，或者說，參與的程度尚不夠。學習仍然是一種單項的灌輸過程，並沒有在學生個人經驗的背景下，對外部訊息主動選擇、加工、處理，以獲得自己的意義。

　　㈢知識是否是確定無疑的

　　在課程近代化的過程中，首先與課程結盟的詞是知識。長期以來，人們一直在孜孜不倦地為論證知識的確定性、客觀性而努力。如以笛卡爾、萊布尼茲為代表的理性知識論者確信人類的理性能洞察真實實在的本質，揭示世界的祕密，數學顯示了人類理性的巨大力量，因而被視為知識的唯一範式。而以培根、洛克、貝克萊為代表的經驗知識論者則推崇經驗，確信觀察與實驗是獲致知識的根本方法，是增進人類對世界瞭解的唯一途徑，科學知識被看作知識的真正範型。由於很長一段時間以來，人們對知識的客觀性堅定不移，導致人們認為知識也就具有中立性、普遍性。

由此一來，客觀性、普遍性、中立性就構成了知識的三個重要特徵。現代主義在認識論上的客觀性、機械形式傾向於將知識看作發現的，而不是創造的，知識一旦被發現就外在於主體而存在，它是公共的、客觀的、獨立的、自在的、脫離主體的，相當於波普爾所說的「客觀知識世界」。認識者只能接受或發現已存在的知識而不能對其進行雙向的、相互作用的建構和改造。建立在這種知識論基礎上的泰勒課程觀強調課程內容的確定性、嚴密性、統一性，知識是從事實中推斷出來的，只反映事物之間的因果關係，與認識的主體無涉。知識是自在的存在，學生則是準備按照傳遞的方式被動接受知識的人，這樣一來，「課程就被看成是一個裝著將被發送到學習者手中去的普通知識的包裹，所強調的是目的與方法間的線性關係（Dobson, R. L. & Dobson, J. E., 1987, p.275）。」學生成為了知識的奴僕，課程是存在於生活之外的靜態的書面文本。

㈣研究方法是否科學、唯一

泰勒非常注重實證的量化研究方法。但這卻為自己留下了遭人口誅筆伐的靶子。實證研究最顯而易見的一個錯誤是把課程研究完全等同於自然科學的研究，因而不加任何限定和區別地把自然科學研究的思維方式和研究方法直接引入課程研究，並希冀以此改造課程研究、實現課程研究的科學化。毋庸置疑，教育中的許多問題和現象確實是可以採用觀察、實驗等自然科學的方法來研究，但這並不意味著教育中的一切問題和現象都是可以單純用定量方法加以解釋或解決的。因為教育研究的對象是人，對象的複雜性決定了教育本身是比物理、化學等自然學科更為複雜的學科，這就使得教育研究不能像自然科學一樣，在完全自然的狀態下，通過操縱因變量和自變量，控制「無關因素」，進行準確的歸因和科學的解釋。事實上，「在教育中，大量的基本問題並不是、至少不完全是依靠單純的定量方法或其他自然科學的方法，就可以研究、解釋或解決的，相當多的帶有方向性的問題更不是『數學』或科學問題，而是哲學或人文、社會科學問題。指望自然科學的研究方法來解釋或解決教育領域中的一切問題，那是非常幼稚的（張斌賢，1998，第4頁）。」人的主體能動性、情緒情感、

心理意志的不確定性、個體差異性，及其對教育活動的介入，使教育現象愈加錯綜複雜、千變萬化。如果脫離教育研究自身的特性，不顧研究問題本身的特點和要求，一味強調用自然科學研究方法代替以往傳統的研究方法，就會喪失許多有價值的訊息，使「教育學失去主體意識，失去固有的理性，失去自身學科的特點，變成與自然學科沒有本質區別的單純追求客觀知識的理論，成為脫離開人和人與事實的關係去研究教育現象和教育的規律（毛亞慶，1997，第37頁）。」

此外，實證研究力圖在教育研究中排除價值的干擾而研究純粹客觀的教育現象的努力也是無法實現的。在自然科學的研究中，研究對象與研究者之間很少存在直接的利益關係。因而，在自然科學的研究中，可以排除或忽略價值的影響，從而確保研究的客觀性。但在人文、社會科學中，在研究對象與研究主體之間是很難避免利益關係的作用的，研究者的個性、情感、態度、價值觀甚至生活閱歷等，都會在不同程度上影響研究工作的進行。而教育更是與人直接相關的，教育問題實質上就是人的問題。既然是人的問題，如何排斥價值呢？在一定意義上可以說，排斥了價值的教育研究必定是沒有價值的研究。對此，派納（W. Pinar）認為，以泰勒原理為代表的傳統課程理論「秉持實證主義科學觀、追求課程理論的『客觀性』……使課程理論淪為控制工具（張華，2000，第25頁）。」為理解本位課程思潮的誕生，奠定了基礎。

第五節
技術本位課程思潮的影響與啓示

任何理論產生都離不開當時的時代背景。「時代條件達到什麼程度，人們也只能認識到什麼程度（拉爾夫‧泰勒，施良方譯，1994，第41頁）。」技術本位課程思潮以「教育目標」為核心，構建了課程與教學的一般原理，深深地打下了時代的烙印，也對世界範圍內課程研究與實踐變革產生了深遠的影響。即使到今天，技術本位課程仍然對當下的課程研究與實踐有著一定的啓示。

一、技術本位課程思潮的影響

(一)對課程理論研究的影響

技術本位課程思潮所倡導的是西方第一個比較系統、完整的課程開發模式。集中體現技術本位課程開發程序的專著《課程與教學的基本原理》，自出版以來僅在美國和英國就已印行了數十次，該書曾在1981年被全美課程研究工作者評選爲自1906年以來，影響課程領域最大的兩本著作之一，成爲現代課程理論的經典著作，是課程研究者的必讀書。不少西方課程學者大都給予正面肯定，認爲正是因爲這樣，人們才將泰勒的代表作《課程與教學的基本原理》看成「達到了課程編製紀元的頂點」（McNeil, J. D., 1990, p.388）、「是課程領域裡最富有持久性的理論公式」、「直到80年代，泰勒原理仍然在課程領域裡占據著中心地位」（羅明東，1990，第26頁）。1982年出版的美國《教育研究百科全書》則認爲，必須把泰勒原理看成是爲系統而有機地建構課程編製理論的一種獨特貢獻，並且把泰勒原理作爲課程研究的範式。1985年出版的《國際教育百科全書》指出：「泰勒的課程基本原理已經對整個世界的課程專家產生影響。……不管人們是否贊同『泰勒原理』，不管人們持什麼樣的哲學觀點，如果不探討泰勒提出的四個基本問題，就不可能全面地探討課程問題（Husén, T. et al., 1985, p.1142）。」由於泰勒在泰勒原理中首次明確提出了較完整的學校課程評鑑的概念體系，當今西方教育評鑑界把泰勒作爲「教育評鑑之父」。1983年美國評鑑學者馬道斯（G. F. Madaus）、斯塔弗爾比姆（D. L. Stufflebeam）和斯克里文（M. Scriven）在總結評鑑研究發展的歷史時，把1930～1945年這一階段稱爲「泰勒時期」。泰勒原理成爲現代課程研究的範式（Tanner, D. & Tanner, L., 1980, p.90）。同時指出，泰勒開創的評鑑概念體系，一直影響著後世對評鑑的研究。泰勒原理總結了二十世紀前半葉課程編製最優秀的原理，爲眾多的課程專家所採用。

(二)對課程實踐的影響

泰勒原理產生於「八年研究」，而「八年研究」的主要目的就是有效解決中小學學教師和行政管理人員在課程開發過程中遇到的問題。當時，

一線工作中不知道如何利用手中的課程開發權，迫切需要課程理論專家的指導。為了回應一線工作人員的需求，泰勒在一次聚餐上萌生的想法受到了一線工作人員和他學生塔巴的鼓勵形成講稿，然後形成一本小冊子。它的簡潔性和可操作性使之廣受歡迎。之後，人們依照「泰勒原理」的路子去開發和編製課程，整個二十世紀成為「課程開發」的世紀（楊明全，2004，第29頁）。這也證實了，泰勒技術的一科學的方法促使教育者用理性的方法去完成任務，具有技術意識的人們重視教育傳遞系統最大程度的增長，具有最大的效能和有效性（奧恩斯坦等，柯森等譯，2002，第211頁）。實際上，很多學校的實際工作者認為泰勒原理是對以往課程開發方式的總結（奧恩斯坦等，柯森等譯，2002，第104頁）。泰勒原理之所以得到廣泛流傳是由於它本身的合理性和可行性。泰勒原理另一個重大貢獻就是其行為目標既包括外顯的行為，又包括了思維和情感等因素，試圖把它們行為化，並置於目標模式的框架之中。行為目標克服了課程目標模糊性和隨意性的缺陷，使其具有較強的可操作性，並為評鑑的效度提供了依據和條件（王潔，2005，第16頁）。

　　總之，技術本位課程關注的是實踐層面的操作性，基於「有效」、「科學」的追求，使課程開發有章可循，有法可依，促進了課程開發的規範化、科學化、制度化。只要課程開發活動存在，課程開發的程序必然存在。儘管它遭到了理解本位課程思潮的強烈批評，但由於雙方關注的重點及追求各不相同，決定了理解本位課程思潮難以替代。

二、技術本位課程思潮的啟示

　　不同時代有著不同的教育現實性，有著不同的課程實踐追求，也有不同的理論渴望。儘管技術本位課程思潮產生的時代背景與現今社會背景有顯著不同，卻仍然對課程研究與實踐有諸多啟示。

㈠實證研究仍然值得重視

　　泰勒的課程原理是其歷經八年課程實驗的結果，也是課程實證研究的經典之作。在泰勒所提出的課程編製的四個階段中，其研究方式的實證性

取向是顯而易見的，他認為課程發展是標準化、理性化的過程，課程目標是可預期的、可控制的、可測量的，通過一定的技術手段對課程現象進行形式化、客觀化、數量化的描述。毫無疑問，這種實證的量化的研究方法對於課程研究是有其積極意義的。一是擴大了課程研究的方法與手段。實證研究將科學研究的範式引入課程研究領域，借鑑自然科學和思維科學研究的方法，使課程研究方法趨向多元化；同時，運用了數理邏輯和電子計算機等來協助解決某些複雜的課程問題，也使之成為現代課程研究最得力的方法和手段之一。二是增強了課程研究的科學意識。實證研究將自然科學的研究方法引入課程中，注重課程的定量研究，力圖發現教育自變量與因變量之間的內在規律性聯繫，企圖尋找到解決某些課程問題的教育技術手段等，這些探索對提高課程研究的實際效益是大有裨益的，有助於開闊課程研究的視野，超越純粹的哲學演繹和通俗的理性思辨，促進課程研究的科學化。三是有助於更好的理論聯繫實際。實證研究重視技術，輕視原理，但並不是主張完全拋棄理論，它強調將已有的知識、理論運用到對實際問題的解決上，注意探討解決實際問題的教育技術、教育方式與方法。從一定意義上說，這是對中國以往「書齋式」研究的一種矯正，如果實證研究「不把自己當成一種『正統』、當成唯一得科學眞傳的研究方式因而排斥其他形式的研究，如果它始終自覺地進行毫不留情的自我批判（正如它對其他研究所進行的批判一樣），並不斷自覺地克服自身所存在的認識和實踐中的局限，那麼，它是有可能成為促進教育研究科學化的重要動力的（張斌賢，1998，第4頁）。」注重實證研究，有助於加強課程理論與實際的聯繫。

㈡課程研究面向實踐

理論研究需要發展概念，需要形成體系，但終究要為實踐服務。因此，課程理論研究最終不能脫離實踐，不能為理論而理論。歷史事實表明，具有生命力的理論，往往是扎根於實踐中生成於實踐中。技術本位課程思潮因應社會變革對人才培養的需要，崇尚效率，講求科學，追尋實用性、操作性強的課程開發程序，自然會被人們批評為理性主義或工具主

義，但從方法論角度講，泰勒原理給我們啓示最深的，就是理論研究要從實踐中吸取營養，並用於指導實踐。這對我們當今課程與教學的研究工作，仍然很有借鑑意義（拉爾夫・泰勒，施良方譯，1994，第42頁）。今天的課程研究開始呈現出一片繁榮景象，「課程概念的沙漠」已不復存在，課程概念框架的建立仍然是今天課程研究者的重要使命。但是，課程概念的建立，需要強調「本土」特性，這就自然需要課程研究者扎根本土實踐。然而，扎根本土實踐仍然只是研究者發現本土課程概念的路徑（或路徑之一），並非發現本土課程概念的終極目的，發現概念的眞正目的只能是爲了實踐。

㈢「目標」與「邏輯」仍然有存在的價值

本質上講，課程教學活動是學生在教師指導下有目的有計畫的活動，課程教學總是具有一定的預設性。課程活動最終體現的是一個國家或一個社會的意志，具有很強的指向性和目的性，它並不能任憑教師、學生的喜好隨心所欲地開展，課程目標只是教育目的具體化的結果。同時，任何活動都有一定結構、程序或邏輯，課程開發活動也是這樣，很難想像失去邏輯的課程開發活動會出現什麼樣的效果。就中國大陸教育現實狀況而論，能夠眞切落實校本課程開發若干環節的學校並不普遍，一些學校在缺乏課程目標的情況下，也開發教材，結果這些校本教材懸置空中，無法進入學生的活動過程中，無法體現「學生利益」。這說明中國大陸校本課程開發活動仍然需要進一步挖掘技術本位課程的「邏輯」與「目標」內涵。當然強調邏輯與目標，並不是不要學生、教師參與課程開發過程。相反，泰勒認爲進步主義者、精粹主義者及社會學家和關心當代社會問題的人士所關注的教育目標的來源，都不足以提供學校的教育目標，他強調要從獲取各種資訊的過程中來確定教育目標。儘管泰勒這種看法同時也因爲其注重邏輯與目標而難以落實，但他認識上的開放性，對我們如何從單純「學科中心」轉向兼顧社會需要、學科知識和學生發展的實際，進而多維度確定預設性目標很有啓示。

㈣**課程與教學要重視學生的積極投入**

如前所述，泰勒原理因為其重視目標達成和邏輯開發，存在對學生的主體性重視不夠的局限，受到不少學者質疑。但是我們仍然發現泰勒在「重視學生積極投入」上表現出來的種種努力。這些努力難能可貴，是今天課程與教學改革中需要重視和改進的。泰勒在論述選擇學習經驗時，把經驗當作學生與環境之間的交互作用，強調教師可通過安排環境和營造情境，向學生提供教育經驗以引發所期望的反應型式，這意味著學生是主動的參與者，教師的作用是能夠使學生積極主動地學習。在此種思想指導下，他要求學生必須獲得經驗以便有機會去演練該目標所暗示的行為，而且所提供的學習經驗必須使學生善於實踐目標所暗示的行為而獲得滿足感。後來泰勒進一步將他的要求做了修訂和完善，更是體現了學生的參與的「規定性」，強調要為學生提供各種活動的機會和條件、學習者自身的動機、經驗的連續性和發展性、學生的差異性等。可見，泰勒已經認識到學生積極投入課程開發過程的價值，而且也在努力想辦法讓這種價值得以實現。不過很矛盾的是，在泰勒確定的課程開發邏輯框架下實在難以真正讓學生積極投入，或學生積極投入受到極大程度的限制。

需要指出的是，同一種理論，因為不同國家不同的現實條件，諸如教師的素質、教育傳統、體制、民主文化等方面的差異，可以對實踐產生不同的影響。對於課程編製過程模式，或課程的集體審議，在中國和美國可能產生兩種不同的實踐效應。因此，對於技術本位課程思潮對世界各國課程教學改革的啟示應該是有所不同，其基本的方向與課程理論生成背景的相似性有關，相似性愈多，借鑑的空間就愈大，反之亦然。

理解本位課程思潮

　　自二十世紀70年代中期以來，課程研究領域發生了重要的「範式轉換」，即由「課程開發」範式轉向「課程理解」範式，力求使課程研究體現出時代精神，其目的是探討「怎樣理解課程」。理解本位課程經歷了實踐性課程、過程模式課程及概念重建主義課程等階段，主張對課程進行多元理解。理解本位課程不論是對中國大陸的課程改革實踐還是對中國大陸的課程研究，都極具啓發意義。

第一節
理解本位課程的早期發展

　　在二十世紀60～70年代，以學術為中心的學科結構課程理論是最有影響的課程流派，該理論流派主張以學科的知識結構作為課程設計的基礎。但是，在該種理論的指導下，所開發的教材學術難度較大，表達枯燥晦澀，少數尖子生容易接受，大多數學生學習困難。針對這種情況，以施瓦布為代表的學者提出了「課程開發的實踐模式」和以史點豪思為代表的學者提出了「課程開發的過程模式」，以使課程向實踐回歸。儘管施瓦布和史點豪思研究的依然是課程開發問題，但其理論旨趣已迥異於「泰勒原理」，他們不再追求放之四海而皆準的普適性的課程開發模式，而是試圖確立適應具體實踐情境的特殊性、關注課程開發的具體過程的課程理念。這種課程理念試圖走出「工具理性」的束縛，追求「實踐理性」，進而為課程領域由「課程開發範式」向「課程理解範式」的轉換奠定基礎。

一、實踐性課程

　　施瓦布（J. J. Schwab, 1909-1988）是美國著名的課程論專家、生物學家。他曾與布魯納一起領導了學科結構課程改革運動，被視為僅次於布魯納的倡導結構課程的第二號旗手。在這場課程改革運動失利以後，施瓦布開始對已有的課程模式進行反思：第一，「泰勒原理」試圖為所有教育情境提供一種普適性的課程開發模式，這是可能的嗎？是有效的嗎？第二，人們紛紛譴責學術中心課程的諸多缺陷，然而這些課程究竟有沒有被廣大

教師真正認同過？有沒有在教育實踐中真正實施過？這些課程的開發方式清一色地是在政府政策與經費的支持下以各學術領域的專家（大學教授）為核心進行開發，廣大教師被排除在課程開發過程之外。實踐證明，這種脫離教育實際、脫離教師的課程開發方式是不恰當的，那麼在課程開發中如何體現具體教育實踐情境的特殊性？如何體現教師的需要？經過思考，施瓦布得出結論：「課程領域岌岌可危。運用目前的方法和原理它不能繼續其工作，也不能對教育的進展做出重要貢獻。它需要新的原理，這些原理將會產生新的課程觀並產生新的問題。它需要新的方法以適應這些新問題……課程領域決不會復興，也決不會對提高美國教育質量做出新的貢獻，除非課程將其力量從主要對理論的追求（像追求普遍原理和綜合模式，尋求固定的因果關係和不變因子，建立假定是固定的類型或變化的類型）轉向另外三種運作方式……實踐的方式、準實踐的方式和折衷的方式（單丁，1998，第242頁）。」

施瓦布主張，實踐性課程就是要絕對回歸實踐。他認為，任何實踐情境都是特殊的，因此，課程開發過程不是普遍性理論或模式的演繹過程，而是主體之間針對具體實踐情境的需要而進行的審議過程。

㈠實踐性課程的開發方法：集體審議

施瓦布主張，課程開發的基本方法應是「集體審議」，「集體審議」是「實踐性課程」的內在要求。「課程審議」（curriculum deliberation）是指課程開發的主體彼此之間對具體教育實踐情境中的問題反覆討論權衡，以對這些問題獲得一致性的理解與解釋，最終做出恰當的、一致性的課程變革的決定及相應的策略。施良方（1996，第199-200頁）認為，課程審議具有如下特徵：其一，審議涉及備擇方案的形成與選擇。審議的基本要求，就是要有可供判斷的各種選擇方案。形成和選擇各種可能的備擇解決方案，是審議的一個首要特徵。其二，審議遵循實踐的邏輯，而非形式的邏輯。由於審議的目的不是為了獲得一般的知識和概括，而是做出行動的抉擇，獲得一種情境理解（situational understanding），因此，實踐推理所得出的結論是不能被證實的。其三，審議具有集體的和教育的特徵。課程

審議是一種集體審議，而非個體的審議，或無集體（nongroup）的審議，它要求有多方代表參加。這個集體由校長、社區代表、教師、學生、教材專家、課程專家、心理學家和社會學家等組成。施瓦布特別建議在「審議集體」中產生一位主席來領導課程審議的進程。該主席必須對審議過程技能嫻熟，善於發現課程要素間的不平衡方面。他必須是課程文獻的經常閱讀者，還必須是博雅教育（liberal education）的堅定追求者。他必須熟悉社會科學與行為科學並將之與教育問題聯繫起來，還必須熟悉課程實踐的過去與現實（單丁，1998，第242頁）。

那麼，這個審議集體是如何工作的呢？換句話說，他們是如何審議課程的呢？施瓦布提出了三種課程審議的藝術，即「實踐的藝術」（arts of the practical）、「準實踐的藝術」（arts of the quasi-practical）和「折衷的藝術」（arts of eclectic）。施瓦布尤其注重「實踐的藝術」和「折衷的藝術」。「實踐的藝術」包括三種，即「感知的藝術」、「問題形成的藝術」以及「問題解決的藝術」。「感知的藝術」就是通過一系列的無關掃視，使得我們要考察的對象所處的背景被各個擊破，進而從背景中識別問題之所在。「問題形成」的藝術是指根據感知到的情境中的豐富細節及所賦予的意義，對情境中的問題作進一步的診斷，並盡可能地用不同的方式表述所診斷的問題，然後權衡各種的問題表述，最後選擇一個最佳的問題表述方式。「問題解決」的藝術包括問題解決的備擇方案的形成，追蹤各種備擇方案可能產生的後果，以及在眾多備擇方案中加以權重和選擇，最後還要決定何時終止審議並開始採取行動（施良方，1996，第201-202頁）。「折衷的藝術」是針對具體教育實踐情境的特殊性對不同理論進行選擇、修改、超越以使其適合「實踐性課程開發」需要的藝術。舒伯特認為，這種藝術包括以下三種：(1)把理論的或學科的知識和觀點與實踐情境的需要和興趣相對應的能力；(2)對理論的或學科的知識和觀點進行修改以使之適應實踐情境的需要和興趣（這是必要的，因為現存的理論只能解釋世界上一小部分現象，這樣，使理論與實踐一一對應的策略就有局限性）；(3)產生可替代的行動過程並預見該行動過程的道德後果的能力（這是必要的，因為即便用所有能夠想到的方式對現存的理論進行了修改

或修正，這些理論也不能適應世界上大多數現象，因此就需要超越現存的理論，產生新的行動方案）（單丁，1998，第244-245頁）。

(二)課程審議過程：基本要素的協調與平衡

施瓦布認為，課程的基本要素是：教師、學生、教材、環境。課程審議旨在謀求這四個基本要素間的動態協調與平衡。這四個要素間持續的相互作用構成了「實踐性課程」的基本內涵。在這四個基本要素中，教師和學生是課程的主體和創造者，其中學生是「實踐性課程」的中心。舒伯特曾指出：「實踐的課程探究最重要的是使教材的開發適合於那些處在實踐情境中的人們。這並非意味著教師必須持久地花費精力為每一個學生和情境撰寫教材單元，而是意味著教師成為學生們的出色協調者，這些學生們以他們所追求的經驗的形式設計教材。這也不是意味著學生把教材全寫出來，要寫的很少，但卻需要認真地思考。學生們暢想什麼東西有助於其成長，估計這些東西的結果，嘗試代替性方案，反思他們所做的事情的後果，然後重新開始為他們自己的課程開發其他教材（單丁，1998，第246-247頁）。」由此看來，教材雖是課程的有機構成部分，它由課程政策文件、課本和其他教學資料所構成的。但是，教材只有在成為相互作用過程的積極因素時，只有在滿足學生的興趣和需要以及適應特定的學習情境時，才具有課程的意義。因此，教材具有很大的靈活性和變通性，可以根據不同學習情境的需要而進行選擇和取捨。課程環境是由除教師、學生、教材之外的物質的、心理的、社會的、文化的因素所構成的，它直接參與到課程相互作用的系統之中，是「實踐性課程」不可或缺的組成部分。

在施瓦布看來，課程是由上述四個要素構成的「獨特而永遠變化的整體結構」（a unique and ever-changing configuration）。在這個結構中，教師和學生是一種「交互主體」的關係，兩者之間的交互作用是最生動、深刻、微妙而複雜的，這種交互作用是課程意義的源泉。教師、學生、教材、環境之間的交互作用構成一個有機的「生態系統」。有多少個教育情境，就有多少個課程的「生態系統」。既然是個「生態系統」，就需要保持四要素之間的動態平衡。對此，舒伯特指出：「對教師、學生、教材或

環境的某一個方面關注過多或關注過少，都會打破班級或其他教育情境的『生態平衡』（單丁，1998，第240-241頁）。」

二、過程模式

「過程模式」（the process model）是由英國著名課程論專家史點豪思（L. Stenhouse）提出來的。在其於1975年出版的代表作《課程研究與開發導論》（*An Introduction to Curriculum Research and Development*）這部著作中，史點豪思對泰勒原理進行了詳盡而透徹的分析與批判，客觀地指出了其貢獻與局限，並提出了課程開發的過程模式。

㈠過程模式的涵義

史點豪思的「過程模式」是針對泰勒的「目標模式」提出來的。在史點豪思看來，目標模式最大的特點就是它的條理性和簡易性。然而，目標模式只根據學生的行為變化來衡量課程與教學的成敗，這會導致一些誤解。施良方（1996，第176頁）認為，這些誤解包括：首先，評鑑的目的不在於評出優劣、好壞，而在於增進對課程與教學的理解。因而，評鑑不僅要在課程活動結束時進行，而且還應貫穿整個課程活動過程。其次，按既定目標評鑑學生的學習結果，用考試的方式測量學生可測量的行為，事實上會忽視一些無法測量的結果，而這恰恰可能是最有價值的。因此，目標模式實際上是降低了評鑑的標準。再次，課程不僅對學生，而且對教師和學校都會產生影響，目標模式限制了評鑑的範圍。最後，目標模式往往忽略了對目標本身的評鑑。鑑於目標模式在實踐中呈現的難以逾越的局限性，史點豪思認為，為了使教育目標具有意義，須將目標當作程序原則，而不能視之為終極目標。課程開發關注的應該是過程，而不是目的，不宜從詳細描述目標開始，而是需要先詳細陳述程序原則與過程，然後在教育活動、經驗中，不斷予以改進、修正，此即所謂「過程模式」。在史點豪思看來，課程的研究和開發不應當是按照某些事先決定的行為目標制定出一套「方案」，然後再加以評鑑，而應當是一個持續發展的過程。在這個過程中，課程的研究、開發、評鑑應是一體的，而不是分開的、獨立的，

所有這些都集中在課程實踐當中。課程不應預先規定好教學目標，因爲許多有價值的東西不是預先能夠詳細規定的。

㈡過程模式的基本內容

史點豪思提出，課程開發的任務就是要選擇活動內容，建立關於學科的過程、概念與標準等知識形式的課程，並提供實施的「過程原則」（principle of procedure）。具體說來，在規劃上，課程應提供：(1)選擇內容的原則；(2)改進教學策略的原則；(3)決定學習順序的原則；(4)判斷學生個體優缺點的原則與有別於上述三原則來滿足個別需要的原則。在實驗研究上，課程應提供：(1)研究和評鑑學生進步的原則；(2)研究和評鑑老師進步的原則；(3)爲在不同的學校、學生、自然與同伴環境中有效地實施課程提供指導；(4)爲瞭解不同環境中不同學生所受影響會有所不同提供有關的訊息，並對這種變化的原則進行解釋（單丁，1998，第485頁）。

活動內容的選擇標準是其是否「含有內在價值」。史點豪思引用了拉思（J. D. Rath）鑑別具有某種內在價值的活動的一套準則，供人參考，這套準則如下（施良方，1996，第178-179頁）：

1. 在其他條件都相同的情況下，如果某項活動允許兒童在活動過程中做出自己的選擇，並能對選擇所帶來的結果進行反思，那麼這項活動就比其他活動更有價值。

2. 在其他條件都相同的情況下，如果某項活動在學習情境中允許學生充當主動的角色而非被動的角色，那麼這項活動就比其他活動更有價值。

3. 在其他條件都相同的情況下，如果某項活動要求學生探究各種觀念，探究智力過程的應用，或探究當前的個人問題或社會問題，那麼這項活動就比其他活動更有價值。

4. 在其他條件都相同的情況下，如果某項活動使學生涉及到實物教具（如眞實的物體、材料和人工製品），那麼這項活動就比其他活動更有價值。

5. 在其他條件都相同的情況下，如果某項活動能夠由處於不同能力水準的兒童成功地完成，那麼這項活動就比其他活動更有價值。

6. 在其他條件都相同的情況下，如果某項活動要求學生在新的情境中考察某一觀念、智力活動的應用，或以往已研究過的現存問題，那麼這項活動就比其他活動更有價值。

7. 在其他條件都相同的情況下，如果某項活動要求學生考察一些題目或議題——這些題目或議題通常被國內主要傳播媒介所忽視，那麼這項活動比其他活動更有價值。

8. 在其他條件都相同的情況下，如果某項活動使兒童與教師共同參與「冒險」——當然不是冒生命或肢體之險，而是冒成功或失敗之險，那麼這項活動就比其他活動更有價值。

9. 在其他條件都相同的情況下，如果某項活動要求學生改寫、重溫及完善他們最初的嘗試，那麼這項活動就比其他活動更有價值。

10. 在其他條件都相同的情況下，如果某項活動使學生應用與掌握有意義的規則、標準及準則，那麼這項活動就比其他活動更有價值。

11. 在其他條件都相同的情況下，如果某項活動能夠使學生有機會與他人一起參與制定計畫、執行計畫並分享活動的結果，那麼這項活動就比其他活動更有價值。

12. 在其他條件都相同的情況下，如果某項活動與學生所表達的意圖密切相關，那麼這項活動就比其他活動更有價值。

史點豪思反對採用教師講授的方式來進行教學。在他看來，教師如果在課堂上強調自己與學生共同的人性，在面對問題時同樣有不確定感，那麼學生就不會習慣於被動地等待教師對其進行知識灌輸，從而才能形成「負責的判斷」的能力。他不再用目標的方式來詳細界定課程理解的行為結果，而是用程序原則的形式使教學過程本身與目的保持一致，從而指導教學。史點豪思還以「人文學科課程計畫」為例，指出課程與教學應遵循以下五項原則：(1)教師應該與學生一起在課堂上討論研究具有爭議性的問題；(2)在處理具有爭議性的問題時，教師應持中立原則，使課堂

成爲學生的論壇；(3)對於具有爭議性的問題的探究，主要方式是討論，而不是灌輸式的講授；(4)討論應尊重參與者的不同觀點，無須達成一致意見；(5)教師作爲討論的主持人，對學習的質量和標準負有責任（施良方，1996，第182頁）。對此，施良方（1996，第183頁）認爲，「這些原則並沒有告訴教師具體應該怎麼做。換言之，它們也不是什麼規則。對於如何把它們轉化成課堂教學行動，可以有各種不同的做法。這爲教師在實踐中的思索和反思提供了廣泛的餘地。」

史點豪思指出，教師的身分是「和學生一起學習的學習者」，這樣，才能通過發現法和探究法而不是通過傳授法進行教學。而在對學習結果的評定中，教師則不像在目標模式中那樣，是一個對照預定目標打分的評分者，而是對活動加以批評以促進發展的批評者。

和目標模式相比較，過程模式在基本觀點和具體做法方面有以下特點（沈劍平，1988，第53-57頁）：

1. 主張課程編製過程是一個開放的系統

唐尼（Downey）認爲課程編製有開放系統和封閉系統兩種典範。封閉系統主張先確定明確的目標，指出兒童學習後應表現的行爲，然後選擇和組織課程內容，使兒童通過內容的學習，逐步達到所預定的目標。而開放系統對課程編製的觀點與封閉系統不同，其認爲學習不是直線的過程，目標和內容不必預先加以那麼明確的規定，因爲兒童的興趣在學習過程中會經常改變，而且在教學過程中也會出現許多偶發事件。因此過程模式主張課程編製應當是一個開放系統。

2. 強調教育過程本身的價值

過程模式反對目標模式所持的工具主義的教育觀和知識觀，批駁有些課程學者所主張的以下觀點，即課程應主要扮演促進社會穩定、政治進步、經濟繁榮、文化發展的角色。過程模式關心教育過程本身的價值；在教育過程，使兒童自然地成長。

3. 強調發現與探究的學習

因爲過程模式不主張明確的行爲目標，而主張一般目標和學生學習的主動性，所以學生不是被動地接受教師所傳授的知識，爲眾多的行爲目

標所束縛，而是主動地參與教學過程。因此，過程模式就必然強調發現學習和探究學習。爲了更好地從事發現學習、探究學習，過程模式主張開放的、非形式的學習環境，主張教室不應是講堂，而應像研討會的會場。

4. 主張按學生的實際情況，相對靈活地選擇和組織內容

目標模式認爲課程內容和教學目標之間有著最密切的對應關係，有這些內容就能達到所欲達到的目標。而過程模式則認爲同一課程內容也可能產生不同的結果，所以主張在實際的教學過程中追求能促進兒童發展的課程內容。在內容組織方面，過程模式強調要使學生通過內容的學習，體會到獲得知識窗發現眞理的過程。

由上可見，課程開發的過程模式是通過對知識和教育活動的內在價值的確認，強調教師和學生的交互作用，教師在課程開發與實施過程中不是學生行爲的主宰者、控制者，而是學生的學習夥伴、學生行爲的引導者，鼓勵學生探索具有教育價值的知識領域、進行自由自主的活動，主張教育過程留給學生足夠的活動空間。教育的功能在於發展學生的潛能，使他們能夠自主而有能力地行動。

第二節
理解本位課程的確立

無論是實踐性課程還是課程開發的過程模式，都對理解本位課程的發展做出了自己的貢獻，但眞正確立起「課程理解」範式的則應歸功於概念重建主義課程理論。概念重建主義課程理論是美國二十世紀70年代出現的一種課程理論流派，是一批不滿於傳統課程理論，試圖對課程領域進行概念重建的學者們的課程觀點的總稱。該課程理論流派極爲鬆散，但他們的課程研究觀點基本一致，即批判傳統課程理論，對課程領域進行「概念重建」。概念重建主義課程理論認爲課程研究的焦點應當從課程開發轉移到力圖理解課程現象，把課程研究的目的從力圖提供技術性的、實踐導向的、具有普適性的課程開發模式，轉變爲從歷史的和個體的角度對現有課程的闡釋、理解和批判，以研究爲導向的領域。

一、概念重建課程理論的發展

　　美國二十世紀60年代課程改革失敗以後，人們開始對「泰勒原理」為教育實踐所提供的一種普適性的課程開發模式產生質疑。從1969年開始，施瓦布連續發表了有關課程理論方面的研究論文，呼籲重新審視傳統的課程理論，認為傳統的課程理論由於其「脫離實踐」而處於垂死狀態，並提出了實踐性課程理論。英國著名課程理論家史點豪思（L. Stenhouse）也對「泰勒原理」進行了系統批判。他認為，課程不應該以事先規定好的結果為中心，而應以過程為中心，即以學生的行為為中心。況且，教師的教和學生的學本身就構成了目標，即目標內在於過程，具有生成性。

　　與此同時，批判模式的興起也促使人們對課程的理解趨於多元化。在批判理論看來，學校中所傳授的知識並非「價值中立」的，而是經過選擇的知識，具有意識形態性。而那些選擇、決定和編排教育內容的行為主體都是「權力地位占有人」，他們賦予不同知識以不同價值與威信。他們根據不同知識領域之間的關係，以及要想取得和掌握這些知識所要受到的不同制約等差異，在知識體系內部形成上下高低的層級結構，從而使他們所選取的迎合其階級利益與口味的內容占據一個偏離於事實的突出地位，並經由學校將之抽象化、重點化、理想化和政治化，最終使之成為整個社會所必須掌握的公共知識。英國著名的知識社會學家揚（Young，謝維和、朱旭東譯，2002，第61頁）一針見血地指出：「一個社會如何選擇、分類、分配、傳遞和評價它認為具有公共性的知識，反映了權力的分配和社會控制的原則。」阿普爾（Apple，黃忠敬譯，2001，第73頁）也認為，「由於學校保存和分配那些被稱之為『合法化知識』──『我們所有人必須擁有』的知識，因而學校授予特殊群體的知識以文化的合法性。但是，這還不是全部，因為某個群體把自己的知識變成『所有人的知識』的能力與該群體在更廣泛政治經濟領域內的權力有關係。所以，權力和文化不應被視為互相沒有聯繫的靜態實體，而應被視為社會中現存經濟關係的特性。它們辯證地交織在一起，從而使經濟的權力和控制與文化的權力和控制互相聯繫。」由於學校中的課程往往體現的是社會的主流文化，從而

忽視了其他的文化。二十世紀90年代以後，課程愈來愈被理解爲一種多維的文本：性別的、政治的、現象學的、審美的、自傳的、制度化的、種族的、歷史的、宗教的、解構的等。批判模式從不同的角度提出了自己對課程的理解，其觀點雖有所偏激或片面，但它卻把與主流文化相異的價值、觀念及思想引入了課程領域，打破了現有的學科界限，從而使學生能夠超越規定教材的意義和價值，依靠自己的經驗重新建構知識，創造自己的「文本」。

上述學者雖然對概念重建課程理論的發展起著直接或間接的作用，但眞正將概念重建主義運動推向顛峰的卻是派納（W. Pinar）。派納在其於1975年編輯出版的《課程理論化：概念重構主義者》（*Curriculum Theorizing: The Reconceptualists*）中明確提出了「概念重構主義課程研究」範式。在派納看來，接受現成的課程結構並努力改進是「技師的智慧」。這個過程可比作是調節汽車發動機的某個零件，以使之運轉得更有效。因此，屈從於「技術理性」的傳統主義者必然是「反歷史的」。由於以「泰勒原理」爲代表的「傳統主義課程觀」著眼於爲實際工作者提供指南和幫助，其關注的範圍必然是廣泛的，這就需要考慮諸如評鑑、監督以及課程開發與實施，如此一來，課程領域的界限就頗令人困惑（單丁，1998，第273-274頁）。爲此，派納首先從詞源學的角度入手對課程這一概念進行了重構，這就是著名的「非跑道論」或曰「跑論」——課程不是跑道，而是跑的過程和跑的經驗，強調個體對自我經驗進行概念重構的能力。派納、雷諾茲、斯萊特里、陶伯曼（Pinar, Reynolds, Slattery, & Taubman, 1995, pp.847-848）指出：「課程是一個高度符號性的（symbolic）概念，它是老一代人選擇性地告訴年輕一代的內容。如此理解，課程具有強烈的歷史性、政治性、種族性、性別性、現象性、自傳性、美學性、神學性與國際性。課程成爲一代人努力界定自我與世界的場所。……課程不再是一個事物，也不僅是一個過程。它成爲一個動詞，一種行動，一種社會實踐，一種私人的意義，一種公共的希望。課程不只是我們勞作的場所，也是我們勞作的成果，在轉變我們的同時也轉變自身。」

在概念重構運動中，許多課程理論學者結合現象學、詮釋學、混沌

學、心理分析、後結構主義、批判理論、過程哲學、女性主義、多元文化主義等多種理論，將後現代哲學方法引入課程研究領域，採用哲學的、文化的話語，根據各自的教育哲學研究課程問題，提出了各種各樣的課程新概念和新主張，如諾丁斯（N. Noddings）的「關愛」（caring）、伯比爾斯（N. Burbules）的「教學中的對話」（dialogue in teaching）、弗萊雷（P. Freire）的「實踐」（praxis）、哈伯瑪斯（J. Habermas）的「解放性知識」（emancipatory knowledge）、伽達默爾（H. G. Gadamer）的「視界交融」（fusion of horizons）、多爾（W. Doll）的「轉變性課程」、吉魯（H. Giroux）的「邊界教育學」（boader pedagogy）、麥克拉倫（P. Mclaren）的「增權賦能」（empowerment）以及史坦利（W. Stanley）的「為烏托邦服務的課程」等（喻春蘭，2007，第34-40頁）。在概念重建的過程中，人們對課程關注的視點已「從『功能』、『結構』、『構成』、『開發』等建築學隱喻的術語轉向『權力』、『意識化』、『再生產』、『自我認同』、『共同體』等政治學與社會學的術語，進而轉向『權威』、『場所』、『敘事』、『話語』、『語脈』、『文本』、『聲音』、『身分』、『關係』等的跨領域的術語（佐藤學，鍾啟泉譯，2003，第55頁）」。此外，還有「賦權」、「不確定性」、「民主」、「解放」等。從這些術語中可以看出，概念重構主義課程在內容上關注的重點是知識與意義的探究過程，是課程的理想和課程中的人，是教育目的的最終實現和人的民主平等權利的保護，關注差異，追求多元，而不再關注課程內容本身，不再關注課程的心理學基礎；在方法上採取與哲學話語相聯繫的課程研究方式，注重教師與學生的個人經歷（喻春蘭，2007，第34-40頁）。由此，課程典範終於走出了傳統的課程封閉體系，一種開放的多元的新的體系正在形成。

二、概念重建主義課程理論的主要觀點

㈠對傳統課程理論的批判

1. 對傳統課程理論研究目的的批判

以泰勒原理為代表的傳統課程理論受實證主義科學觀的影響，追求「技術理性」，認為課程研究的目的是提供課程開發的普適性的程序和規則，課程理論成為課程開發實踐的指導。對此，汪霞（2003，第60頁）指出：「傳統的課程理論潛意識地堅持了自然科學的『假設—演繹』的邏輯，其背後隱藏的是否定人的自由意志和人類行動自主性的『工具理性』。在這種指導思想之下，課程窄化為『原則』、『程序』，課程實踐窄化為『實行』、『操作』。課程理論成為價值無涉的『服務』、『指導』和『工具』。」傳統的課程理論傾向於關注「原則」、「程序」和其他類似的東西，「據說這些東西能夠指導課程的開發和實施（Pinar, 1994, pp.78-79）。」在此，「理論這一術語被用來表示作為從業者實際經驗之抽象的原則，並常常與真正的實踐大相徑庭（Pinar, 1994, p.78）。」派納指出，人的知識是在不同的時間及背景下，依據不同興趣的引導而進行建構的，而普適性的「程序」、「原則」是無法滿足的。

當然，儘管「概念重建學派」不主張給課程強加某種目的，但並非其課程是「無目的」的。通過對其課程理論的分析，可以看出其課程目的主要包括三個方面。其一，自我意識的發展。派納認為學校教育的失敗主要是學習者學習過程中自我意識受到抑制，因而「自我」在學校或班級中被扭曲、分裂、萎縮。因此，學校教育應以「個人」為核心，課程的首要目的是「自我意識提升」。其二，存在經驗的開發。格林認為，課程的主要的目的是發展學生自由表現、詮釋和反映自己生命經驗的能力，使學生能通過公共領域來建造有意義的世界。而派納則通過將「課程」概念由「curriculum」還原為「currere」，以此來表示活動中個體內在經驗的探索過程，並認為這是人對意義與價值主動探索的過程，活動本身即為目的。其三，喚醒學生對外在事物的反省批判意識（進而轉向自我批判），並通過實際的活動對不利於人發展的因素加以改進。此種主張尤為以阿普爾為

代表的「個體—社會統合論者」所秉持。

2. 對傳統課程理論哲學基礎和研究方法的批判

傳統課程秉持實證主義科學觀，追求課程理論的「客觀性」，這有違課程理論的學科性質，也使課程理論淪為控制工具。以泰勒原理為代表的傳統的課程理論，把課程開發過程看作一個純粹客觀的過程，試圖揭示課程開發的「普遍規律」，試圖在課程領域建立起像自然科學（如物理學）那樣的知識體系，這種追求忘記了課程理論的研究對象是複雜的人的行為。換句話說，課程理論並非純粹的自然科學，它還兼有人文學科的性質。課程的開發過程既具有客觀性，又具有主觀性，它受到課程決策者及課程設計者的價值觀、社會立場、生活經歷、教育經歷和課程設計思想的影響，所以對課程開發過程不可能做到完全「客觀」的研究。

3. 對傳統課程理論隱含的保守的意識形態的批判

儘管傳統課程理論奉行「價值中立」的原則，但是概念重建主義者認為課程並非與價值無涉，並非純粹客觀的、絕對中立的。學校畢竟存在於真實的社會之中，是社會特殊規則和聯繫的具體反映。也就是說，學校的課程總是負載著一定階級的價值觀念，並通過這些價值觀念的傳授，維持著現存的社會控制體系，從而充當著「再生產」的角色。因而，學校中所傳授的知識是有意識形態特點的，是由占統治地位的階級加以選擇的結果。正如康奈爾（Cornell, L. M.，李復新、馬小梅譯，1997，第62-71頁）所言：「納入學校課程的知識從一開始就是由社會形成的。我們認為理所當然的關於什麼是『基本技能』、什麼是知識的『核心』領域、什麼是知識地圖上的界限的觀念，都是一門複雜的政治學的產物，是由更廣的社會權利分配形成的。」占統治地位的階級運用其手中的權力把他們認為有價值的知識加以「合法化」，知識的選擇過程其實就是統治階級的意識形態「合法化」的過程。正如布爾迪厄（Bourdieu, 1990, p.3）指出：「任何權力都發揮符號權力的作用，也就是說，任何權力都試圖通過掩藏構成其力量基礎的權力關係，來強加意義，並把這些意義強加為合法意義；都將自身的特殊的符號力量增強到那些權力關係之上。」傳統課程典範雖以一種「價值中立」的公正姿態出現，但事實上它堅定地執行著一種反歷史的、

政治上保守的理性觀。這種理性觀就是「技術理性」及其所追求的效率原則。「開發理性」及效率原則講求由課程論專家開發出一套課程，教師僅僅是課程的執行者，從而實現了對教師和學校教學行為的控制，維持了現行的社會控制體系。

㈡**概念重建主義課程理論的基本主張**

首先，對課程開發理論的概念重建。概念重建課程研究是對傳統課程研究的反省和超越，「使課程研究從一個本質上是技術性的、實踐導向的、非理論的和非歷史的領域轉變為一個理論化的、概念自主的、本質上是歷史的、個體的和運動變化的領域（汪霞，2003，第59頁）。」也就是對傳統課程理論中關於課程、課程開發及教學等一系列概念重新理解和界定，以及對個體經驗的概念重建。「存在現象學」課程理論強調個體對其「自我履歷」進行「概念重建」的能力，個體通過概念重建，意識水準不斷提高，最終達到人的自由與解放。魯特寫道「從字面看，概念重建意味著重新思考並返回支持我們行動的概念結構，以提示被這些念所掩蓋的豐富經驗（張華，1998，第76-80頁）。」

其次，追求解放旨趣。傳統的課程受「技術理性」的支配，追求效率，充滿著對教師和教學的控制，課程理論研究目的在於揭示課程開發的普適性規則和程序，課程成為外在於學習者的靜態的東西，成為教學過程所要達成的目標、教學的預期結果或教的預先計畫，成為對眾多教師教學行為進行控制的工具。「概念重建主義」則以「解放旨趣」作為其基本的價值取向。派納認為，課程指向的是「個體的解放」，通過對個體「生活經驗」的詮釋，提升人的自我意識，把個體從現實中、無意識中、他人的對象化中解放出來，恢復「人的真諦」（汪霞，2003，第64頁）。這就意味著教師和學生能夠自主地進行課程創造，能夠在不斷的自我反思和彼此的交往過程中達到自由和解放，教師與學生真正成為了課程的主體。課程不再被視為預先制定的外在於師生的「學習材料」，教師不再僅僅是課程的忠實執行者，學生也不再是課程的簡單接受者，課程被視為一種「文本」，而對課程文本的多角度解讀，形成豐富多彩的「課程話語」。課

程不再是預成的，而是師生在共同交往的教學實踐中生成的。當然，派納
（1994, p.103）也指出，「解放」是一個永無休止的過程，「解放並不意
味著某種已經完成的或者靜態的結果，不會有最終的或絕對意義上的『解
放』了的國家、制度和個人。」

第三節
課程的多元理解

　　二十世紀80年代以來，在「理解課程思潮」的影響下，西方課程領域
開始將哲學、社會學、美學、神學、文學等方面的理論與課程理論相結
合，力圖從多個角度來解讀課程，進而產生了眾多的課程思潮，形成了課
程多元理解的格局，促進了課程理論的繁榮發展。其中，有代表性的課程
思潮主要有：政治課程理論、種族課程理論、女性主義課程理論、現象學
課程理論、後結構主義課程理論、自傳性課程理論、生態學課程理論等。

一、政治課程理論

　　政治課程理論深受社會批判思潮的影響，把課程置於社會的政治、經
濟和文化背景中，把課程作為政治文本理解，從綜合的、較為宏觀的意義
上來理解課程、建構課程的意義。政治課程理論的代表人物主要有包括：
阿普爾（M. Apple）、吉魯（H. A. Giroux）、古德曼（J. Goodman）、卡
爾森（Carlson）、弗萊雷（Freire）、西蒙（Simon）、韋克斯勒（Wex-
ler）等人。在政治課程理論中，「意識形態」、「霸權」、「再生產」、
「抵制」、「文化資本」等詞語等充斥其中，賦予了課程新的意義。

　　如政治課程理論的領軍人物阿普爾認為，階級、國家、意識形態正
是通過「霸權」對教育進行控制的，如通過國家頒發證書使教育制度傾
向於「技術統治理性」；通過影響課程和班級社會關係的發展，保證用
從事不同工作所必需的知識裝備不同階級、社會集團的學生；通過立法
程序來確定學校教育的政策基礎等等。因此應著眼於社會公正和人的解
放而對教育進行「批判性審查」。在他看來，學校之所以能夠不依賴於

（或不經常依賴於）強制性的外部統治機器就能發揮社會控制的功能，實現特定的意識形態的「再生產」，關鍵在於學校生活和教育過程中存在著這種以「霸權」形式而存在的隱性課程，這就牽扯到知識的性質問題了。阿普爾認為要分析學校教育中知識的基本性質，必須注意以下幾點：「(1)課程所呈現的是誰的知識？(2)課程的內容是誰來選擇的？(3)課程為什麼以這種方式來組織和施教，又為何只針對特殊的群體？(4)是誰的「文化資本」（包括外顯的和隱含的二部分）被安置在學校課程之中？(5)是以什麼觀點來解說經濟實體，以及是以誰的原則來界定社會主義，並且包括在學校教學之中？(6)為何以及如何將特殊的群體文化觀以客觀和事實的知識在學校中呈現？(7)官方的知識如何具體的表現出社會中優勢階級利益的意識形態？(8)學校如何將這些限定而且僅代表部分標準的認知合理化為不可懷疑的真理？(9)在文化機構（像學校）中施教的知識（包括事實、技巧、興趣和性向）是代表誰的利益？（張家軍，2009，第106-112頁）」通過分析，阿普爾認為，課程知識不僅僅是一個分析的問題（什麼應被看作知識），也不是一個簡單的技術問題（怎樣組織和儲藏知識以讓兒童獲得和掌握它），更不是一個純粹的心理學問題（怎樣讓學生去學習），相反，課程知識的研究是一個意識形態的研究，即在特定的歷史階段，在特殊的機構中，特殊的社會群體和階級把學校知識看作合法性知識。簡言之，課程是主流階級的權力、意志、價值觀念、意識形態的體現和象徵，它實際上是一種官方知識，是一種法定文化。既然課程知識是一種「合法化知識」，那麼其背後必然隱藏著某些價值觀念或意識形態的控制。因此，只有把課程放回到更大的政治、經濟與文化的背景之中，才能揭示出課程中所蘊含的意識形態本質及作用機制。他說：「學校中的知識形式不論是顯著或隱藏的，都與權力、經濟資源和社會控制有關……知識的選擇，即使是無意識的，也都與意識形態有關（陳伯璋，1998，第176頁）」，「應該教什麼……不『僅僅』是一個教育的問題，而且從本質上講也是一個意識形態和政治的問題（W.・阿普爾，黃忠敬譯，2001，第1頁）。」斯賓塞的「什麼知識最有價值」已經被一個更為尖銳的問題「誰的知識最有價值」所代替。課程變成了各派政治勢力爭奪的「政治足

球」。正是因爲隱性課程的存在，教育因而成爲製造差異和不平等的工具。由此看來，學校是社會結構密不可分的一部分，社會群體通過學校使之合法化，社會則通過學校得以不斷的維持、再生產和建設。

　　一言以蔽之，政治課程理論突破了自二十世紀70年代以前被課程界普遍接受的，課程在政治上是中立的觀念。它圍繞著「意識形態」、「霸權」、「再生產」、「抵制」、「文化資本」等主題詞來言說課程，從政治學的角度爲我們揭示了課程的政治意蘊：學校教育從來都不是中立的，而是充當了維護統治階層利益的工具，因而具有政治性。自70年代以來，政治課程理論已發展成爲西方規模龐大、人員眾多、觀點紛呈、影響深遠的課程理論流派之一。

二、種族課程理論

　　種族課程理論與政治課程理論具有緊密的聯繫，二者都把社會公正作爲課程關注的核心問題，所不同的是，種族課程理論把課程作爲「種族文本」來理解。其代表人物主要有：沃特金（W. Watkins）、麥卡錫（C. McCarthy）、派納（W. F. Pinar）、陶伯曼（P. Taubman）、揚（M. F. D. Young）等人。「多元文化主義」、「身分」、「邊緣」、「差異」等話語成爲種族課程理論的主題詞。

　　研究者之所以提出種族課程，源於美國黑人、土族美國人、亞裔美國人和拉丁美洲後裔美國人等種族的教育經歷。眾所周知，西方許多國家尤其是美國是個多民族的移民國家。對於少數民族及外來移民，西方國家最初採取的是同化政策，主張以主流文化來同化亞文化或者是外來文化。美國學者科布（Korb，李際、張晨譯，2003，第77頁）指出：「美國是由來自許多國家的移民組成的，它的任務是把所有的人同化到一種以英語爲語言基礎、以新教和英國的啓蒙運動爲價值體系的單一文化中去。」在文化的傳播中，學校起著至關重要的作用，它是同化的主要途徑。但事與願違，學校同化教育的結果並不盡如人意。爲什麼會出現這種情況呢？一些教育研究者經過分析後發現，原因就在於西方國家企圖以主流文化去同化其他種族文化，在學校裡推行不適合少數民族及移民需要的課程、教學及

評鑑模式，其實質就是一種「文化侵犯」。弗萊雷（Freire，顧建新、趙友華、何曙榮譯，2001，第112頁）認為，「在文化侵犯中，施行者根據其自身的價值觀與意識形態來構劃其主題內容。他們的出發點是自己的世界，他們從自己的世界進入被侵犯者的世界。」種族課程理論者認為，必須認清社會中的種族壓迫，並考察這些壓迫是如何深嵌在學校的教科書和課堂教學中，又是如何深嵌在社會的文化中的。

對此，研究者們對「主流中心課程」（mainstream-centric curriculum）提出了批評，認為它是以占主導地位的民族（即強勢民族）的經驗、文化、歷史、觀點等為中心設置的課程，忽略了其他種族、民族。這種課程一方面由於學校課程未反映其他種族、民族的文化，使少數種族、民族的學生產生疏離感和自卑感，削弱學習動機，造成人格內部的文化衝突，形成家庭文化與社區文化、學校文化間的斷層，從而對他們造成心理上的挫傷；另一方面，它會使強勢民族的學生錯誤地形成自身的優越感，排除了從其他族群學習的機會，從而對他們產生負效應，不利於他們自身文化觀念的反省與發展。

總之，種族課程理論試圖透過揭示課程中的種族歧視及其根源，進而通過課程喚醒人們的種族意識，以謀求種族平等和社會公平。

三、女性主義課程理論

關注課程與性別間的關聯性並把課程理解為性別文本是女性主義滲透到課程領域的新的研究趨勢。這一研究肇始於二十世紀70年代的西方國家。女性主義課程理論的代表人物主要有：米勒（J. L. Miller）、帕格諾（J. A. Pagano）、西爾斯（J. T. Sears）、古德曼（J. Goodman）、格魯梅特（M. R. Grumet）、沃斯通克拉夫特（M. Wollstonecraft）等人。女性主義課程研究者從女性的視角分析課程問題，重視女性的經驗和體驗，從女性自身的經歷和處境來建構和發現課程的意義，不斷提高女性的自我認識，對教育體制上的父權制進行了猛烈的抨擊，性別平等、身分、知識、權力、自我認識成為他們關注的焦點。

　　女性主義極爲關注課程問題，認爲課程對於改變女性的地位具有極其重要的作用。她們對學校教科書的插圖、語言、主題等進行了研究，試圖證明課程是導致女性在教育中處於不利地位的原因之一。她們的研究發現，教科書使用的是男性化語言，教科書中的插圖、主題大都爲男性形象，女性形象較爲缺乏，即使提及女性，也與男性出現的次數和頻率不成比例，她們只是文明社會的配角或歷史上的註腳，而非各領域的積極參與者。而有關的研究也證明了這一點，如丹馬克（F. L. Denmark）在二十世紀80年代初對法國、西班牙、瑞典、前蘇聯、羅馬尼亞五國一年級的教科書進行跨文化的比較研究後發現，法國一年級教材的男女主角人數之比爲75：21，西班牙爲132：22，蘇聯爲52：42，羅馬列尼亞爲165：118（曾天山，1995，第34-39頁）。在臺灣1978年出版的《生活與倫理》六冊書中，出現的歷史人物以男性爲主，共計92人次，女性只有8次；男主角占37個單元，女主角只有1個單元；在269幅插圖中，男性爲170幅，女性爲10幅。其餘89幅多爲男主女從形象。例如，沙若蘭發現，教科書中的插圖以男性爲主，許多教科書，尤其是數理科教科書的封面都畫著男孩，教科書中男名也多於女名；男英雄也多於女英雄，甚至數學題目也反映了性別色彩，男孩都以計算積木、卡片爲主，女孩都在量窗簾的長度（歐用生，1987，第174-175頁）。爲了改變女性在課程中的地位問題，不同流派的女性主義提出了不同的主張。自由女性主義提出了一系列修正策略，如課程應採取不同的編排和呈現方式，以改變以男性經驗爲標準的狀況；課程中的性別角色應保持男性和女性平等；等等。激進女性主義認爲課程改革應致力於揭露家長制對課程的控制機制，關注女性關心的問題。她們還試圖開發一種女性主義自己的課程，以對抗男性中心的課程（male-centered curriculum），這種課程包括批判現存的教育制度，強調男性和女性具有平等的受教育機會，提供女性自己的教育經驗等。

　　由上述看來，女性主義課程主張反映了女性主義教育的理論和實踐，其根本目的就是消解主流課程中的男性霸權，謀求婦女的解放。

四、現象學課程理論

自二十世紀70年代起，一些研究者開始用現象學來分析課程問題，逐漸形成了現象學課程的研究風氣。現象學課程的主要代表人物有：范梅南（M. V. Manen）、奧凱（T. Aoki）、史密斯（D. Smith）、休伯納（D. Huebner）、雷諾茲（W. Reynolds）等人。

現象學課程的研究者認為，教育研究的目的不是為了控制教育工作者或他人的教育生活，而是應該真實地反映教育生活。而在當下的教育研究中，則不能反映學生的真實生活，導致教育學缺乏實踐取向。教育研究者提出了許多關於教育理論的話題，但他們卻忽略了一個重要的問題，這就是他們該如何表達教育理論的主題。大多數教育研究者僅僅滿足於對經驗的控制性重構，而不是在展現活生生的經驗的原初情境中，向教育實踐直接靠攏。針對教育研究的這一情況，范梅南指出，教育學需要對活生生的經驗（兒童的實在和生活世界）保持敏感，要求研究者具有對生活世界的現象進行解釋的能力，使教育者能夠理解情境化的教育意義。他（Van Manen, 1990, p.2）說，「教育學需要一種特殊的語言，能夠使對情境反應的研究過程為教育智慧和教學機智服務。」范梅南認為，具有生命力的課程理論，並不是對課程和教學進行哲學和抽象的分析，而是從典型的教育事件中獲得啟發，從對兒童的希望、愛和激勵中導出意義。好的課程理論在於建構了教育情境，啟發學生去歷經存在著的社會生活。在范梅南看來，現象學課程無疑就是一種好的課程。范梅南曾歸納了現象學課程研究的五個特點：(1)現象學研究考察生活體驗（lived experience）。研究被直接體驗到的生活世界，而不是我們所概念化的世界。現象學者尋求對世界的更直接的體驗和際遇。(2)現象學研究尋求經驗的本質和事件的意義，倡導對世界的反思，反對對世界的「自然主義態度」。(3)現象學研究是智慧的意識實踐。現象學教育學是智慧的表現。(4)現象學研究並不為知識而生產知識，而是為了人類的意義而生產知識。現象學研究者致力於思考每一個人在世界上生存的意義。(5)現象學研究是一種「詩性活動」，總是力圖體現詩的品質。像詩一樣，現象學試圖用一種喚起性的、原初的

聲音呈現對世界的原創性「演唱」（張華，2001，第40-48頁）。范梅南還闡述了現象學課程的設計要求，主要有四個方面。第一，文本內容反映兒童的眞實生活，具有一定的研究取向。也就是說，研究者必須認眞地思考他是如何觀察、傾聽兒童並與之建立聯繫的，積極培養「反思性的」和「本體論的」取向。第二，文本所反映的事例具有鮮明的個性。第三，文本必須具有豐富性。研究者對兒童的眞實生活具有強烈的興趣，並對眞實生活的事件產生意義，通過軼事、故事和現象學描述等形式與兒童一起探究意義。第四，文本必須具有深刻性。深刻性是指意識到的事物必須保持一種獨特的狀態（Van Manen, 1988, p.451）。

總之，現象學課程主張關注兒童的生活世界，關注兒童的體驗，強調理論聯繫實際。這些無疑爲我們國家的課程改革提供了理論支撐。

五、後結構主義課程

後結構主義課程採用批判和分析的方法，對現代的課程觀和課程思維模式提出了挑戰，反對結構主義，主張拋棄各種學術科目及其對知識的傳統表達方式，其代表人物主要有：戴格魯特（J. Daignaut）、陶伯曼（P. M. Taubman）、切里赫爾姆斯（C. Cherryholmes）、胡文松（Wen-Song Hwu）等人。「恰當的距離」、「舞臺表演」，「權力」、「文本重寫」、「自我的重建」等話語成了他們談論的中心。

後結構主義課程學者對以泰勒原理、布魯姆的分類學、布魯納的結構主義課程爲代表的結構主義課程進行了猛烈的批判，他們認爲這三大結構主義的課程典範存在著共同的問題：第一，強調價值中立，忽視了課程的價值；第二，強調課程的有序、組織、邏輯，目的是爲了對教育進行更好的控制；第三，缺乏批判精神和選擇的靈活性；第四，在課程思維方面存在二元對立的思維邏輯，比如說，課程的設計、教育目標的分類，以及課程結構都是建立在一系列的二元區分的基礎之上（謝登斌，2006，第167頁）。

在後結構主義課程學者看來，課程是流動且變化的，具有動態性和建構性。如戴格魯特認爲，課程是在舞臺上表演的過程，教師是表演者。眾

所周知，舞臺表演提倡個性、創造性。而控制和創造是相對立的，因爲創造力需要自由，自由意味著共同體與合作，創造力在交流中培養，而不是在控制中培養。因而，戴格魯特提出課程的「舞臺表演」說，既是對傳統的課程實施中存在的控制狀態，預測結果的狀態的不滿和批判，也是對新方法的期盼。那麼，戴格魯特是如何將其對教育的思考搬上舞臺的呢？戴格魯特（Daignault, 1992, p.199）指出：「藝術史和科學史是爲了抗爭一個時代的偏見，而教育史是爲了抗爭教育事件中的偏見，它只存在贗品痕跡的複本。因此，教師應該成爲回答課程是什麼的人。」另一位學者胡文松則提出了課程「文本重寫與自我的重建」。他認爲，閱讀總是涉及解釋和再閱讀，這個過程本質上是重寫文本和重建自我的過程。在他看來，「閱讀不是對文字符號進行簡單的解釋，而是在文本中尋找作者言語的誤說，尋找其意圖的失控之處，尋找其無意言說的東西（謝登斌，2006，第165頁）。」在他看來，被言明的東西總是暗含在未說的當中。在這種閱讀方式中既不是「作者中心」也不是「讀者中心」，而是對文本的重新理解。將上述閱讀理念運用於課程文本中，就既否定了「課程中心」，也否定了「讀者中心」，從而爲我們提供了理解課程的新視角，即在閱讀課程時，不是簡單地肯定或否定其表面上的東西，而是要深刻領會其隱含的、尚未揭示的方面。而讀者在閱讀的過程中，也是一個作用於自我、展現自我的過程，並在這一過程得到了自我重建。

總而言之，後結構主義課程反對將課程看成一個封閉的、穩定的結構，主張課程是流動且變化的，實在展現、對話、交流過程中得以不斷重構的。

六、自傳性課程理論

「自傳性／傳記性課程理論」是在現象學、存在哲學、精神分析等理論的影響下產生的。其代表人物主要有：格魯梅特（M. R. Grumet）、戴格諾、陶伯曼（P. M. Taubman）、多爾（M. A. Doll）、米勒（J. L. Miller）、雷尼格（Reiniger）、巴特（R. Butt）、雷蒙德（D. Raymond）、康奈利（F. M. Connelly）、克蘭迪寧（D. J. Clandinin）、舒伯特（W.

Schubert）、阿耶爾斯（W. Ayers）、古德森（I. F. Goodson）等。他們運用自傳的方法幫助學生，讓其學會描述學校知識、生活史同思想發展之間的關係，進而逐漸實現自我的轉變。「自我和身分的建構」、「存在體驗」、「夢」、「中間通道」等話語等他們關注的焦點。

在自傳性課程學者看來，課程就是個體「經驗的履歷」，是一種活生生的文化。格魯梅特認爲，課程是文化的產物，它傳遞著文化，由文化而形成，又修剪著文化，建構著文化。正因爲課程與文化相伴，所以，教育工作者在敘述課程之前，就已經生活在課程之中。在格魯梅特看來，事件本身和事件所隱含的思想從來不是共時的，也從來不是對等的。她（Grumet, 1990, pp.277-282）舉例說，「比如說，當教師駕車去上班，上課之前匆忙地上一趟洗手間，教師看到許多學生把一大堆衣服放進狹小的衣櫃時，他正在經歷我們所界定的課程。儘管經驗和敘述有時候不一致，但課程是活生生的，因爲敘述而存在。」

謝登斌（2006，第185頁）將課程領域中的自傳研究的主要特徵概括爲：第一，研究者自傳的內容，是過去發生過的眞實的教育經驗，而不是研究者的主觀想像；第二，研究者的故事中必然有與敘述的教育事件相關的具體的人物，特別關注教育者的親身經歷，必須借助心理分析的技術，對個人或群體的行爲，做出解釋和合理的想像；第三，研究記述的是具有意義的完整的故事，而不是流水帳。最後，歸納的方式是從研究中，獲得某種課程理論，或課程觀念的重要方式，而不是演繹；也就是說，課程理論或者課程觀念，是從過去具體的教育事件和情節中歸納而來。需要說明的是，這裡的傳記資料包括對話、訪談、觀察、錄像、回憶和日記等。

由於自傳反映的是個人的體驗和生活經歷，因而自傳性課程研究者也非常重視把教育同人的經驗聯繫起來，認爲課程研究關注人的經驗是一種必然。在自傳性課程研究者看來，個體的經驗是有意義的，這種意義不是簡單地存在於經驗當中，而是存在於自我的態度當中，在個體的反思中得以掌握。

總之，自傳性課程強調個體經驗在學校中的作用，認爲課程是師生教育性經驗的創造和展示的過程。學生的學習是在個人經驗的基礎上形成和

展開的過程。毫無疑問，它擺脫了傳統課程的目標、設計、實施、評價等諸多環節的束縛，師生在教學的過程中，具有較大自由性和創造性。

七、生態學課程理論

生態學課程理論是用生態倫理觀、生態政治觀反思課程的產物。該課程理論把課程作為「生態學文本」來理解。其主要代表人物有：卡普拉（F. Capra）、高夫（N. Gough）、鮑爾斯（C. Bowers）、多爾（W. E. Doll, Jr.）等人。「差異」、「多樣」、「和諧」、「可持續」等詞語成為生態學課程學者關注的對象。

生態學課程也是從批判傳統的課程觀來開始自己的理論之旅的。生態學課程學者認為，傳統的主流課程理論本質上是追求課程開發的科學化。這種課程理論是基於「人類中心主義」視野而確立的，它秉持「二元論」，把人與其生存的環境割裂開來，把環境設置為「客體」，人這個「主體」則借助於規律、規則、程序而控制環境。這是科學主義認識論的必然邏輯。生態學課程理論則秉持生態倫理觀（ecoethics）、生態政治觀（ecopolitics），認為人不是環境的主宰，而是環境的看護者。課程問題應置於人與環境之間的複雜的生態環境來考察，對課程的考察應持整體的觀點而非分析的觀點，應承認主觀經驗的價值而不能僅僅運用技術化的「客觀方法」。如果說「泰勒原理」所體現的是科學主義世界觀的話，那麼，生態學課程理論所體現的是整體化的、注重個體經驗的生態世界觀（鍾啟泉，2007，第399頁）。卡普拉也以生態主義思想為指導，批判了現代主義思維模式和科技至上主義意識形態下的課程思想，而這種思想尤以泰勒的課程原理為代表。他認為，泰勒的課程原理強調行為目標的分類：強調知識不以環境為轉移的客觀性；採取將教師與學生、意義與情景、主觀個體與客觀知識、身體與精神、學習與環境割裂開來的二元論方式；主張通過價值中立的知識傳遞過程來獲得進步的線性發展模式等等。泰勒的課程原理所透露出來的正是現代主義的思維模式和科技至上主義的意識形態，卡普拉認為這正是造成今日生態危機的根源。因此，他主張開發促進人類之間和人類與世界之間的和諧互動關係的課程觀（王牧華、靳

玉樂，2000，第43-46頁）。

　　生態學課程是運用生態主義理論研究課程的產物，它表現爲三種形態：(1)以生態主義理論爲指導發展起來的課程及其理論；(2)有關於生態主義理論的課程；(3)爲了實踐生態主義而發展的課程（王牧華，2004，第40頁）。但不論何種形態，生態學課程都具有以下特點：(1)整體性。具體表現爲：①生態學課程各要素相互聯繫共同構成一個有機整體；②生態學課程的研究方法是系統整體的方法；③生態學課程目標的整體性，即它的目標是促進學生在一個社會、自然環境、文化有機統一的環境中身心獲得全面發展；④生態學課程的資源是一個有機整體。(2)開放性。生態學課程作爲一個系統具有兩個層次的開放性。①系統與外部的訊息交流，即生態學課程與自然環境、社會、文化、學生個體之間的訊息交流。通過這種訊息交流，生態學課程獲得發展的資源和動力，並能推動自然環境、社會、文化與學生個體的和諧發展。②系統內部各子系統之間的訊息交流，即生態學課程目標、課程資源、課程實施、課程評鑑等系統之間的訊息交流。通過這種交流，生態學課程保持了系統整體性，各子系統構成一個完整的有機整體。(3)豐富性。生態學課程的豐富性是與現代課程的簡單性所對立的，現代課程的簡單性是由線性進步的觀念和還原論的方法所決定的，生態學課程的豐富性則是生態主義的認識論和方法論的必然結果。(4)發展性。發展性是相對於知識性而言的，生態學課程的發展性是指它的目的主要在於促進學生的一般發展（王牧華，2004，第41-43頁）。

　　總之，生態學課程主張將生態的概念貫穿整個課程之中，力圖使個人外在的生態平衡和個人內部的生態平衡都得到保護和發展。生態學課程的這種主張無疑爲我們看待課程提供了一個嶄新的視野和思考的方向。

第四節
理解本位課程思潮的特徵與啓示

在理解本位課程思潮中，並沒有較多地出現「後現代」或「後現代主義」這樣的學術字眼，或以此來命名，大多數研究者（除了多爾等少部分學者外）的學術著作中也沒有人明確論述後現代課程研究或直接探討後現代課程觀，但就其本質而言，理解本位課程思潮正是後現代思想在課程領域的重要表現。汪霞（2003，第83頁）認爲，「就本質而言，概念重建活動標誌著課程研究的後現代轉向，概念重建學派的研究標誌著課程研究範式的轉變：從現代到後現代。」因此，只有將理解本位課程思潮置於後現代主義這個大的背景下，才能較爲全面、透徹的理解和把理解本位課程思潮。

一、理解本位課程思潮的特徵

理解本位課程思潮具有如下特徵（李臣之、張家軍，2010，第152-157頁）：

一是多元化。後現代主義對「現代性」持審慎反思的態度，它把矛頭直接指向「現代性」下的一套整體性、同一性的敘述，對「現代性」下的許多不言自明的眞理持懷疑態度。受後現代主義的影響，從派納開始，理解本位課程思潮就形成了與其他理論和學科尤其是與哲學緊密聯繫的特色。存在主義、現象學、解釋學、批判理論、女性主義、過程哲學、多元文化主義、美學、神學等等，無不對理解本位課程思潮的發展產生了極大的作用。由於結合不同的理論，使得理解本位課程無法遵循一種或幾種固定的模式，而是呈現出多元化的特點。我們前已述及的政治課程理論、種族課程理論、女性主義課程理論、現象學課程理論、後結構主義課程理論、自傳性課程理論、生態學課程理論正是這種多元化的體現，它們以獨特的理論視角在課程研究領域中占了一席之地。這種多元化既順應了後現代狀況的特點，也昭示了在後現代思維下課程研究的廣闊前景。

　　二是非體系化。眾所周知，現代的課程研究非常關注課程的體系化結構，如典型代表「泰勒原理」就非常重視課程的規劃、設計、實施和評鑑，尤其關注課程的目標及其實現問題。後現代主義反對「宏大敘事」，受此影響，理解本位課程不再像現代課程理論那樣關注課程的體系化，它並沒有具體描繪從目標到評鑑的一系列程序，它們關注的是學習過程中個人的發展過程、歷史、政治、宗教、生態及社會情景。它們更多的「只是指出了人們在判定後現代狀況中的課程問題時應該考慮到的一些角度，表明了課程作為教育的核心構件對人本身、人的生存環境和生存狀況所可能起的指引作用或幫助作用（張文軍，1998，第115頁）」。理解本位課程思潮的這種非體系化使它們具有了開放性，能夠從各個領域汲取營養，進而構成了一個五彩紛呈、開闊迷人的課程王國。

　　三是關注學習者的自我意識和創造性。理解本位課程認為，每個學生都是在對自己原有知識經驗認識的基礎上來認識世界的，我們應允許並尊重每一個學生的不同個性與不同理解。理解本位課程更關注學生如何以原有的經驗、心理結構和信念為基礎來建構知識，強調學習的主動性、社會性和情景性。如多爾建構的「4R」課程方案，其中的「回歸性」特別強調了學習者的自我意識和創造性方面。在理解本位課程學者看來，知識結構不是對現實世界的準確表徵，而是處於不斷的變化之中，學習不僅僅是知識由外到內的轉移和傳遞，更是學習者主動建構自己的知識經驗的過程，正是在這一過程之中，學生的想像力才能得以發揮，創造才能得以充分展現。

　　四是和諧性。與現代課程理論相比，理解本位課程已不再把重點放在課程目標及其實現上，而是更為關注人、自然、社會之間的和諧。如多爾的課程理論更是鮮明地倡導通過課程實現個體的轉變，尊重學生的自我組織能力和參與課程的權利，並對師生關係作了新的詮釋。派納所倡導的課程運動就鮮明的反對非人性的、孤立的「行為目標」，主張把探究知識及意義的過程與教師和學生的個人經歷緊密結合起來。卡普拉等人的生態課程理論呼籲促進人類之間以及人類與世界之間的和諧互動，關注人類的外在及內在生態環境，認為課程的重點應是學習和自我發現。總之後現代課

程理論與推崇客觀化的行為目標、客觀知識及等級性評鑑的現代課程理論相比，融入了更多的人文色彩，它把對社會、環境及人類的思考納入了課程範疇之中。

二、理解本位課程思潮的啟示

㈠理解本位課程思潮對課程改革的啟示

透過對前面對理解本位課程的介紹，我們不難發現，理解本位課程思潮的一些主張，如主張課程的開放性、不確定性、過程性，教學的非線性和非序列性以及強調強調學生的主體性和個性，對中國大陸正在進行的課程改革不無啟示（李臣之、張家軍，2010，第152-157頁）。

1. 師生關係：從權威、獨白走向平等、對話

傳統教學本質上是教師單向、獨白式的權威教學，即承認並維護教師在知識傳授中的中心地位，學生始終處於被動的弱勢群體地位，教師擁有絕對的話語霸權，學生的自主性和潛能受到壓制。理解本位課程學者則主張教師與學生之間應建立一種平等的關係，無論是「教師中心」還是「學生中心」，都存在著根本的缺陷，「前者基本上是讓教師充當著文化傳統的傳遞者角色，而學生和兒童則扮演著『老人智慧』之被動的、馴服的接受者角色」，而後者「同樣將兒童置於脆弱不堪的境地，從某種意義上講，是放任自流，使他們無法獲得大人身上具有的人生閱歷的教益（大衛・傑弗里・史密斯，郭洋生譯，2000，第149頁）」。理解本位課程認為，教師與學生都是獨立自主的個體，他們之間是平等的，沒有孰輕孰重之分，教師只不過是「平等者中的首席」，他們之間不存在教導與接受、先知與後知的鴻溝，而是作為一群個體在共同探究有關知識領域的過程中相互對話、互相合作。在理解本位課程學者看來，教師與學生之間建立起這種平等的對話關係，不僅有利於激發學生的個性、自主學習能力和探索精神，也有利於教師的發展。巴西著名教育家保羅・弗萊雷（Freire，顧建新、趙友華、何曙榮譯，2001，第31頁）認為，教師不再僅僅是授業者，在與學生的對話中，教師本身也得到教益，學生在被教的同時反過來也教育教師，他們合作起來共同成長。

2. 課程本質：從靜態走向動態

研究者研究視域的不同，對課程本質就會有不同的認識。目前關於課程本質的有多種看法，但概括起來，比較有代表性的看法主要有如下四種：課程即學科和教材，這是最普遍也是最常識化的課程定義；課程即預期的學習結果，認為課程是教育者企圖達成的一組教學目標或預期的學習結果；課程即是經驗或體驗，認為課程是學生在教師指導下所獲得的經驗或體驗，以及學生自發獲得的經驗或體驗；課程即活動，將課程視為自主性活動的總和。而理解本位課程理論不再從內容或材料（跑道）的角度來界定課程，而是從學生的發展、對話、探究、轉化的角度出發來定義課程。由於不再將課程視為固定的跑道，而成為個人轉變的通道，因而，理解本位課程所主張和設計的課程具有開放性、動態性和過程性，課程目標既不是精確的，也不是預先設定的，而是一般性的，形成性的。理解本位課程理論對於課程本質的豐富和拓展，對於我們更完整、更深刻地理解和把握課程的本質極具啟示意義。

3. 課程目標：從預設走向生成

理解本位課程理論批判了傳統的課程目標觀，認識它是由教師根據教材預期設定的，無法顧及到學生的實際情況，因而這種課程目標是外在於教學過程的，是預設的、固定不變的，是工具理性在教育中的體現，課程實施的目的是確保課程目標的實現。在理解本位課程學者看來，課程目標應該是豐富的，多變的，不斷生成的，是教師和學生在教學的互動過程中共同建立的，是隨情境變化而改變的。在課程實施之前，設定的目標應該是一般的、模糊的目標。這種生成性的目標給教師和學生很大的主動權，並使得教和學可以隨時隨情境、條件允許的狀態而變化、調整，是對教育教學過程不確定性和動態性特徵的準確把握（于慧慧、劉要悟，2005，第14-17頁）。理解本位課程提倡的課程目標改變了傳統課程目標的局限性，考慮到教學的動態性和不確定性，關注了教學過程的生成性，有利於學生的發展。

4. 課程內容：從封閉走向開放

長期以來，人們一直在為尋求知識的確定性而努力，人們總是試圖

尋找放之四海而皆準的確定的眞理性知識，尤其是自十七世紀以來，隨著理性主義的崛起，追求確定的、客觀的、中立的知識成了人們的一種信仰，人們認爲只有確定的才是科學的，其他的都是非科學的。受這種理性主義的影響，一直以來，在中國的中小學課堂教學中，教師都避免去涉及尙處於爭論中的東西，傳授給學生的必須是確定的、毋庸質疑的知識，極力規避那些需要進一步探索和驗證的內容。學科間的劃分涇渭分明，內容體系也比較穩定。理解本位課程倡導課程內容的豐富多樣性、疑問性和啓發性，認爲課程知識具有不確定性。如多爾（Doll，王紅宇譯，2000，第225頁）指出，「自組織、不確定性、貫穿並通過不穩定性而獲得的穩定性、從混沌中自發產生的秩序以及意義創造等概念，不是這一斷言的組成部分，也難以與它相調和。但正是這些非線性概念是我們發展新宇宙論和新課程標準的關鍵。」按照自組織要求，課程內容必須達成一種促進探索的課堂氣氛——這本身便是走向發現的一步。只有當環境具有足夠的豐富性、開放性以便促成多重用途、解釋和觀點之時，干擾才能夠引起自組織。傳統的課程內容，基本上都是封閉的、線性的、確定的知識，不能啓發誘導學生。

5. 課程實施：從灌輸走向對話

在以往的課堂教學中，教師把學生看作知識的接受者，學生把教師看作知識的傳授者。教學似乎成了一種存儲行爲，教師是儲戶，學生是保管人，教師不是與學生交流，而是發表自己的見解，讓學生耐心地接受、記憶和不斷的存儲材料。課堂成了教師獨白和向學生灌輸的場所。理解本位課程認爲，課堂教學不是教師說學生聽的「獨白」關係，而是師生之間相互交流的「對話」關係，認爲「人類要達到『協同性』，沒有什麼路好走，只有訴諸對話。這就解釋了爲什麼對話理論構成了後現代解釋學重要理論內容。這裡的對話不是指內心的獨白，而是指現在與過去的對話，解釋者與本文的對話，解釋者與解釋者的對話」，「『理解總是一種對話』」（王治河，1998，第226-227頁）。理解本位課程主張，課程實施的過程就是學生個人獨特成長的過程，這一過程不是教師直接對學生的作用，它更多的來自師生、生生、生本之間的對話交流。這一觀點和現在的

課程改革理念是一脈相承的，新課改提倡的對話教學正是這一思想的具體體現。

6. 課程評鑑：從注重甄別走向促進發展

以往的課程評鑑是外在的、靜態的、封閉的，教師對學生的評鑑看重的是學生的考試分數，學生的優秀程度主要是通過考試分數來評判，評鑑注重的是甄別與選拔，忽視了學生的創新精神和實踐能力的培養。理解本位課程主張的課程評鑑是動態、開放的，是創造性的而非總結性的，評鑑作爲一種回饋手段是「做─批評─做─批評」這一重複過程的一部分；而作爲一種區分手段時，應由不同個體共同做出判斷（于慧慧、劉要悟，2005，第14-17頁）。理解本位課程學者主張評鑑主體多元化，注重構建學校、教師、學生和家長共同參與的評鑑制度，對學生的評鑑要從量性評鑑轉移到質性評鑑，關注學生的成長過程。

(二)理解本位課程思潮對課程研究的啓示

建基於後現代主義之上的理解本位課程，對中國課程研究的啓示主要體現在課程研究思維、課程研究內容及課程研究實踐三個方面（張家軍，2004，第6-11頁）。

1. 在課程研究思維方面，轉變了課程研究的思維方式，更好地關注課程研究的現實，克服課程研究中的簡單化現象

其一，倡導反思、批判精神有利於課程研究的健康發展。後現代主義肇始於對現代性哲學的反思與批判，它對啓蒙運動以來現代主義二元對立的思維方式進行了消解，對理性至上的方法論進行了顛覆，這一切無不滲透著反思與批判精神。可以說，反思、質疑和批判是後現代主義的精髓和核心。後現代主義對一切合法性的基礎加以質疑，主張摧毀人們對元話語的信任感，對現代主義的理性、確定性、同一性、連續性、普遍性提出了反思和批判。回顧中國大陸的課程研究，在承認其進步、發展的同時，也不能不承認它缺少了反思與批判精神，主要表現有：一是學科簡單移植化。把其他學科的研究方法機械地搬進到課程研究中來，對其局限性重視不夠，沒有去思考構建課程研究自身的方法論體系。二是經院式。不注重

教育調查和實驗，走從理論到理論的路徑，沿著課程研究的傳統重複著單一的課程研究方法論，沒有建立起多元的、多層次的方法論體系。三是西方化。大量地、不分青紅皀白地搬用國外的東西，認爲國外的一切東西都是好的。

其二，對理性主義的批判有助於我們更好的關注課程研究的現實。理性主義使課程研究獲得了它最初的學術規範和理論形式，它以思維方式的演繹性，確保了課程理論知識的獨立性、系統性、統一性，構建了包括課程目標、課程開發、課程設計、課程實施、課程評鑑等範疇的課程論體系，開創了課程研究體系化的範式，使課程論成爲一門獨立的學科，爲課程的科學化做出了不可磨滅的貢獻。而後現代主義對理性主義的批判則使我們警醒：理性主義課程論從課程論概念的統一性、系統性中能否演繹出或反映出課程的整體性、同一性？我們在癡迷於課程體系構建的同時是否關注到了課程生活的現實？理性主義的方法能否把握活生生的、實實在在的課程全貌？因此我們必須置換課程論視野，關注現實中的課程實際。一方面，課程研究者要深入實踐，在教育實踐中踐行自己的理論，在課程理論與課程現實中保持必要的張力。另一方面，課程論需對實踐中的現實問題進行洞察與領悟，對現實課程問題做出回應與解答，實現對課程生活實踐的整體性觀照。

其三，對二元對立思維模式的消解有助於克服課程研究中的簡單化現象。長期以來，受傳統二元對立思維模式的束縛，在中國大陸的課程研究中形成了一種非此即彼的、簡單化的思維方式。如在中國大陸課程理論界爭論不休的課程設計應以社會爲本還是應以學生爲本，課程研究應強調質的研究還是量的研究，課程研究中如何處理傳統與現代、東方與西方的關係等等無不是這種二元對立關係的反應。後現代主義對多樣性、不確定性、非線性和開放性的強調無疑拓寬了我們的思維空間，使我們以新的眼光和視角重新審視課程研究。事實上，在當今的學術領域尤其是自然科學領域裡，關於複雜事物和複雜性的研究已異軍突起，「從自然科學領域裡的一些新的發展趨向來看，它們強調非直線性更甚於強調直線性，強調複雜性更甚於強調簡單化（華勒斯坦等，劉鋒譯，1997，第65頁）。」既然

自然科學領域都強調複雜性，那麼我們還能對屬於人文社會科學領域裡的課程研究作簡單化、機械化、線性化處理嗎？答案毫無疑問是否定的。課程研究必須克服簡單化、線條性的研究方式，吸納「複雜科學」的研究方法和成果，找出課程論發展的新方向和新思路，實現課程研究的突破和超越。

2. 在課程研究內容方面，拓展了課程研究的範疇，促進了人類社會的和諧發展與進步

前已述及，自二十世紀80年代以來，西方課程領域開始將哲學、社會學、美學、神學、文學等方面的理論與課程理論相結合，進而產生了眾多的課程思潮，如政治課程理論、種族課程理論、女性主義課程理論、現象學課程理論、後結構主義課程理論、自傳性課程理論、生態學課程理論等等，形成了課程多元理解的格局。而這種多元理解大大促進了課程理論的繁榮發展，拓寬了課程研究的範疇。同時，由於這些課程思潮從多個角度來解讀教育與人類發展的關係，進而也在一定程度上促進了人類社會的和諧發展。

3. 在課程研究實踐上，後現代主義對話語霸權的解構有利於在課程研究者與被研究者之間建立平等對話關係

後現代主義採納、吸收了分析哲學、當代解釋學及法國後結構主義的研究方法，以語言範式取代了以往的意識範式，從認識主體和意識內容的研究轉向語言學的討論，討論主體之間的活動及關係，賦予不同的話語以平等的權力，致力於消解話語霸權。後現代主義強調一種語境體驗，認為人更多的是作為交往，作為一種文化和生物交融形式的語言主體，主張一種開放的、公平的對話，倡導不同認識者之間的平等交往關係。後現代主義強調，若要讓對話中的真理真正顯露出來，對話就不應該受主談者的主觀武斷所影響。

後現代主義對話語霸權的解構，無疑給我們衝破課程論權威話語的束縛注入了勇氣。其一，在課程研究中應消解權力話語，倡導個體性言說。這就要求我們把權威話語暫時「懸置」起來，面向課程實際，走向教育，用我們自己的智慧去看、去思、去體驗，然後把自己所思、所悟的東西表

達出來，從而真正形成自己的個體性話語，而不是受權威教育研究者的左右。其二，強調開放性、平等性對話，建立理想溝通情境。在以往的課程研究中，研究者往往以一種專家的身分高高在上，完全忽視了被研究者，二者根本沒有進行對話、交流的機會與可能。後現代主義對話語霸權的解構提醒研究者應建立理想溝通情境，在研究者和被研究者之間進行平等地對話。

結　語

　　無論「中心論」還是「本位論」課程思潮，都是課程研究與實踐發展歷史的寫照，也是社會發展到一定階段的必然產物。然而，它們並非課程研究與實踐發展的終結，它們各自並不能解決任何時代任何國家任何地方社會發展對課程改革提出的全部問題。不同國家或地方社會發展充斥著新的複雜性和現實性，課程研究與實踐最終要解決的實質性問題是：尊重課程歷史規律，立足課程現實，面向課程未來，走向動態平衡。

　　縱觀課程思潮嬗變的歷史過程，可以發現在不同歷史條件下，人們的認識水準有相應的局限性，每一種課程思潮都具有一定的合理性和局限性。一種課程思潮的形成，都是時代「現實性」的眞實反映，反映了時代的需要以及課程研究者對這種需要的理解和努力程度。時代發展到什麼程度，課程研究者的理解也到什麼程度。對於一個特定的時代而言，特定歷史時期特定課程研究與變革的主題，只有某個或某些課程思潮具有適合特定時代需要的適切性，或某個時代賦予某課程思潮以新的時代特徵和使命。對於一種課程思潮而言，可能在不同的時代出現，但每一次出現並非重複，而是以新的特徵新的使命而出現。因此，課程思潮的多元化、反復性以及課程思潮之間的對立或融合，交替與反復是歷史的必然。準確把握時代精神，合理地借鑑歷史精華，有效地解決課程問題，是課程研究者使命。

　　課程研究與實踐歷史中出現的「中心」或「本位」課程思潮，與二元對立的哲學關密切相關。中心論本質上是二元論哲學的產物（張華，2001，第97頁）。對立，也是矯枉過正的產物，因爲課程實踐變革的要求，需要課程研究者「矯枉」，但往往在「矯枉」的過程中產生「過正」的行爲，進而形成新的對立。而站在實踐變革需要的立場，對待「對立」的恰當路徑當是堅持「平衡」。學科與活動、社會與兒童、技術與理解之

間的關係，是課程思潮嬗變過程中出現出的三大對立關係，但整體上走向是對立中的平衡。

一、學科中心課程思潮與活動中心課程思潮的對立與平衡

學科課程與活動課程相對獨立，彼此之間優勢互補，共同服務於學習者的認識與發展，圍繞對待學科課程與活動課程的不同態度、立場與看法，學科中心課程思潮與活動中心課程思潮在對立中平衡，具體顯現在學科課程與活動課程的對立與融合。

人的認識經由從感性到理性，從具體到抽象，從實踐到認識，再實踐再認識的過程。學科課程主要借助書本知識，利用概念、推理、事實讓學生掌握人類發展過程中形成的間接經驗，活動課程則是通過實踐，利用感性，獲得對自然、對社會的直接經驗。通過學科課程與活動課程，學生在學校教育過程中既獲得豐富的直接經驗，又獲得大量的間接經驗，如果這兩類課程組織得當，可以幫助學生實現直接經驗與間接經驗之間的轉化，達到學以致用，以用固學的目的。因此，兩類課程在功能上難分主次，共同服務於學生的學習與成長。

從兩類課程內容的組織來看，也有一定的互補性。學科課程主要側重知識的邏輯順序，具有相對的穩定性和封閉性，側重反映人類漫長歷史發展過程中逐步累積的體系化的知識，這些知識分門別類，系統性強。而活動課程的內容源於社會生活，具有較大程度的開放性和靈活性，側重實踐性知識、綜合性知識，且因地、因人、因時不同，可以即時反映社會變化過程中出現的最新訊息，可以彌補學科課程知識滯後之不足。

從兩類課程的學習方式來看，活動課程圍繞問題或主題組織，「體驗學習」是活動課程的主要學習方式。學科課程圍繞知識的邏輯順序展開，「接受學習」是其主要的學習方式。接受式學習注重講述和講解，方便於學生在短時間內接受大量的間接經驗，掌握基本知識、基本技能。活動課程注重學生的親身參與和自主選擇，利於培養學生的主體性和實踐能力，幫助學生開闊視野，延續興趣，發展特長。

所以，學科課程與活動課程相對獨立，各有自身的育人功能。學科

課程教學需要注重「實踐環節」，而活動課程教學過程需要突出「系統規劃」，以避免活動的隨意性。學科課程強調嚴密的邏輯組織，遠離學生的經驗，容易在學生現實經驗與教材內容之間形成一道鴻溝，有經驗的教師，總會通過有意義的「學科活動」，使學科知識與學生經驗發生連接，使知識學習成為有意義的學習。另一方面，教育本質上是一種有目的有計畫的活動，有計畫的活動體現教育的本質，這樣的活動才會成為有效的活動。因此，活動課程的組織，不能將學生的自主極端化，反而需要充分發揮教師的主導作用，合作實現有計畫的合作活動。

不可否認，隨著人類社會的快速發展，間接經驗愈來愈豐富，學科分化愈來愈細，難免出現多、繁、舊的情況，勢必增加學校和學生的學習難度。因此，自學科課程誕生以來，批判一直不斷。但我們同時也要看到，學科分化是一種歷史趨勢，其所帶來的一些弊端也隨著課程綜合化的努力得到一定程度地克服，從而使課程的分化與綜合成為一種相依。所以，不能因為課程的分化，而強調讓活動課程取而代之。也就是說，活動課程根本不可能動搖學科課程的歷史地位，作為學科課程的「對立物」，活動課程的產生和發展不是以替代學科課程的身分出現，而是幫助人們從一個更廣闊的視角理解學科課程的存在。反過來，學科課程也不可能以替代活動課程的身分出現在課程發展的規律之中。有學者對學科課程進行了辯護後，依然認為，「學科課程中知識與經驗或者活動相互交融，具有杜威說的『連續性』，不能割裂、對立地看待和處理……反對當前把學科知識與經驗、活動相對立的思潮（黃黎明、靳玉樂，2007，第87頁）。」所以，學科課程和活動課程是學校課程的兩大類型，分屬學校課程的兩端，實際發生在學校的課程，應該是二者的結合。

但是，我們可以看到，學科課程發展到一定程度，活動課程必然受到高度重視，反之，活動課程發展到一定程度，學科課程必然也受到足夠的強調。課程實踐領域處理這對關係問題，存在著鐘擺現象（張華，2001，第21頁）。十九世紀後半葉，為適應義務教育制度學校課程被制度化；二十世紀初，制度化學校課程予以否定，活動課程受到重視；二十世紀50～60年代，為適應軍事競賽需要，學術中心課程抬頭；70年代受人本主

義哲學與心理學影響,課程被「人性化」;80年代以後,世界各國又強調基礎訓練課程。新中國成立以來,同樣存在學科課程與活動課程的鐘擺現象。所以,學科課程與活動課程之間,一方發展到一定程度,有向對方轉化的態勢,但這種轉化,並非是對方的消亡,而是促進對方的改變。誠如有學者認為,活動課程「消融於新型的學科課程之中,促進了學科課程的現代化(丁邦平、顧明遠,2002,第32頁)。」

　　圍繞活動課程與學科課程所生成的認識與發展上的變化,產生相應活動中心課程思潮與學科課程中心思潮的存在、衝突與平衡。杜威嘗試平息二者之間的對立,他從實用主義的哲學出發,把對立的雙方置於一個變化的、動態的過程中,強調連續性、整體性以及變化和過程,以證明二者不是對立的或相互衝突的,而是互補的、統一的。如杜威尋求課程設計上的邏輯與心理的統一,具體到課程形態上,他所考慮的是怎樣既使兒童獲取系統知識作為經驗改造和生長、生活的工具,又不違背兒童的心理發展水準,因而主張活動課程與學科課程的結合。然而,科技資訊持續發展,新知識不斷湧現,新興學科層出不窮,新的社會生活、新型教學手段,與傳統學科的矛盾將持續存在,當學科課程思潮難以解決新出現的矛盾時,活動中心課程思潮必將以不同方式出現,因此,學科中心課程思潮與活動中心課程思潮的對立將持續存在,而這種對立最終在社會發展的一定階段又會出現新的平衡,課程理論發展過程中,將長期存在二者對壘與平衡(見下圖1)。對應到課程實踐,不能走極端(nothing too much),不能停留在兩個學科課程或活動課程兩個極點上,而是界於「過」與「不及」之間,不太過(excess),也不會不及(deficiency),恰到好處,至於何處是「恰到好處」,則難以量化,需要智慧地把握。

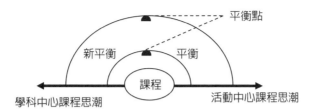

圖1　學科中心課程思潮與活動中心課程思潮的對立與平衡

二、兒童中心課程思潮與社會中心課程思潮的對立與平衡

　　從前述章節論述可知，知識、活動作為培養人的載體，服務於社會和兒童的發展。「社會」和「兒童」成為學校課程發展的兩大服務對象。社會中心和兒童中心兩大課程思潮所涵蓋的各課程流派，都在不同程度上側重社會與兒童發展，在社會與兒童兩個端點之間徘徊。

　　學校作為一個社會性機構而生存，它必須履行傳承文化、維護社會秩序、促使青年人社會化等職責，因此，「社會」作為課程研製、開發與變革的重要目標是理所應當的。「學生」是教育過程最基本的要素，是課程研製與開發最根本的服務對象，離開了學生，課程也就失缺了研製與變革的必要。而知識與活動則可以理解為課程研製與變革的主要載體。

　　比較而言，「社會」和「學生」屬於課程研製的本體性維度，它們規範著課程研製的根本目的，賦予「知識」的社會學和教育學意義。從「社會」維度看，社會意識形態決定著課程的目的和內容選擇，課程的歷史標準和歷史形態均與社會政治、經濟有著千絲萬縷的聯繫。同時，社會現實發展需要更是課程改革的直接動力。課程理論的產生無不與社會的變革有關，無不受社會意識形態的影響。從「學生」維度看，歷史上每一次課程變革的直接受益（甚至受害者）均是學生，「政府或社會得了病，兒童們就得服藥（埃德・拉賓諾威克茲，杭生譯，1987，第310-311頁）。」有效說明了「社會」與「學生」維在課程變革中的相互關係。在前蘇聯衛星上天後，美國結構主義課程理論所追求的課程目標直接反映了國家的爭霸科技地位意圖，《國防教育法》所規定的天才教育目標直接決定著學生的

發展方向和前途。實用主義課程理論一直在調和社會與兒童需要，人本主義課程理論更以兒童的動機、興趣、需要等情意發展作爲課程編製的前提，旨在培養完人。因此，學校課程研製不可能不考慮社會發展的客觀要求，也必須從學生的需要和特點出發。

「知識」在整個教育過程中不會自發地對學生產生教育學和社會學意義，只有當知識和社會及學生的實際發生聯繫，被賦予一定的價值取向和方法論意義時，知識的教育價值才能落到實處。課程研製人員對知識的不同理解和根本看法，諸如經驗論知識觀、唯理論知識觀，均會導致課程理論的衝突和對峙。因此，課程研製與開發的實質可以說是以知識爲手段，以學生和社會爲目的，實現教育理想的過程，總體指向「社會人」的培養。在不同的歷史階段，課程研製與變革也在社會與兒童之間徘徊，尋求大致的平衡關係。「課程研製必須堅持多元的、立體的系統觀，將培育『社會人』作爲課程研製的重心（廖哲勛、田慧生，2003，第139頁）。」

「社會人」的培育應爲課程研究之根本。歷史上課程理論流派之間之所以出現的相互悖論的現象，與各自課程研製終極目的的偏失以及各自對「知識」、「學生」、「社會」三維來源的動態把握不夠緊密相關。人與社會有著本質的統一性，簡單地講，人是社會的人，社會是由人構成的。對此，馬克思（中共中央編譯局譯，1995，第60頁）表達得非常清楚：「人的本質並不是單個人所固有的抽象物，在其現實性上，它是社會關係的總和。」同時，「社會不是由個人構成，而是表示這些個人彼此發生聯繫的那些聯繫和關係的總和（中共中央編譯局譯，1979，第220頁）。」作爲制約課程目的的兩個關鍵目的要素——「社會」和「學生」，可以統一到「社會人」的培育，而「知識」就是培育「社會人」不可或缺的手段要素。這樣，在制約課程的三個要素中，任何一個都不能單獨構成課程研製的依據，它必須與其他兩維一起構成統一的互相關聯的有機整體。

圍繞兒童中心課程與社會中心課程所生成的認識與發展上的變化，產生相應兒童中心課程思潮與社會課程中心思潮的存在、衝突與平衡。在上世紀，也有一些教育學者堅持兒童與社會統一。

　　德可樂利在強調兒童需要和興趣的同時，也強調個體是社會的一員，學校和班級是簡化了的社會。主張學校不僅要傳授知識，更重要的是爲兒童提供一個可以充分生活的現代社會，以便爲建設更美好的社會培養人。凱興斯泰納也注重課程選擇和編製的社會價值標準，強調教育適應現代社會需要，必須以培養對國家有用的公民爲最高的目的。爲此，提倡建立新型學校，以公民教育的目的和任務爲依據編製學校課程。

　　相比之下，杜威則從人類整體的角度出發，將社會與兒童、課程選擇和編製的個人價值標準與社會價值標準統一起來。在《我的教育信條》中，杜威就提出兒童和社會是緊密結合的，認爲兒童獲取知識的過程是一個兒童社會化的過程，是一個兒童與社會條件互相聯繫、互相作用的過程，學校教育應謀求個人因素與社會因素的平衡與協調。爲此，他提出要把兒童視爲社會的一員，學校做的任何事情都必須「使兒童能夠理智地認識他的一切社會關係並參與擴充這些關係（約翰・杜威，趙祥麟、任鍾印等譯，1994，第228頁）。」在課程設計方面，他強調考慮課程能適應社會生活的需要，選材時必須以改進共同生活爲目的。在杜威看來，手工訓練等各種主動作業，代表了社會活動的類型和基本形態，使學校自身成爲一種生動的社會生活的眞正形式。

　　可以說，未來社會發展進程中，仍然會增加更多的課程流派，成爲各種課程思潮的重要組成部分，這些流派將針對不同社會背景下不同的實踐變革主題，在課程研究的立足點或聚焦點上依然會關注「社會」與「兒童」，但它們絕非孤立地服務於教育變革，而是在「糾偏」的努力中得到發展，也在「過偏」的過程中實現平衡（如下圖2）。

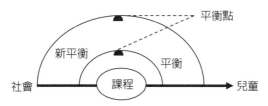

圖2　社會中心課程思潮與兒童中心課程思潮的對立與平衡

三、技術本位課程思潮與理解本位課程思潮的對立與平衡

「技術」與「理解」是技術本位課程和理解本位課程思潮的關鍵詞，雙方各有其顯著優勢，同時也存在自身難以克服的局限，課程研製與變革需要追求理解，技術可以在「理解」基礎上更爲先進，理解需要通過「技術」實現。

前述章節已經指出了理解本位課程視野中技術本位的種種缺陷，說明理解本位課程思潮正是基於對技術本位課程的「技術理性」（含實踐理性）追求之不滿，而生成種種新的認識與看法。

儘管技術本位課程思潮產生於特定的歷史背景，但不同歷史背景的課程研製與變革也必須將理解作爲努力方向，沒有理解的課程研製與變革是失敗的，理解低下的課程研製與變革也難以受到人們的歡迎。泰勒的《課程與教學的基本原理》作爲現代課程理論的奠基石，至今仍然有一定影響就充分說明這一點。一些課程設計與課程開發的著作所涉及的內容與主張大體與泰勒原理相似。同時，在實際運作層面的眾多課程決策仍然與泰勒理念保持一致，可以說泰勒理念的實用價值至今仍存在。

技術本位課程思潮提出的四個問題，是任何課程研究與實踐變革都必須面對的。它所揭示的課程開發流程具有很強的操作性。在二十世紀幫助學校課程變革走出困境，從而起到緩和當年美國社會矛盾的作用。課程研究需要從課程變革實踐中吸取養料，並用於指導課程變革實踐。這對我們當今課程與教學的研究工作，仍然具有很強的借鑑意義。可以說，無論何種課程思潮，只要付諸實踐，就必須思考目標、內容、組織與評鑑問題，相信這對將來的課程研究與課程變革仍然有一定的存在價值。但是，技術本位課程思潮畢竟是二十世紀的產物，必然帶有時代的印記。時代條件達到什麼程度，人們也只能認識到什麼程度。在泰勒對「教育」、「行爲目標」、「學生」和「學習經驗」等所下的定義中，可以清楚地看到當年在美國盛行的行爲主義心理學和實用主義哲學的影響（拉爾夫‧泰勒，施良方譯，1994，第41頁）。

理解本位課程思潮帶給課程研究的多元理解，豐富了課程話語，給

予我們多方面的啓示。但是，理解課程過多地停留在「理解」層面，建立了新的概念體系，提出了自己反對的對象，卻沒有明確實際可行的具體做法，離「開發」落實有很大的距離（見下圖3）。理解課程如何有效落實到課程開發實踐過程中，這是一個值得探討的問題。

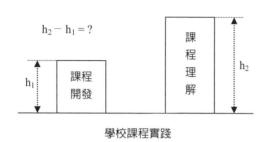

$$h_2 - h_1 = ?$$

課程理解　h_2

課程開發　h_1

學校課程實踐

圖3　課程開發、課程理解與課程實踐之間的關係

　　課程研究不能僅僅停留在概念構建層面，還需要服務於課程變革實踐，課程實踐渴望源源不斷的新的理解，課程理解需要轉化爲課程變革的動力與策略，才能顯示出課程理解的存在價值。課程研究領域的種種對立，可以極大程度地豐富課程話語，繁榮課程理論，卻也往往帶給課程實踐更多的迷茫，課程實踐層面需要多元的課程理論，仍然需要課程的程序、技術與方法，仍然需要追求課程開發的理解。所以在「開發」中「理解」、在「理解」中「開發」是課程研究與變革的主線，這就昭示著技術本位課程思潮仍有進一步深入發展的空間，啓發著理解本位課程思潮仍然有關注課程實踐的必要，二者隨著社會發展而發展，在對立中發展，在發展中平衡。

　　張華分析了哈伯瑪斯（J. Habermas）的三種興趣：技術興趣、實踐興趣、解放興趣的內涵，認爲這三種興趣指向不同對象，創造不同知識，有相對獨立的存在價值，進一步主張此三者並非絕然對立，可以統一（單丁，1998，第17頁）。這對我們理解技術本位和理解本位課程思潮之間的關係很有啓發：解放興趣（A）處於最高層，實踐興趣（B）處於中間層，技術興趣（C）處於最低層。A賦予BC以方向，C充實BA，B既可以

成爲A得以實現的環節，也可以成爲C得以超越的環節。縱向上看從C到A是序列等級的自然發展，橫向上看，ABC多元共存。遵循此種關係的認識，從技術本位課程思潮（對應技術興趣或實踐興趣）發展到理解本位課程思潮（對應解放興趣），是一種自然的由低到高的等級序列的變化，同時可以交融、互補和統一。

目前，中國大陸學術領域已經出現了爲技術本位課程思潮與理解本位課程思潮的辯護與討論的態勢，應該說這些討論是很有意義的，隨著討論的進一步深入，關於這兩種思潮的優勢與局限就會更加明晰，進而就會發現每一種思潮都有其歷史性的合理性。二者之間不是誰取代誰，而是立足課程現實，優勢互補。我們需要借助對課程的不同理解，提升課程開發水準，技術本位課程思潮在新的時期需要以新的面孔「重出江湖」。有學者「站在泰勒的肩膀上，仰吸後現代課程理論家所帶來的新鮮空氣」，重塑泰勒原理（見下圖4）（馬開劍，2004，第52頁）。重塑後的「泰勒原理」注重多元評鑑、尊重學習者的多層理解、重視對話交流，對調整「泰勒原理」四大問題線形關聯結構是一種有意嘗試，值得注意。

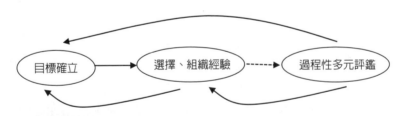

圖4　重塑後的「泰勒原理」

而理解本位課程思潮也需要思考技術本位課程思潮所提出的問題，爭取使自身的理論能夠下移到實踐，而不要固執地「遠離實踐」（汪霞，2002，第19頁）或「從課程實踐中獨立出來」（袁桂林，2003，第4頁），值得興慰的是，目前已經有學者朝著這個方向努力，相信不久也會出現令人振奮的景象。

四、課程思潮的多元統一

前述內容已經表明，課程研究與實踐立足兒童、社會、知識、活動四大核心要素所形成的課程思潮既對立又平衡。課程理論從技術本位走向理解本位也將出現技術本位回歸走向。此種趨勢演繹的結果將是：不論是學科中心還是活動中心、無論是兒童中心還是社會中心、無論是技術本位還是理解本位課程思潮，以及將來出現的新的「中心」取向的思潮都將逐漸走向消解之路，課程思潮必將呈多元化格局。

消解，意味著思潮適當放棄自己的「中心」或「本位」，適當接受別的「另類」思潮，使彼此之間有一定的聯繫和關係，以便應對課程變革實踐提出的種種要求。這樣，不僅三大範疇課程思潮內部即兒童與社會、學科與活動、技術與理解課程思潮呈現出互補與平衡關係，而且三大範疇課程思潮之間也存在著不同程度不同方式的互補與平衡關係。技術本位課程思潮將學習者需要、社會生活與學科專家意見作為教育目標選擇的重要訊息來源，理解本位課程思潮離開兒童、社會、學科這些課程開發的基本維度恐也難以深入。同樣，其他四種課程思潮也需要關照「技術」與「理解」，否則難以超越。因此，各類課程思潮之間存在一定程度的聯繫，需要進一步借鑑彼此的優勢，完善並超越自身。

任一課程思潮可能內在地以不同方式與別的思潮發生某種意義上不同程度的聯繫，但又突出自身的特點。如活動中心課程思潮與兒童中心課程思潮有著非常緊密的聯繫，研究者常常將二者合併在一起，統稱兒童中心課程，或者說活動中心課程思潮是兒童中心課程思潮的派生物。又如活動中心課程思潮，也要處理好兒童與社會、兒童與自然、兒童與自我的關係，因此與社會中心課程思潮等有一定的關係。體現某一類思潮的各種流派，也在不同層面上反映著別的思潮的意義。如結構主義課程，主要體現出學科中心課程思潮的概念，但同時也與活動、社會、技術發生聯繫。

任一思潮如果固執地沿著各自認定中心和方向發展，那麼離實際存在的課程或對課程的完整理解愈遠；同一維度的兩大課程思潮分屬課程的兩端，相反相成，共同構成對同一課程問題的不同解答。因為這兩類課程

思潮在擁有自身的優勢之同時，也有自身難以回避的不足。因爲優勢，各自存在；因爲不足，需要互補；彼此關聯，多元平衡，整體服務於課程發展。

杜威《兒童與課程》一書中就對「學科中心論」和「兒童中心論」進行了批判，指出將兒童的經驗與構成科目的各種不同形式的教材之間橫隔一道鴻溝並把兩者對立起來，是教育中的一個主要缺陷，強調課程設計中兒童與課程的內在一致性，以及教材編製中邏輯經驗與心理經驗的內在統一性。杜威還指出了「學科」與「社會」的相互關聯，認爲學科知識是在社會生活中發展起來的，社會進步又依賴學科知識，二者相互作用相互依存。正是由於知識與社會所存在的這種內在相互關係，知識和社會才能與兒童發生眞正的聯繫。課程中的各門學科必須代表「社會生活中的各種標準要素」，並成爲「啓迪社會價值的工具」（約翰・杜威，王承緒譯，2001，第375頁）。可見，杜威在平衡兒童、社會、學科方面做過很大努力。

從課程實踐層面講，不同歷史條件下的社會要求、教育需要最終通過從培養目標轉化爲課程目標，課程思潮也是因應教育「現實需要」，如學科、兒童、社會三者之間的關係，是課程理論與實踐的主要關係，需要平衡處理。太平洋大學課程研究中心主任亞瑟・K.・埃利斯在系統研究課程的過程中發現，在課程問題上存在著三種組織課程的方式，每一種方式都有不同的變式，而且這三種方式是可以結合的。他（亞瑟・K.・埃利斯，張文軍譯，2005，第II頁）說：

> 「這三種模式中的每一種都有其重大價值。同時，每一種都有其致命的弱點。沒有一種是完美的，沒有一種是最後的答案。但每一種都可以有所貢獻。……因此，我認爲三種模式都是很重要的，都有有用之處，教師必須瞭解這三種模式，知道它們的長處和弱點，教師必須思考這三種模式，考慮哪一種是最好的，在當前的情景下哪一種是最好的，怎樣更好地把它們運用到特定的學校和課堂中去。」

　　決定課程取向和比例時最重要的依據是教育目的。教育目的應該是學生各方面的發展。因此，任何一個教育機構，任何一名教師在進行課程決策時都需要思考在這三者之間如何達到一種統一，使這三者的作用在每一個學生身上都得到體現，並達成和諧（亞瑟・K.・埃利斯，張文軍譯，2005，第II頁）。

　　值得討論的是，儘管課程研製與實踐變革需要致力於三大脈絡六類思潮的關係，但是社會活動的開展總是在一定的現實性基礎上進行的，不同國家或地區在特定歷史時期有著特殊的時代要求，面臨突出的主要矛盾，顯現出特定的研究和變革主題，相應地需要突出某一種主導的課程思潮，並吸納相關課程思潮的營養（見下圖5）：

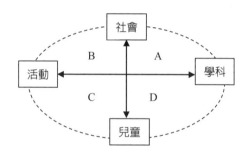

圖5　課程基本要素不同的統一方式

　　如進步主義教育運動期間，歐美國家深受兒童中心與活動中心課程思潮的影響，課程實踐主要體現於C區域，也與D、B等區域發生關聯。而後隨著二十世紀50年代科學技術革新，學科中心（學問中心）課程思潮占主導地位，課程實踐主要處於A區域，也與D、B區域產生關聯。再後來，由於學問中心課程思潮對兒童情意發展關照不夠，重視人性的兒童中心課程思潮再次抬頭，這時期的課程實踐主要體現於C區域，而與D、B區域發生關聯。清末民初，中國各類教育思潮紛呈，課程實踐主要處於C、D、B、A各區域。

　　所以，不同國家不同時期由於教育歷史、政治體制、文化背景等不同，對課程四要素的重視也各不相同，但都是一種合理的歷史存在，都體

現出國家在不同的時代對課程思潮的不同選擇。因此，課程思潮既有對立的一面，又有互補的一面，可以而且應該求得平衡。平衡不等於平均，平衡是動態的、發展的、相對的，而不是靜止的、固定的、絕對的。不同時期、不同國家或地方必然也必須有不同的重點。

進一步聯繫技術本位和理解本位課程思潮，還可以發現上述學科中心、活動中心、兒童中心和社會中心課程思潮之間的共生共存的關係。技術本位課程思潮所提出的核心問題是其餘課程思潮需要解決或面對的，而理解本位課程思潮對課程的多元理解直接或間接地從「本源」意義上決定了課程思維與行為的方式、方法與過程。同樣技術本位課程思潮和理解本位課程思潮無論從理論建構還是實踐轉化，都不能回避兒童、社會、學科與活動這些要素（見下圖6）（Van den Akker, J., Gravemeijer, K., McKenney, S., & Nieveen, N., 2006, p.69）。所以，我們需要堅持多元主義課程價值觀，這預示著課程思潮或課程論多元統一動態發展的格局。

圖中ABCDE分別代表學科中心、活動中心、兒童中心、社會中心和理解本位五類課程思潮，這五類課程思潮都需要面對技術本位課程思潮提出的四大核心問題，即課程目標、課程內容、課程組織和課程評鑑問題（如圖6中四條黑色線條）。同時因為課程思潮要面臨這四大共同問題，

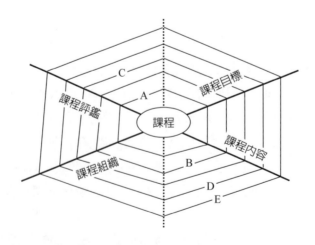

圖6　課程思潮共生共存的關係網

彼此之間密切聯繫，共生共在，處於一個課程思潮的共同體之中，形成一個不斷擴展的、關聯的、動態的網狀結構。隨著時代的發展，社會的進步，必將增加新的課程思潮環繞在網狀結構，同時，這些思潮需要面對的核心問題也將增加（如圖6兩條虛線所示）。

五、課程研究思維方式的變革：對立到對話，互補新生

　　課程研究與實踐變革的努力，都需要向各種課程思潮吸取營養，固守任何單一的課程思潮實施課程變革都將面臨失敗的危險。課程研究沿著自身的方向前行，絕不能簡單否定別的思潮，相反，我們需要承認別的思潮的優勢，同別的思潮展開對話，在對話中借鑑別的思潮的思維方式和方法，完善自身。借鑑不存在被替代，反而，借鑑有助於鞏固自身的地位。因此，課程研究需要轉換思維方式，從對立走向對話，互補新生。

　　世界有許多對立的兩極，如上與下，左與右，東與西等。由於價值觀的偏向，使得兩極或多極對立，並日益緊張。「人類中心」價值觀導致人與自然的對立，人有多大膽，地有多高產，人不斷對自然進行「開發」，努力戰勝自然，結果遭到自然不斷的「努力」的「報復」。「經濟中心」價值取向滋生發達地區與落後地區的對立，發達國家與發展中國家的對立，不同人群、不同種族之間矛盾激化，甚至引發衝突。「教師中心主義」一度盛行，結果導致師生對立，人際關係緊張；追求「應試教育」，導致學生知識與能力對立，高分低能，為市場所不容；學校之間競爭急劇，重點班與普通班對立、重點學校與普通學校對立，學校教育資源分配不均衡，教育失去公平，家長怨聲載道，學校應對各種社會關係，教育效能低下。

　　課程研發領域，「學科」與「活動」的對立、「兒童」與「社會」的對立、「技術」與「理解」的對立，形成二十世紀主要的課程對立形態。這些對立往往表現為不同程度的「自我」中心，形成各種相應的課程思潮。這些思潮在堅持自我中心的同時，容易消解別的思潮的地位，最終也消解了自身的地位。如，前蘇聯人造衛星上天激化了蘇美軍事競爭，美國迅速放棄堅守多年的兒童中心和活動中心，轉向社會中心和學科中心，

強化結構課程，大幅度提高課程難度，結果導致教育質量下降，新的課程思潮又開始出現。同樣，在進步主義教育運動中，一些實驗學校或進步學校，大力推廣活動中心或兒童中心課程，對學科課程採取「怠慢」態度，結果導致學生知識學習的嚴重不足。

以「對立」的觀點研究課程或從事課程實踐，在思維方式上往往表現爲「非此即彼」，二元對立。原本相互聯繫的兩個要素，被分割爲兩個獨立的分析單位。這樣，將其中一個視爲中心，必然將另一個視爲圍繞中心運轉的衛星。如將兒童看作課程教學的中心，教師就成爲客體，非中心，這樣，教與學就對立起來了。對此，杜威認眞地提出過批評。杜威雖然在其一部分著作中提出過兒童中心主張，但他也在別的著作中批評過兒童中心，甚至在自身的實驗學校注重學科課程。因此，杜威是較早嘗試化解多極中心之間的對立，倡導多極兼容的人。後現代主義課程思潮對課程線性研究方式也提出了批評，主張多元化課程理論研究，超越課程的規劃、設計、實施和評鑑研究，注重理解課程在文化、歷史、政治、生態平衡、美學等方面對人類狀況、社會結構、生態領域的影響（李臣之，1999，第59頁）。因此，我們需要用聯繫的、系統的、整體的思維方式，去理解事物的存在，從運動的、相互作用、聯繫和關係的意義上把握事物的本質。

廣而言之，世界文化領域有許多看似對立的符號，如進步與落後、左與右、教與學、貧窮與富裕，如此等等。二者之間相互區別，「有了相互區別的『二』之後，就要特別強調二者的相互平等、相互尊敬和相互友善，即平衡。平衡往往涉及著地位平等、力量相稱、態度友好和雙方或多方（滕守堯，1996，第8-9頁）。」只要是兩極的平衡，就容易對話。只要多極之間平衡，就容易互補。對話與互補，要求放棄「中心或本位主義」，走向「多元主義」。誠如愛因斯坦，「從一個有體系的認識論者看來，他必定像一個肆無忌憚的機會主義者：就他力求描述一個獨立於知覺作用以外的世界而論，他像一個實在論者；就他把概念和理論看成是人的精神的自由發明（不能從經驗所給的東西中邏輯地推導出來）而論，他像一個唯心論者；就他認爲他的概念和理論只有在它們對感覺經驗之間的關係提供出邏輯表示的限度內才能站得住腳而論，他像一個實證論者。就他

認為邏輯簡單性的觀點是他的研究工作所不可缺少的一個有效工具而論，他甚至還可以像一個柏拉圖主義者或者畢達哥拉斯主義者（許良英等譯，1977，第480頁）。」愛因斯坦正因為採用「多元主義」，所以，他不僅在物理學方面做出劃時代的貢獻，而且在教育學方面也有不少經典的論述（查有梁，2009，第72頁）。

倡導「對話意識」，各部分之間的邊界拆除，分離轉變為融合，衝突轉變為和諧共處，「邊界」轉變為「邊緣」。「邊緣」是文化種種對立二元之間或多元之間相互對話與交流、不斷生發出新氣象的地帶，也是一個開放和多元共存的地帶（滕守堯，1996，第5頁）。不同要素在這個地帶接觸和融合，滋生出新的東西。老子，老與小的相互作用和相互對話。「老」有年長之意，「子」為孩童之意，「老」與「子」結合，既不同於老人，也不同於小孩，而是一種兼有二者，又超出二者的存在（滕守堯，1996，第115頁）。是老而老，幼而不幼，成為智慧的象徵。所以，課程思潮的平衡，不是簡單相加，而是猶如「老」加「子」，而是新生。猶如太極之陰陽結合，並非數學上兩個相反的數相加的結果，兩極相加是無，無與零不同。零是真正的一無所有，而無卻代表著無限潛力，代表著從無到有的發展過程，代表著一個從無到有的生發領域（滕守堯，1996，第116頁）。美國課程專家克利巴德對知識、學生、社會「三結合論」提出批評，認為課程目標的三個來源分別出自一系列傳統學派，這些學派有著不同的理論假設，有自己的一套表達方式，「三結合論」只是把它們並列在一起，這種「簡單的折衷主義可能並不是從事理論概括的最有效的方式（拉爾夫・泰勒，施良方譯，1994，第33頁）。」

現代科學家們認識到，要將「對立」的範疇「互補」起來，才可能對世界有較好的理解。兩兩對立範疇都並非非此即彼，而是相互聯繫、相互依賴，相互促進，在一定條件下相互轉化。當課程研究與實踐變革的社會現實條件和要求發生轉變時，各自所堅守的核心概念相應地改變，其目的是適應不同社會發展的需要。課程研發面臨學科與活動、兒童與社會、開發與理解的對立，社會現實性不同，對立的面不同，對立的方式也不同。老子說，「大曰失，失曰遠，遠曰反」，就是說，對立的兩極中任何

一極，如果「走得太遠了，快到極端了，就要返回來，只有返回來，才有生路」。具體到課程研發活動中，「學科中心」過頭了，就要向「活動中心」的方向進發；兒童中心過頭了，尊師重教淡化，教育缺乏「秩序」，教育管理難爲，就要向社會中心進發。理解本位過頭了，需要向技術本位學習。向某方向進發，不是丟掉原來的方向，而是立足原來的方向，學習新的方向的東西，吸納新的方向中有助於完善原有研發思路與方式。同時，向某方向進發，也不是用新的方向的東西完全替換原來的方向的一切，不是從學科中心轉到活動中心，也不是從兒童中心轉到社會中心，而是使二者從不同從水火不容到水火相容，就像南極與北極既對立卻又統一於整個地球一樣。

課程思潮一方面反映社會發展的客觀需要，另一方面總是在批判其他課程理論的基礎上完善和建立自身理論體系，但最終又被社會現實和其他課程理論所否定。因此，很難說有一種思潮是永恆而完全正確的。已有研究認爲「知識」、「學生」、「社會」三大課程理論思潮，不管哪一種都不能單獨成爲完全正確的課程理論（丹尼斯‧勞頓等，張渭城等譯，1985，第2-3頁）。被譽爲「現代課程理論之父」的R. W. 泰勒也堅持指出，課程目標的來源應該有三個：對學生的研究；對社會的研究；學科專家的建議（拉爾夫‧泰勒，施良方譯，1994，第32頁）。他認爲，任何單一來源都不足以爲課程目標提供合適的基礎，每一種來源都有某些價值，不要因爲堅持一種要素而犧牲其他要素，而是要把它們看作有機地相互作用的。這些研究都昭示著課程思潮多元平衡的價值和意義。爲此，「我們要接受的一個最困難的挑戰將是我們思維方式，使之能夠面對形成我們世界特點的日益增長的複雜性、變化的迅速性和不可預見性（葉瀾，2009，第324頁）。」因此，課程思潮的發展總是存在於否定之否定的旅途中。

參考文獻

中文部分

丁守和（2003）。中國近代思潮論。廣州：廣東人民出版社。

丁邦平、顧明遠（2002）。學科課程與「活動課程」：分離還是融合——
　　兼論「學生本位課程」及其特徵。教育研究，10。

于海（1993）。西方社會思想史。上海：復旦大學出版社。

于慧慧、劉要悟（2005）。對多爾後現代課程觀的些許質疑。教育科學論
　　壇，10，14-17。

中國大陸教育部（2001）。基礎教育課程改革綱要（試行）。

中國大陸教育部課程教材研究所（2001）。二十世紀中國中小學課程標準
　　教學大綱彙編課程（教學計畫卷）。北京：人民教育出版社。

中國社會科學院語言研究所（2005）。現代漢語詞典。北京：商務印書
　　館。

孔企平（1998）。對西方學者課程目標模式討論的述評。華東師範大學學
　　報（教育科學版），4，30-38。

巴格萊、袁桂林（2005）。教育與新人。北京：人民教育出版社。

方展畫（1990）。羅傑斯「學生爲中心」教學理論述評。北京：教育科學
　　出版社。

毛亞慶（1997）。論教育學理論建構的科學主義傾向。北京師範大學學報
　　（哲學社會科學版），3，35-39。

王天一、夏之蓮、朱美玉（1985）。外國教育史（下冊）。北京：北京師
　　範大學出版社。

王坤慶（2000）。教育學史論綱。武漢：湖北教育出版社。

王承緒、趙祥麟（2001）。西方現代教育論著選。北京：人民教育出版

社。

王治河（1998）。撲朔迷離的遊戲──後現代哲學思潮研究。北京：社會
　　科學文獻出版社。

王牧華（2004）。課程研究的生態主義向度。重慶：西南師範大學博士學
　　位論文。

王牧華、靳玉樂（2000）。生態主義課程思潮引論。遼寧師範大學學報
　　（社會科學版），23（4），43-46。

王炳照、閻國華（1996）。中國教育思想通史。長沙：湖南教育出版社。

王策三（2004）。認真對待「輕視知識」的教育思潮──再評由「應試
　　教育」向素質教育轉軌提法的討論。北京大學教育評論，2（3），
　　3-21。

王潔（2005）。「拉爾夫‧泰勒」經典課程範式解析。黑龍江教育學院學
　　報，24（5），16-17。

北京市教育科學研究所（1991）。陳鶴琴全集（第五卷）。江蘇：江蘇教
　　育出版社。

田本娜（1994）。外國教學思想史。北京：人民教育出版社。

田慧生、李臣之、潘洪建（2000）。活動教育引論。北京：教育科學出版
　　社。

田慧生、廖哲勛（2003）。課程新論。北京：教育科學出版社。

任鍾印（1994）。世界教育名著通覽。武漢：湖北教育出版社。

列寧（1986）。列寧教育文集（下卷）。北京：人民教育出版社。

江山野（1991）。簡明國際教育百科全書‧課程。北京：教育科學出版
　　社。

余文森（2010）個體知識與公共知識。北京：教育科學出版社。

吳文侃（1990）。當代國外教學論流派。福州：福建教育出版社。

呂達（1994）。中國近代課程史論。北京：人民教育出版社。

李臣之（1997）。課外活動「課程化」問題探析。教育科學，4，11-14。

李臣之（1999）。後現代主義課程理論試探。教育科學，1，58-62。

李臣之（2003）。綜合實踐活動課程開發。北京：人民教育出版社。

李臣之、張家軍（2010）。理解本位課程思潮：特徵與啓示。深圳大學學報（人文社會科學版），27（5），152-157。

李相勖、陳啓肅（1935）。課外活動的組織與行政。北京：商務印書館。

李澤厚（1999）。中國思想史論（下）。合肥：安徽文藝出版社。

汪霞（1998）。國外中小學課程演進。濟南：山東教育出版社。

汪霞（2002）。後現代課程研究的特點及對我國課程改革的意義。教育評論，6。

汪霞（2003）。課程研究：現代與後現代。上海：上海科技教育出版社。

沈劍平（1988）。課程編製的目標模式和過程模式述評。課程・教材・教法，6，53-57。

邢賁思、李曉斌（2003）。當代世界思潮（緒論）。北京：中共中央黨校出版社。

和學新（2001a）。學科課程理論形態的確立——要素主義課程述評。《西北師大學報（社會科學版）》，38（6），12-16。

和學新（2001b）。學科中心課程思潮的現代化——結構主義課程思潮述評。太原教育學院學報，19（3），9-16。

和學新（2002）。學科中心課程思潮：二十世紀的回顧。天津市教科院學報，6，3-10。

和學新（2009）。永恆主義課程思潮述評。西南大學學報（社會科學版），35（1），136-141。

和學新、張丹丹（2011）。我國課程改革理論基礎研究的反思。課程・教材・教法，5（31），3-11。

邵瑞珍（1989）。布魯納教育論著選。北京：人民教育出版社。

侯懷銀（1999）。杜威的課程觀述評。課程・教材・教法，10，51-55。

施良方（1996）。課程理論——課程的基礎、原理與問題。北京：教育科學出版社。

查有梁（2002）。教育建模。桂林：廣西教育出版社。

查有梁（2009）。課程改革的辯與立。重慶：重慶大學出版社。

夏征農（1989）。辭海。上海：上海辭書出版社。

袁桂林（2003）。派納的「概念重構」和課程理解。外國教育研究，1。

馬開劍（2004）。泰勒原理在後現代語境中的解構與重塑。全球教育展望，4。

崔相錄（1989）。二十世紀西方教育哲學。哈爾濱：黑龍江教育出版社。

張文軍（1998）。後現代教育。臺北：揚智文化。

張家軍（2004）。後現代主義之於課程研究的意義與反思。比較教育研究，6，6-11。

張家軍（2009）。論教育再生產——教育功能的社會學審視。貴州師範大學學報（社會科學版），1，106-112。

張斌賢（1996）。社會改造主義的興起及其與進步主義教育的關係。外國教育研究，1，21-27。

張斌賢（1997）。社會轉型與教育變革——美國進步主義教育運動研究。湖南：湖南教育出版社。

張斌賢（1998）。試析當前教育研究中的「唯科學主義」。清華大學教育研究，1，1-5。

張斌賢、叢立新（1997）。高屋建瓴——當代教育新觀念。北京：中國鐵道出版社。

張華（1998）。美國當代批判課程理論初探（下）。外國教育資料，3，76-80。

張華（2000）。課程與教學論。上海：上海教育出版社。

張華（2001a）。走向課程理解：西方課程理論新進展。全球教育展望，7，40-48。

張華（2001b）。經驗課程論。上海：上海教育出版社。

扈中平、劉朝暉（1995）。挑戰與應答——二十世紀教育目的觀。濟南：山東教育出版社。

扈中平、蔡春（2003）。教育人學論綱。華東師範大學學報（教育科學版），3，1-9。

畢淑芝、王義高（1999）。當今世界教育思潮。北京：人民教育出版社。

郭曉明（2005）。課程知識與個體精神自由——課程知識問題的哲學審

思。北京：教育科學出版社。

陳友松（1982）。當代西方教育哲學。北京：教育科學出版社。

陳伯璋（1988）。意識形態與教育。臺北：師大書苑有限公司。

陳伯璋、盧美貴（1991）。開放教育。臺北：師大書苑有限公司。

陳揚光（1990）。西方課程編製領域誕生發展的幾個階段，福建師範大學
　　學報（哲學社會科學版），8，122-129。

陳照雄（1986）。當代美國人文主義教育思想。臺北：五南圖書出版公
　　司。

陳德恆（1994）。課外活動。香港：廣角鏡出版社有限公司。

陸有銓（1993）。現代西方教育哲學。鄭州：河南教育出版社。

陸有銓（1997）。躁動的百年——二十世紀的教育歷程。山東：山東教育
　　出版社。

單丁（1998）。課程理論流派。濟南：山東教育出版社。

單中惠（1996）。西方教育思想史。太原：山西人民出版社。

喻春蘭（2007）。從泰勒原理到概念重構：課程範式已經轉換？——論現
　　代課程範式與後現代課程範式之關係。教育學報，3（3），34-40。

曾天山（1995）。論教材文化中的性別偏見。西北師範大學學報（社會科
　　學版），32（4），34-39。

華東師範大學教育系、杭州大學教育系（1980）。現代西方資產階級教育
　　思想流派論著選。北京：人民教育出版社。

黃志成（2008）。西方教育思想的軌跡——國際教育思潮縱覽。上海：華
　　東師範大學出版社。

黃政傑（1987）。課程評鑑。臺北：師大書苑有限公司。

黃清（1992）。美國人本學派教學改革的設想與評價。外國教育資料，
　　5，15-22。

黃濟（1998）。教育哲學通論。太原：山西教育出版社。

黃黎明、靳玉樂（2007）。學科課程的合理性理解與變革。高等教育研
　　究，28（12），84-88。

楊明全（2004）。參與式課程實踐：課堂情境中的課程變革。比較教育研

究，9，29-33。

楊國賜（1982）。進步主義教育哲學體系與應用。臺北：水牛出版社。

楊漢麟、李賢智（2009）。當代西方教育思潮的主要特徵與發展趨勢。安徽師範大學學報（人文社會科學版），37（4），475-478。

葉瀾（2009）。中國基礎教育改革發展研究。北京：中國人民大學出版社。

詹棟樑（1995）現代教育思潮。臺北：五南圖書出版公司。

賈馥茗（1976）。教育與文化（下）。臺北：五南圖書出版公司。

廖哲勛、田慧生（2003）課程新論。北京：教育科學出版社。

趙修義、邵瑞欣（1990）。教育與現代西方思潮。北京：中國科學技術出版社。

趙祥麟（1987）。外國現代教育史。上海：華東師範大學出版社。

趙祥麟（1992）。外國教育家評傳（第三卷）。上海：上海教育出版社。

趙祥麟、王承緒（1981）。杜威教育論著選。上海：華東師範大學出版社。

趙祥麟、王承緒選編（2006）。杜威教育名篇。北京：教育科學出版社。

趙敦華（2001）。現代西方哲學新編。北京：北京大學出版社。

劉大椿（2009）。從辯護到審度——馬克思科學觀與當代科學論。北京：首都師範大學出版社。

劉放桐等（1981）。現代西方哲學。北京：人民出版社。

劉要悟、李定仁（1989）。要素主義教育理論再評。外國教育研究，2，18-25。

劉敬魯（2001）。海德格爾人學思想研究。北京：中國人民大學出版社。

歐用生（1987）。課程與教學：概念、理論與實際。臺北：文景出版社。

滕大春（1980）。今日美國教育。北京：人民教育出版社。

滕大春（1993）。外國教育通史（第五卷）。濟南：山東教育出版社。

滕守堯（1997）。文化的邊緣。北京：作家出版社。

鄭杭生（1988）。現代西方哲學主要流派。北京：中國人民大學出版社。

鄭國民（2002）。制約課程目標取向選擇的因素。課程·教材·教法，

12，1-5。

戴本博（1990）。外國教育史（下）。北京：人民教育出版社。

薛文華（1994）。現代西方哲學評價。北京：高等教育出版社。

謝登斌（2006）。當代美國課程話語研究。南寧：廣西師範大學出版社。

鍾啓泉（1989）。現代課程論。上海：上海教育出版社。

鍾啓泉（1993）。國外課程改革透視。西安：陝西人民教育出版社。

鍾啓泉（2006）。課程人的社會責任何在。全球教育展望，35（9），16-22。

鍾啓泉（2007）。課程論。北京：教育科學出版社。

鍾啓泉、崔允漷、張華（2001）。為了中華民族的復興為了每位學生的發展——基礎教育課程改革綱要（試行）解讀。上海：華東師範大學出版社。

瞿葆奎（1988a）。教育學文集・課程與教材（上冊）。北京：人民教育出版社。

瞿葆奎（1988b）。教育學文集・教學（上冊）。北京：人民教育出版社。

瞿葆奎（1988c）。教育學文集・教學（中冊）。北京：人民教育出版社。

瞿葆奎（1991）。教育學文集・課外校外活動。北京：人民教育出版社。

瞿葆奎、丁證霖（1989）。教育學文集・教育目的。北京：人民教育出版社。

瞿葆奎、李其龍、孫祖復（1991）。教育學文集・聯邦德國教育改革。北京：人民教育出版社。

瞿葆奎、杜殿坤（1988）。教育學文集・蘇聯教育改革（下冊）。北京：人民教育出版社。

瞿葆奎、馬驤雄（1990）。教育學文集・美國教育改革。北京：人民教育出版社。

瞿葆奎等（1989）。曹孚教育論稿。上海：華東師範大學。

魏國棟、呂達（1999）。日本教育課程標準的改善。北京：人民教育出版

　　　社。

羅明東（1990）。泰勒課程編製原理研究。教師教育研究，2，21-28。

顧明遠（1991）。戰後蘇聯教育研究。南昌：江西教育出版社。

翻譯部分

上海師範大學外國教育研究室譯（聯合國教科文組織國際教育發展委員會
　　　著）（1979）。學會生存──教育世界的今天和明天。上海：上海譯
　　　文出版社。

中共中央編譯局（1979）。馬克思恩格斯全集（第一版第42卷）。北京：
　　　人民出版社。

中共中央編譯局（1995）。馬克思恩格斯全集（第二版第1卷）。北京：
　　　人民出版社。

中國大陸教育部翻譯室、北京師範大學教育學教研室翻譯室（1958）。蘇
　　　聯普通教育法令選譯。北京：人民教育出版社。

王承緒、趙祥麟譯（凱瑟琳・坎普・梅休等著）（1991）。杜威學校。上
　　　海：華東師範大學出版社。

王承緒譯（約翰・杜威著）（2001）。民主主義與教育。北京：人民教育
　　　出版社。

王建新譯（克伯屈著）（1991）。教學方法原理。北京：人民教育出版
　　　社。

王紅宇譯（小威廉姆・E.・多爾著）（2000）。後現代課程觀。北京：教
　　　育科學出版社。

北京師範大學外國教育研究所譯（理查德・D.・范斯科德等著）
　　　（1984）。美國教育基礎──社會展望。北京：教育科學出版社。

任寶祥、吳元訓譯（威廉・博伊德、埃德蒙・金著）（1985）。西方教育
　　　史。北京：人民教育出版社。

朱曾汶譯（梅里亞姆著）（1984）。美國政治思想（1865～1916）。北
　　　京：商務印書館。

李平漚譯（盧梭著）（2001）。愛彌兒。北京：人民教育出版社。

李復新、馬小梅譯（Robert W. Cornell著）（1997）。教育、社會公正與知識。華東師範大學學報（教育科學版），（2），62-71。

李際、張晨譯（小約翰‧B．‧科布著）（2003）。後現代公共政策——重塑宗教、文化、教育、性、階級、種族、政治和經濟。北京：社會科學文獻出版社。

周晟、謝愛磊譯（韋恩‧厄本、傑寧斯‧瓦格納著）（2009）。美國教育：一部歷史檔案。北京：中國人民大學出版社。

杭生譯（埃德‧拉賓諾威克茲著）（1987）。皮亞傑學說入門：思維‧學習‧數學。北京：人民教育出版社。

許良英等編譯（1977）。愛因斯坦文集（第1卷）。北京：商務印書館。

孟湘砥、胡若愚譯（W. F.‧康內爾著）（1991）。二十世紀世界教育史。長沙：湖南教育出版社。

邵鶴亭譯（康斯坦丁諾夫著）（1954）。世界教育史綱（第3冊）。北京：人民教育出版社。

金吾倫、胡新和譯（托馬斯‧庫恩著）（2003）。科學革命的結構。北京：北京大學出版社。

侯健譯（昂熱拉‧梅迪契著）（1988）。新教育。北京：商務印書館。

姜文閔譯（約翰‧杜威著）（1991）。我們怎樣思維‧經驗與教育。北京：人民教育出版社。

姜志軍譯（彼得‧波羅夫斯基著）（1983）。阿道夫‧希特勒。北京：群眾出版社。

施良方等譯（克拉斯沃爾著）（1986）。教育目標分類學（第二分冊）。上海：華東師範大學出版社。

施良方等譯（約翰‧D．‧麥克尼爾著）（1990）。課程導論。遼寧：遼寧教育出版社。

施良方譯、瞿葆奎校（拉爾夫‧泰勒著）（1994）。課程與教學的基本原理（引言）。北京：人民教育出版社。

柯森等譯（奧恩斯坦等著）（2002）。課程：基礎、原理和問題。江蘇：江蘇教育出版社。

殷陸君編譯（英克爾斯〔Inkeles, A.〕、史密斯〔Smith, D. H.〕著）
　　（1985）。人的現代化。成都：四川人民出版社。

馬勝利等譯（S.・拉塞克、C.・維迪努著）（1996）。從現在到2000年教
　　育內容發展的全球展望。北京：教育科學出版社。

張文軍譯（亞瑟・K.・埃利斯著）（2005）。課程理論及其實踐範例（中
　　文版序）。北京：教育科學出版社。

張法琨等譯（W. F.・康內爾著）（1990）。二十世紀世界教育史。北京：
　　人民教育出版社。

張渭城等譯（丹尼斯・勞頓等著）（1985）。課程研究的理論與實踐。北
　　京：人民教育出版社。

郭洋生譯（大衛・傑弗里・史密斯原著）（2000）。全球化與後現代教育
　　學。北京：教育科學出版社。

陳羽綸、孫瑞禾譯（詹姆士著）（1979）。實用主義。北京：商務印書
　　館。

陸有銓譯（羅伯特・梅遜著）（1984）。西方當代教育理論。北京：文化
　　教育出版社。

單中惠、王強譯（J. S.・布魯巴克著）（2012）。教育問題史。濟南：山
　　東教育出版社。

單中惠、馬曉斌譯（L. A.・克雷明著）（1994）。學校的變革。上海：上
　　海教育出版社。

復旦大學歷史系世界史組譯（A.・莫魯瓦著）（1977）。美國史。上海：
　　上海人民出版社。

華東師範大學比較教育研究所譯（聯合國教科文組織國際教育發展委員會
　　著）（1996）。學會生存：教育世界的今天和明天。北京：教育科學
　　出版社。

黃忠敬譯（Michael W.・阿普爾著）（2001）。意識形態與課程。上海：
　　華東師範大學出版社。

趙祥麟、任鍾印、吳志宏譯（約翰・杜威著）（2005）。學校與社會・明
　　日之學校。北京：人民教育出版社。

趙祥麟等譯（約翰・杜威著）（2005）。學校與社會・明日之學校。北京：人民教育出版社。

劉付忱等譯（A. C.・奧恩斯坦著）（1984）。美國教育學基礎。北京：人民教育出版社。

劉鋒譯（華勒斯坦等著）（1997）。開放社會科學。北京：生活・讀書・新知三聯書店。

謝維和、朱旭東譯（麥克・F.・D.・揚著）（2002）。知識與控制——教育社會學新探。上海：華東師範大學出版社。

鍾啓泉譯（佐藤學著）（2003）。課程與教師。北京：教育科學出版社。

瞿菊農譯（H. W.・白恩斯等著）（1964）。當代資產階級教育哲學。北京：人民教育出版社。

關文運譯（休謨著）（1980）。人性論（上）。北京：商務印書館。

顧建新、趙友華、何曙榮譯（保・弗萊雷著）（2001）。被壓迫者教育學。上海：華東師範大學出版社。

英文部分

Bobbitt, F. (1918). *The Curriculum*. Boston: Houghton Mifflin Company.

Bourdieu, P. (1990). *Reproduction in Education, Society and Culture*. London: Sage.

Boydston, J. A. (ed.) (1980). *John Dewey's Middle Work*, Vol.9, Carbondale, Illinois: Southern Illinois University Press.

Daignault, J. (1992). Traces at Work from Different Places. In W. F. Pinar & W. M. Reyolds (eds.), *Understanding Curriuclum as Phenomenological and Deconstructed Text*. New York: Teacher College Press.

Darling, J. (1994). *Child-Centred Education and Its Critics*. London: Paul Chapman Publication Ltd.

Dewey, J. (1916). Democrecy and Education. In J. A. Boydston (ed.) (1980), *John Dewey's Middle Works*, Vol.9, Carbondale, Illinois: Southern Illinois University Press.

Dobson, R. L. & Dobson, J. E. (1987). Curriculum Theorizing, *Educational Forum*, *51*(3), p.275.

Durant, W. J. (1962). *Outlines of philosophy: Plato to Russell*. London, UK: Ernest Benn Ltd.

Eisner, E. W. (1994). *The Education Imagination*. New York: Macmillan College Publishing Company.

Fullan, M. & Pomfret, A. (1977). Research on Curriculum and Instruction Implementation, *Review of Educational Research*, *47*(2), pp.361-364.

Grumet, M. (1990). Voice: The Search for a Feminist Rhetoric for Educational Studies, *Cambriadge Journal of Educaiton*, *20*(3), pp.277-282.

Gutek, G. L. (1974). *Philosophical Alternatives in Education*. Columbus, OH: Charles E. Merrill Publishing Company.

Hlebowitsh, Peters. (1993). *Radical Curriculum Theory Reconsidered*. New York and London: Teachers College Press.

Holland & Andre, T. (1987). Participation in Extracurricular Activities in Secondary School: What is Known, What Needs to Be Known? *Review of Educational Research*, *57*(4), pp.437-466.

Holmes, B. & Mclean, M. (1989). *The Curriculum: A Comparative Perspective*. London: Unwin Hyman Ltd.

Husén, T. et al. (Eds.) (1985). *The International Encyclopedia of Education*, Vol.2. Oxford: Pergamon Press.

Lewy, A. (1991). *The International Encyclopedia of Curriculum*. Oxford: Pergamon Press.

Madeleine, R. G.(1992). *Existential and Phenomenological Foundations of Autobiographical Methods*. In W. Pinar & W. Reynolds (eds.) (1992), *Understanding curriculum as phenomenological and deconstructed text*. New York: Teachers College Press.

McNeil, J. D. (1985). *Curriculum: A Comprehensive introduction* (3rd ed.). New York: Little Brown & Compang Ltd.

McNeil, J. D. (1990). *Curriculum: A comprehensive introduction* (4th ed.). New York: Harper Collins Publisher.

Pinar, W. F., Reynolds, W. M., Slattery, P., & Taubman, P. M. (1995). *Understanding Curriculum*. New York: Peter Lang Publishing.

Pinar, W. F. (1994). *Autobiography, politics and Sexuality*. New York: Peter Lang Publishing.

Rogers, C. R (1980). *A Way of Being*. Boston: Houghton-Mifflin Co.

Rugg, H. & Shumaker, A. (1928). *The Child-Centered Schoo School: An Appraisal of the New Education. Yonkers-on-Hudson.* New York: World Book Co.

Schubert, W. H. (1986). *Curriculum: perspective, paradigm, and possibility*. New York: Macmillan Publishing Company.

Tanner, D. & Tanner, L. (1995). *Curriculum Development: Theoryinto practice* (3rd ed.). New York: Merill.

Tyler, Ralph W. (1949). *Basic Principles of Curriculum and Instruction.* Chicago and London: The University of Chicago Press.

Tyler, Ralph W. (1987). The Five Most Significant Curriculum Events in the Twentieth Century, *Education Leadership, 44*, pp.36-38.

Van den Akker, Jan, Gravemeijer, Koeno, McKenney, Susan, & Nieveen, Nienke (Eds.) (2006). Educational Design Research. London and New York: Routledge Taylor & Francis Group.

Van Manen, M. (1990). *Romantic roots of human science in education.* In J. Willinsky (ed.), *The Education Legacy of Romanticism Waterloo* (2). Ontario: Wilfred Lanrier University Press.

Van Manen, M. (1988). The relation between research and pedagogy. In Pinar (ed.), *Contemporary Curriculum Discourses* (451). Arizona: Gorsuch Scarisbrick.

後 記

　　2001年，中國大陸啓動新一輪基礎教育課程改革，課程實踐者極需要普及課程常識，理論研究界出現「輕視知識思潮」的相關爭論，促動我們萌發研究課程思潮的意願。

　　我們應邀參與地方及學校課程改革研究，課程思潮研究斷斷續續難以一以貫之。但最初達成合作願望的夥伴，不棄不離，相互鼓勵。雖各自忙著自己的研究與實踐工作，卻堅持做課程思潮研究。經由學界前輩的指導，課程同行的鼓勵，我們夙願以償，形成43萬字書稿。人民教育出版社前總編輯徐岩編審、副總編輯魏運華編審、總編輯助理張廷凱編審對書稿的編寫出版給予了大力支持和幫助。文化教育編輯室諸惠芳、劉立德、韓華球等編審人員做了大量的編審工作，報刊社劉啓迪副編審在我們寫作過程中持續激勵，使書稿以最快速度問世。

　　本書由人民教育出版社出版後，反映良好。先後被評爲「十二五」國家重點圖書出版規劃項目、第三屆中國大學出版社圖書獎優秀學術著作一等獎、國家新聞出版總署「三個一百」原創圖書出版工程獎、深圳市社會科學研究成果獎一等獎，以及國家教育部高校科學研究優秀成果二等獎。

　　人民教育出版社郭戈書記、陳霞編輯大力支持本書境外發行，臺灣臺南大學林進材教授熱情推介，五南圖書出版公司陳念祖副總編輯鼎力支持，五南圖書出版公司責任編輯李敏華的熱心幫助，本書壓縮工作進展順利。

　　壓縮後的書稿框架由深圳大學李臣之教授設計。各章改寫分工爲：導論、第二章、第三章和結語（深圳大學李臣之教授）；第一章（天津師範大學和學新教授）；第四章（澳門教育暨青年局郭曉明教授）；第五章（李臣之、西南大學張家軍副教授）；第六章（張家軍副教授）。最後由李臣之統稿。透過「導論」講述課程思潮研究的簡短歷史，引出「三維六

類」思潮，論析各類思潮之後，集中分析思潮之間的對立與平衡，刪除原第七章第二「課程研究的國際視野與本土行動」和第三節「扎根本土，深化改革」。較之原書，壓縮稿更加精煉，邏輯更加嚴密，結構更為緊湊。

　　壓縮書稿並非如我們想像中那麼輕鬆，難免掛一漏萬、多方錯位，衷心希望各位方家批評與指正！

　　時光荏苒，歲月如梭。課程思潮一直在發展，又累積了大量有價值的文獻。本想補充新文獻以重構內容體系，囿於「壓縮」，加之時間倉促，最終未果，留下不少研究空間，但願有朝一日，舊題新作，以答謝各方。

　　在此，謹向幫助過本研究及本書出版發行的所有專家、同仁和親友表示衷心感謝！同時，也對本研究直接引用或深受啓示的參考文獻的著作者表示誠摯的謝意！

李臣之

深圳大學

2016年7月

您，了没？

趕緊加入我們的粉絲專頁喲！

教育人文 & 影視新聞傳播～五南書香

等你來挖寶

【五南圖書 教育／傳播網】
https://www.facebook.com/wunan.t8
粉絲專頁提供──

· 書籍出版資訊（包括五南教科書、
  知識用書，書泉生活用書等）
· 不定時小驚喜(如贈書活動或書籍折
  扣等)
· 粉絲可詢問書籍事項（訂購書籍或
  出版寫作均可）、留言分享心情或
  資訊交流

封面圖
不定期
會更換

請此處加入
按讚

五南文化廣場 橫跨各領域的專業性、學術性書籍
在這裡必能滿足您的絕佳選擇！

五南全國展售門市

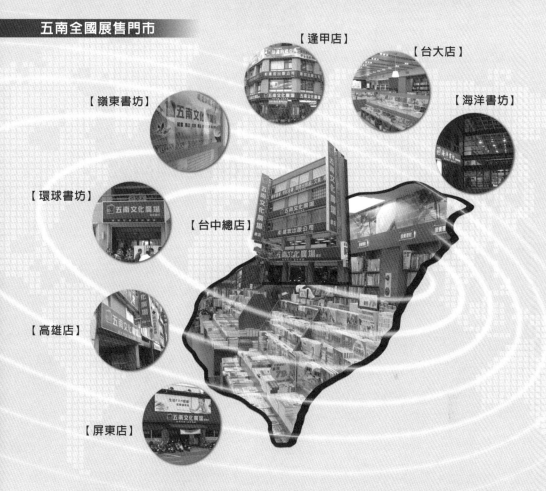

【逢甲店】 　【台大店】

【嶺東書坊】 　【海洋書坊】

【環球書坊】 　【台中總店】

【高雄店】

【屏東店】

海洋書坊：202 基 隆 市 北 寧 路 2號 TEL：02-24636590　FAX：02-24636591
台 大 店：100 台北市羅斯福路四段160號 TEL：02-23683380　FAX：02-23683381
逢 甲 店：407 台中市河南路二段240號 TEL：04-27055800　FAX：04-27055801
台中總店：400 台 中 市 中 山 路 6號 TEL：04-22260330　FAX：04-22258234
嶺東書坊：408 台中市南屯區嶺東路1號 TEL：04-23853672　FAX：04-23853719
環球書坊：640 雲林縣斗六市嘉東里鎮南路1221號 TEL：05-5348939　FAX：05-5348940
高 雄 店：800 高 雄 市 中 山 一 路 290號 TEL：07-2351960　FAX：07-2351963
屏 東 店：900 屏 東 市 中 山 路 46-2號 TEL：08-7324020　FAX：08-7327357
中信圖書團購部：400 台 中 市 中 山 路 6號 TEL：04-22260339　FAX：04-22258234
政府出版品總經銷：400 台中市軍福七路600號 TEL：04-24378010　FAX：04-24377010
網 路 書 店　**http://www.wunanbooks.com.tw**

專業法商理工圖書・各類圖書・考試用書・雜誌・文具・禮品・大陸簡體書
政府出版品總經銷・中信圖書館採購編目・教科書代辦業務

國家圖書館出版品預行編目資料

西方課程思潮研究／李臣之等著. －－ 初
版.－－ 臺北市：五南，2017.04
　　面；　公分
　ISBN 978-957-11-9129-4（平裝）
　1.課程研究　2.歷史　3.文集
　521.709　　　　　　　　106004312

1IZL

西方課程思潮研究

作　　　者 ― 李臣之、郭曉明、和學新、張家軍

發 行 人 ― 楊榮川

總 編 輯 ― 王翠華

主　　　編 ― 陳念祖

責任編輯 ― 郭雲周、李敏華

封面設計 ― 陳翰陞

出 版 者 ― 五南圖書出版股份有限公司

地　　　址：106台北市大安區和平東路二段339號4樓

電　　　話：(02)2705-5066　　傳　　　真：(02)2706-6100

網　　　址：http://www.wunan.com.tw

電子郵件：wunan@wunan.com.tw

劃撥帳號：01068953

戶　　　名：五南圖書出版股份有限公司

法律顧問　林勝安律師事務所　林勝安律師

出版日期　2017年 4 月初版一刷

定　　　價　新臺幣370元

＊簡體中文版由人民教育出版社出版。